김혁 저자가 직접 목소리 연기를 한
단편 애니메이션 〈퍼플맨〉의 큐알(QR) 코드입니다.

소년, 자유를 훔치다

2013년 4월 3일 초판 1쇄
2014년 9월 11일   2쇄

지은이 김혁 **펴낸곳** (주)늘품플러스 **펴낸이** 전미정 **기획·정리** 방소은 **교정** 이동익 **일러스트** 최민경
디자인·편집 남지현 조선희 **출판등록** 2008년 1월 18일 제2-4350호 **주소** 서울 중구 필동 1가 39-1 국제빌딩 607호
전화 070-7090-1177 **팩스** 02-2275-5327 **이메일** go5326@naver.com **홈페이지** www.npplus.co.kr

ISBN 978-89-93324-46-4 03300   정가 14,500원
ⓒ 김혁, 2013

 늘품은 항상 발전한다는 순수한 우리말입니다.

소년, 자유를 훔치다

퍼플맨 김혁이 들려주는 꽃제비에 관한 진실

김혁 저

추천의 글

"졸업하고 뭐 할 거예요?"

"공부하고 싶은데, 돈이 없어요."

"돈은 나중에 걱정하고 일단 대학원 시험부터 봐요."

혁과의 만남은 이렇게 시작됐다.

2009년 6월, 역사·통일·평화 토론대회 세미나장을 막 떠나려던 그를 잠깐 보자며 불러 세웠다. 발표하던 모습이 정말 인상 깊었기 때문이다. 어쩜 저렇게 똑떨어지게 발표할 수 있단 말인가.

몇 달 후 '통일부 대학생 통일논문 현상공모'에 응시한다고 준비한 글을 들고 찾아온 그를 다시 만났다. 개성 있는 글이었다. 글 구성이 김혁, 그만이 할 수 있는 독특한 틀이었다. 그러나 더 다듬어야 했다. 북에 대한 친숙도는 뛰어났지만 설득력은 아직 부족했다.

"일단 시험 붙어 놓고 장학금 구해 보자."

그렇게 해서 혁은 서강대 공공정책대학원 북한·통일정책학과 신입생으로 들어오게 되었다. 학교와 기숙사만 고수하는 생활 덕분에, 이를 악물고 공부하는 의지와 열정 덕분에, 매 학기 달라지는 모습이 확연했다. 동료, 선후배들과 어울리는 그만의 친화력 덕분에 과 대표 경력도 화려하게 쌓았다. 탈북대학생 출신 첫 학과 대표라는 자리는 그를 더욱 성장시켰다.

"논문 주제를 뭘로 할까요?"

"네가 가장 친숙한 걸로 하자."

"꽃제비 연구 어떨까요?"

"꽃제비 출신이 쓴 꽃제비 연구라면, 의미 있다. 그걸로 하자."

이 책 후반부의 논문은 이렇게 만들어졌다. '꽃제비 출신이 쓴 최초의 꽃제비 연구'의 의의를 가진 석사 학위 논문이다. 생생한 경험을 바탕으로 북한 꽃제비의 출현 배경, 유형, 지역 및 연령별 특성, 북한 당국의 꽃제비 통제·단속 실태 등을 모두 담아냈다.

학위 논문을 지도하는 동안 나는 혁의 과거를 자세히 묻지 않았다. 자연스럽게 간간이 나누는 얘기를 통해 어렴풋이 짐작할 뿐이었다. 그래서 나는 이 책을 꼼꼼히 읽었다. 그러면서 혁의 삶을 다시 재구성했다. 그간의 행동거지와 태도가 왜 그랬는지도 새삼 이해할 수 있었다.

탈북 경험을 수기 형태로 쓴 책은 적지 않지만, 자신이 쓴 학위 논문을 회고록과 함께 구성해 출간한 책은 이제껏 본 적이 없다. 저자가 누구인지를 생생히 밝히면서 왜 이런 논문이 나오게 됐는지를 동시에 전달한 책은 처음이다. 역시 김혁답다. 대중성과 전문성을 동시에 욕심냈으니 말이다.

앞으로 이 책 주인공 혁이가 또 어떤 길을 걸어 나갈지 지도 교수인 나도 궁금하다. 이번엔 자유를 훔쳤지만, 이다음에 통일은 어떻게 훔쳐넣을지…….

김 영 수
(서강대 정치외교학과 교수 및 공공정책대학원 북한·통일정책학과 교수)

저자의 글

어느덧 대한민국에 정착한 지도 10년이 훌쩍 넘었다. 가끔은 나 스스로도, 꽃제비로 떠돌던 내가 대한민국에서 대학원 석사모를 썼다는 사실이 현실처럼 느껴지지 않을 때가 있다. 북한에서의 나의 삶이란 그저 먹을 것을 얻기 위해 끊임없이 방황하던 시간의 연속이었다. 하지만 2001년 대한민국에 입국한 후, 현재의 모습은 목표를 향해 쉬지 않고 도전하는 탈북자 중 한 명, 대한민국의 한 사람이 되어 있다.

나는 지금도 통일교육을 가면 학생들에게 대한민국은 천국이라는 '천국론'을 주장한다. 물론 사람마다 환경과 처지가 달라 다양한 어려움에 처해 있는 사람들도 많지만 오로지 나의 경험에 의존해 말한다면, 천국이었다. 천국에는 화려한 건물과 행복한 얼굴, 친절한 천국인들이 있을 것이라 상상한 적이 있다. 이러한 상상은 한국에 입국했을 때 현실이 된 듯했다. 화려한 인천공항과 건물들, 밝은 모습의 사람들, 가벼운 질문에도 친절하게 답해 주는 사람들이 '이곳이 천국이구나'라는 생각을 떠올리게 했다.

어느 수업에선가 한 학생이 나에게 '선생님, 지금도 천국이라고 생각하십니까?'라고 질문한 적이 있었다. 나는 그 질문에 잠깐 망설이다 대답을 했다.

'입국했을 때는 천국이었으나 정착 과정은 그 의미를 무색하게 할 만큼 힘들었던 시절도 많았습니다. 그러나 현재의 나는 언제든지 도전할 수 있는 기회가 주어지는 대한민국을 여전히 천국이라고 생각

합니다.'

지금 나는 그 도전의 기회를 십분 활용하여 이 자리에 서 있는지도 모른다.

한국에서 처음 대학 문을 두드린 것은 2006년이었다. 대학입학을 결심한 이유의 첫 번째는 대한민국사람들과 제대로 이해할 수 있는 대화를 하고 싶은 것이었고 두 번째는 나의 경험을 책으로 만들고 싶다는 생각에서였다. 이러한 단순한 이유에서 출발한 대학 진학문제에 주변 사람들의 독려와 우려가 뒤섞여 있었던 것도 사실이다. 물론 대학생활이 그렇다고 처음부터 순탄했던 것은 아니었다. 학점이 부족해 대학등록금을 받기 어려운 위기를 겪기도 했으며, 대학생활 4년 내내 아르바이트로 생활해야 했다. 하지만 3학년 이후 찾아온 공부에 대한 흥미가 모든 어려움을 극복하는 원동력이 되었다.

한창 배우는 재미에 열을 올리던 그 시기에, 현재 은사이신 김영수 교수님을 만났다. 그 이후 나는 서강대학교 공공정책대학원에서 전액 등록금을 받으며 북한학 공부를 시작했다. 2011년 말 드디어 논문 준비를 시작하면서 여러 주제를 놓고 많은 고민을 했다. 국사학과에 재학 중일 때 관심을 가졌던 북한 여성, 북한 시장의 변화 과정, 사회계층, 북한의 환율과 정치 문제, 꽃제비, 북한이탈주민 적응 문제 등 다양한 고민에 잠겼었다. 이 주제들은 내가 대부분 관심을 가지고 있던 것들이었다.

특히 이 중에서도 북한 내의 꽃제비는 연구가 별로 없었을 뿐만 아니라, 자료도 극히 제한적이어서 '꽃제비 경험'에 의존할 수밖에 없는 한계가 있었다. 그 한계를 끌어안고 '꽃제비'를 석사 학위 논문의 연구 주제로 선택할 수 있었던 것은 지도 교수님이 적극적으로 지지해 주신 덕분이었다.

이 책을 읽으시는 분들이 봐주셨으면 하는 것은 단순히 북한의 꽃제비가 어떻게 시작되었고 그 생존 행위의 방법에는 어떤 것들이 있으며 그들이 어떻게 살아가는지에 대한 것을 넘어선 '통제 사회로부터 벗어나고자 몸부림치는 그들의 노력'이다.

이 글을 통해 북한 사회의 아픔을 더 깊이 이해할 수 있는 계기가 되기를 바라는 마음 간절하다.

감사의 마음을 전합니다

서강대학교 대학원에서 등록금 걱정 없이 공부에 열중할 수 있도록 장학금을 지원해주신 서강대학교 유시찬 이사장님께 이 기회를 빌려 감사의 말씀을 전합니다. 또한 미천한 학문적 호기심에도 적극적으로 가르쳐 주신 류석진 교수님, 정영철 학과장님과 조성렬 교수님, 동용승 교수님께 늦게나마 이렇게 감사의 말씀을 올립니다. 아울러 서강대학교 북연사 선배님들과 후배님들, 공공정책대학원 선배님들과 후배님들께도 감사의 말씀을 함께 전합니다.

이 기회를 빌려 북한인권 개선의 앞장에서 달려오신 윤현 이사장님과 김영자 사무국장님을 비롯한 북한인권시민연합 사무실 관계자 분들께 감사의 말씀을 드립니다. 아울러 북한인권개선의 현장에서 활동하시는 모든 활동가, 전문가 분들께도 감사의 말씀을 올립니다.

끝으로 이 책이 나올 수 있도록 도움을 주신 분들께 진심으로 감사를 드립니다. 김영수 교수님의 적극적인 지지와 도움이 있었기에 가능한 일이라고 생각합니다. 또한 이영종 차장님과 (주)늘품플러스 대표님을 비롯한 출판사 관계자분들의 도움으로 책을 낼 수 있게 되었습니다. 진심으로 감사의 말씀을 전합니다.

늘 함께했던 여러분들은 저에게 행운이었으며, 이 기회를 빌려 모든 분들에게 진심으로 머리 숙여 감사를 드립니다.

2013. 3. 25 김혁 올림

차례

2부 북한의 꽃제비 연구

1부

소년, 자유를 훔치다

1장 갈림길

조금 일찍 죽느냐,
늦게 죽느냐 그 차이일 뿐
우리에겐
선택의 여지란 존재하지 않았다

목숨을 건 동행

우리 일행은 중국 연길에서 내몽골 알렌으로 들어갈 준비를
마치고 저녁 7시가 되기를 기다렸다. 알렌은 중국 중심부의 위
쪽에 위치하고 있으며 내몽골이고 또한 사막이다. 몽골 국경
과 인접한 국경도시였기 때문에 쉽게 접근할 수 있어 우리는 이
곳을 선택했다. 중국 정부에서 북한 사람을 마구 잡아내고 있
었기 때문에 조금이라도 지체하면 우리는 잡혀서 북한으로 넘
겨질 것이다. 또 그렇게 되면 우리가 기독교 공부를 했다는 사
실도 들켜 버릴 것이다. 들키면 수용소행이나 사형이다. 이 모
든 것을 두고 생각해 봤을 때 우리는 하루빨리 중국 땅을 떠
나야 한다는 결론밖엔 나오지 않았다. 같이 성경 공부를 하던
수십 명의 사람들이 이미 한 번에 잡혀 나갔다. 어차피 이대로
잡혀도 죽고 남한으로 가다가 잡혀도 조국반역죄로 총살이다.
선택할 수 있는 길이란 존재하지 않았다. 오직 '조금 일찍 죽느
냐, 조금 늦게 죽느냐'일 뿐이다. 밤잠을 제대로 자지 못하고
많은 고민을 했다. 이대로 중국 내에서 영원히 숨어 다닐 것인
가? 아니면 잡히면 끝장나더라도 남한행을 시도해 볼 것인가?
나는 결국 한국행을 택했고 잘못돼서 잡히더라도 일찍 자살
할 마음의 준비까지 마쳤다. 아무튼 중국에서 더 맴돌다가 잡
히는 날에는 우리 운명이란 더 이상 생각해 볼 겨를도 없고 또
갈데없는 총살감이다.

그렇게 우리는 네 명이 모였다. 나이가 서른 되신 누님 한 분과 기독교 공부를 같이 하던 스물여덟의 형님과 세 살짜리 남자아이, 그리고 나였다. 우리는 모든 마음의 준비와 외부 준비를 마치고 연길역으로 향했다. 택시를 타고 연길역까지 나왔을 때 그곳에서 뜻밖에 또 한 사람의 동행을 맞게 되었다. 열두 살 된 남자아이였다. 아버지가 한국에 이미 넘어가 있었고 애를 한국으로 데려오려고 하는데 심통한 계책이 없어서 우리를 도와주신 한국 분을 통해 우리에게 함께 붙여 오도록 한 것이다. 결국 우리는 그 아이도 데려가기로 결심했다. 한국에 있는 아버지가 얼마나 보고 싶어 하겠는가 싶어서였다. 그렇게 뜻하지 않게 맞은 사람 한 명이 더 늘어 모두 다섯 명이 되었다. 하지만 우리는 길을 모른다. 다만 우리보다 하루 앞서 어제 7월 1일 출발한 다른 형님과 누님이 길을 알고 있을 뿐이다. 우리는 전화로 연결하면서 그들에게서 길 안내를 받기로 하고 하루 정도 뒤처져서 출발을 했던 것이다.

연길역에서 우리는 기차에 올랐다. 급행은 못 타고 준급행을 타고 가기로 했다. 여비의 제한도 있고 또 급행은 검열이 심해서 자칫 잘못하면 위험하기도 했기 때문이다. 그렇게 온밤을 달려 다음 날 오후 4시경 길림에 도착했다. 도착해 밥을 먹은 뒤 숙박집을 찾아 나섰다. 숙박집이라고 해봤자 널판으로 칸막이 정도 해놓고 바닥은 그냥 콘크리트 바닥에 레자를 깔아놓은 것뿐이었다. 숙박비가 싼 그곳에서 우리는 그날 하룻밤을 묵기로 했다. 밤새 열차 시간을 수시로 확인한 우리는 다음 날

12시경 북경을 지나 알렌으로 가는 열차에 몸을 실었다. 형님이 중국말을 잘하는 편이라 나머지 사람들은 말을 하지 않기로 했다. 물론 누님과 나도 중국말을 조금씩은 할 줄 알았지만 유창하지 못해 자칫하면 들켜 버릴 수도 있기 때문이다.

출발한 지 몇 시간쯤 되었을까. 벌써 차표 검열을 하고 있었다. 여기에 신분증 검열까지 하면 끝나는 것이다. 차표는 있지만 신분증은 있을 리 만무했다. 어떻게 해야 할 것인가. '그냥 차라리 벙어리 흉내라도 내버릴까, 아님 귀머거리 흉내를 내볼까'라는 생각은 검열원이 우리 앞에 다다랐을 때까지도 머릿속에서 떠나질 않았다. 조금이라도 부자연스러운 모습을 보인다면 우리의 앞날은 불 보듯 뻔했다. 한편으로는 마음속으로 간절한 기도를 올리고, 또 한편으로는 대처방법을 생각하느라 머릿속은 어지럽게 뒤엉켜 있었다. 그 짧은 순간에도, 그대로 붙잡혀 북으로 이송되는 과정과 북으로 넘겨진 후 총살당하기까지의 모든 과정이 머릿속을 빠르게 스쳐 지나갔다. 내 심장은 미친 듯이 날뛰었다. 그런데 거짓말 같은 일이 벌어졌다. 검열원이 우리 일행 바로 앞에서 조금 주춤하더니 그냥 지나가 버리는 것이 아닌가. 대체 무슨 일이란 말인가. 검열원이 어째서 검열을 포기하고 그냥 가 버렸을까. 우리가 눈에 띌 만큼 특별한 외모도 아닌데다 태연하고 자연스러운 모습을 보였기 때문이었던 걸까. 검열원이 우리 곁을 지나가 버린 뒤에도 떨리는 가슴은 좀처럼 안정을 되찾지 못했다.

그렇게 우리는 거듭되는 위험을 겨우겨우 넘기며 북경을 거쳐 그 다음 날인 7월 5일 오후 3시 30분쯤에야 겨우 알렌 역에 도착했다. 그런데 뜻밖에 큰 문제가 생겼다. 우리가 역에 막 도착하기 전에 우리보다 하루 일찍 출발한 길잡이들이 중국 공안에 잡혀 버린 것이다. 그렇다고 역까지 다 왔는데 이제 와서 돌아갈 수는 없는 노릇이었다. 생각지도 못하게 길잡이를 잃었지만 우린 되돌아가지 않고 그대로 가기로 결심했다. 이곳은 국경도시여서 사람들이 한꺼번에 몰리는 경우가 있으니 잘하면 사람들 틈에 섞여 그냥 빠져나갈 수도 있다는 말을 들었기 때문이다. 우리도 혼잡하게 뒤얽힌 사람들 틈에 섞인 채 묻어 나가기로 결심했다.

일행이 다 함께 움직이면 의심받을 수 있기 때문에 우리는 서로 갈라져 나가기로 했다. 나는 단독으로, 형님과 누님은 두 아이의 부모처럼 가장해 태연한 자세로 움직이기로 했다. 한데 막상 개찰구에 막 나오면서 보니 신분증 검열과 차표 검열을 또다시 하고 있는 것이 아닌가. 우리는 서로 어찌할 바를 모르면서도 천천히 개찰구를 향해 걸을 수밖에 없었다. 개찰구까지 약 20여 미터를 남겨 놓았다. 우리에게는 2미터로밖에 느껴지지 않을 너무나 짧은 거리였다. 개찰구까지는 점점 가까워져 오는데 도무지 방법이 없었다. 여기저기에 검열원들이 지켜 서서 이탈하는 사람들을 계속해서 불러 세운 뒤 신분증과 차표를 검열하고 있었다. 주위를 아무리 둘러봐도 높은 담이 역을 감싸고 있어 빠져나갈 구멍이란 그 어느 곳에도 보이지 않았다.

한 치 한 치 우리 차례가 다가오고 있는데 갑작스레 사람들이 웅성거리기 시작했다. 그리고는 순식간에 차표 검열이고 신분증 검열이고 모두 엉망이 되어 버렸다. 그와 동시에 사람들이 저마다 우르르 몰려들더니 인파에 밀려 개찰구를 빠져나가는 것이다. 무슨 일인가 싶어 고개를 빼고 앞을 바라봤더니 작은 문을 봉쇄하고 큰 문을 열어 놓은 덕에 사람들이 마구 밀려 나가고 있었다. 누군가 우릴 보살펴 주는 이가 있기라도 한 것일까. 이제는 우리의 위치를 정확히 알고 출발하는 일만 남았다. 만에 하나, 방향을 잘못 잡고 국경인 내몽골에 들어섰다가는 국경 변방대에 잡힐 수도 있다.

우리 일행은 어느 마을에 들어섰다. 한족들이 사는 곳이라 어지럽고 고약한 딸료 냄새가 온 마을을 뒤덮고 있었다. 여기저기 음식점에서 흘러나오는 냄새에 머리가 어지러울 지경이었다. 우리는 어느 작은 음식점에 들어가 밥을 먹으며 날이 어두워질 때까지 시간을 끌기로 했다. 도처에 깜깜한 어둠이 내릴 때까지 우린 버텨야 했다. 우리는 물 네 병을 사서 가방에 넣었다. 가는 도중에 먹어야 할 음식도 조금 준비했다. 몽골 국경까지 최대 5시간이라고 했다. 방향은 그냥 감으로 잡아야 한다. 우리는 작은 중국 지도를 하나 갖고 있을 뿐 나침반이나 방향을 정확히 알 수 있는 그 어떤 도구도 갖고 있지 않았다. 머나먼 길을 오는 동안 누군가가 그랬다. 알렌에서 동쪽으로 가다 보면 몇 분 지나지 않아 철길이 나오는데 그 철길을 넘어 동쪽으로 4시간에서 5시간만 가면 철조망이 나온다고. 그렇다면 우리의 생사는 앞으로 4~5시간 안에 결정될 것이다. 그 정도 시간이면 물 없이도 견딜 수 있는 시간이었지만, 어린아이들이 있어 혹시나 하는 마음에 물과 간단한 음식은 챙기기로 했다.

저녁 7시가 되자 날이 꽤 어두워졌다. 우리는 그렇게 철길 방향으로 걷기 시작했다. 철로 쪽으로 가는 길에는 마을 따위가 없었으므로 우리가 걷고 있는 것을 누군가가 본다면 의심받을 수도 있는 상황이었다. 하지만 이상하게 우리가 쉬었던 마을을 벗어나서는 사람을 한 명도 보지 못했다. 그렇게 얼마나 걸었는지 저 앞에 철로와 인도가 인접해 있는 모습이 보였다. 가슴이 뛰었다. 주위는 칠흑같이 어두웠고 오가는 사람도, 차도 없었다. 우리는 작은 논밭을 가로질러 철로가 있는 언덕으로 올라갔다.

그런데 철길 위에 이상한 불빛이 여기저기를 살피다 꺼지고 다시 켜지기를 반복했다. 사람이었다. 우리는 다시 언덕 아래로 내려와 긴 숲 속에 몸을 숨겼다. 그 불빛이 우리 가까이 조금씩 다가오더니 주위를 살피고는 이내 지나가 버렸다. 분명히 변방대 병사들일 것이다. 우리는 그곳에 옷 꾸러미와 짐들을 버렸다. 물과 간단한 음식물을 챙긴 후 언덕 위로 뛰어 올라갔다. 다행히 사람은 없었다. 둑을 넘어서자 우리 앞에는 커다란 사막이 펼쳐졌다. 그리고 우린 보름달처럼 환한 달을 만났다. 달빛에 주위가 금세 밝아졌다. 사막 외에는 무릎까지 오는 가시나무밖에 보이는 것이 없었다. 언덕에서부터 이미 방향을 잡고 있는 상태여서 우리는 무조건 직진했다.

언덕을 넘어서부터 우리는 한참을 달렸다. 형님과 내가 아기를 서로 돌아가면서 업고 갔다. 그런데 문제는 열두 살짜리 아이였다. 애초 예정 없이 합류한 이 소년은 몸도 호리호리했고 허약해 보였다. 매번 힘들어 보여서 여간 신경이 쓰이는 게 아니었다. 아버지가 한국에서 아들을 그리워한다고 하니 데려오긴 했지만, 목숨을 걸고 움직여야 하는 상황에서 아이와 동행을 해야 한다는 것이 답답하기만 했다. 변방대 병사들의 눈을 피하려면 언덕에서 내려다봐도 우리 모습이 보이지 않을 정도로 한참을 더 달려야만 한다. 얼마간을 더 달려야 하는지 알 수도 없는 상황에서 아이가 지쳐 버리면 큰일이다. 할 수 없이 내가 아이를 이끌기로 하고 손목을 잡고 달렸다. 그렇게 10여 분쯤 달렸을까. 모래가 발목까지 푹푹 잠기는 사막에서 한참을 달리다 보니 모두 기진맥진해졌다. 언덕이 멀어져서 어렴풋이 그 윤곽만 확인될 정도까지 달려 내려왔다. 이제는 됐다 싶어 우리는 그 자리에서 잠깐 쉬기로 했다.

한데 사막에 이상하게 차가 지나다닌 흔적이 꽤 남아 있었다. 군부대에서 타는 트럭 바큇자국과 유사한 흔적이었다. 낭패였다. 사막에서 중국 변방부대들이 차를 타고 순찰을 하고 있는 것이 틀림없었다. 지금은 밤이어서 눈에 바로 띄지 않는다 해도, 낮이라면 상황이 달라진다. 그들의 눈에 띄는 것은 그야말로 시간문제일 뿐이다. 그래도 부지런히 걸으면 괜찮다고, 우린 살 수 있다고 서로를 위로하며 잠시 쉬면서 물 한 모금으로 목을 축였다. 그리고 우리는 다시 일어서 걷기 시작했다.

'괜찮아, 5시간 안에 모든 상황이 종료되는 거야. 사막이 무섭다던데 별거 아니구나.'

알 수 없는 자신감이 생기는 것도 같았다.

우리는 걷고 또 걸었다. 대략 1시가 넘었을까? 계산대로라면 한두 시간 정도면 나왔어야 할 국경 철조망이 새벽 3시가 다 되도록 어디에도 보이지 않았다. 이런 난관을 만나려고 수차례의 위기를 아슬아슬하게 넘겨왔던 것인가. 문득 서쪽 편에 큰 도시라도 있는 듯 환한 불빛이 하늘로 향한 것이 보였다. 혹시 저기가 국경인 것일까. 무조건 동쪽으로 가면 나온다고 했으니 이 말에 매달릴 수밖에는 다른 도리가 없었다.

어느덧 달이 사라진 밤하늘엔 북두칠성을 비롯한 수많은 별이 반짝이고 있었다. 주위는 다시 어두워졌고 저 앞에 하얀 모래밭 같은 것이, 아니 다시 보면 작은 호수 같은 것이 보였다. 주위를 살펴보니 호수의 끝이 보이질 않았다. 건너든 넘든 우리는 어떻게 하든 그것을 지나야만 한다. 한데 가까이 가서 살펴보니 얼어붙은 호수 같기도 했다. 한여름에 호수가 얼어붙다니. 모래인지 호수인지 알 수 없던 그곳에 발을 들여놓았다. 얼음은 아니었으나 단단했고, 얼음처럼 차갑지는 않았으나 얼음과 많이 닮아 있었다. 우리 모두 어느새 그 한복판으로 걸어 들어갔다. 한 절반쯤 들어섰을까. 갑자기 바닥이 깨지면서 발이 '푹' 하고 안으로 스며들어 갔다. 진펄이었다. 얼음처럼 하얗게 보이던 물질은 소금이었다. 소금이 돌소금처럼 굳어버린 것인데, 소금 밑바닥은 진펄이었다. 감탕에 한 번 빠지니 발을 뺄 수가 없을 정도로 힘에 겨웠다. 열두 살짜리 아이 외에 어른 셋의 몸무게를 이기지 못한 진펄이 그대로 꺼져 버린 것이다. 하는 수 없이 신을 감탕에 놓아둔 채로 우리는 간신히 발만 빼냈다. 그렇게라도 빠져나왔으니 다행이다 싶기도 했다. 그렇게 우리는 모두 맨발이 되었다.

한참을 걷고 또 걷고……, 어느덧 새벽이 다가오고 있었다. 하늘이 조금씩 푸른빛으로 변하기 시작했다. 이러면 안 되는데, 이대로 날이 밝으면 순찰 다니는 변방부대에 잡히는 것은 빤한 일인데. 큰일이었다. 게다가, 조금 전 소금밭에서 물병까지 잃어버려 목은 말라 터지기 직전이었다.

그런 우리 앞에 50미터도 안 되는 곳에 큰 벽돌집이 보였다. 마당에는 나무로 울타리를 건성건성 쳤는데 거기에는 방목 양들이 있었다. 저 집에 사람이 살고 있는 것이 확실하다. 너무나도 목이 말랐다. 물, 물을 마시고 싶었다. 또 우리가 향하고 있는 방향이 맞는지를 확인해 보고 싶었다. 우리가 서 있는 땅이 만약 아직 내몽골이라면 분명 저 집에서 중국 한족이 나올 것이고 우리도 모르게 국경 철조망이 없는 곳으로 넘어왔다면 몽골 사람이 나올 것이다. 그들에게 우리가 물을 요구하고 떠난다면 그들이 변방부대에 신고할 것이고 그 즉시 우리는 붙잡히고 말 것이다. 타들어 가는 목을 축이고 우리의 위치를 확인할 수 있지만, 위험천만한 상황 또한 감수해야 하는 순간이기도 했다. 우린 매 순간 목숨을 거는 선택을 해야만 했다. 그 선택에 필요한 시간 또한 늘 순간일 뿐이었다. 우리는 그 집의 문을 두드리기로 했다. 우리가 막 문 앞까지 이르렀을 때 갑자기 큰 개 한 마리가 나와서 마구 사납게 짖어댔다. 개가 짖는 소리에 주인인 듯싶은 사람이 문을 열고 개를 진정시키며 우리를 쳐다보았다. 저 사람이 어느 나라 말을 할 것인가, 우리는 그의 첫마디를 가슴 졸이며 기다렸다. 제발, 한족이 아니기를.

"니스 세이?"

그의 입에서 중국말이 쏟아져 나왔다. 누구냐는 그의 물음에 형님이 당황하지 않고 한 발 앞으로 나서며 여기가 어디냐고 물었다.

우리가 있는 곳은 여전히 내몽골이었다. 우린 아직 중국을 벗어나지 못한 것이다. 그는 방목하는 사람 외에 이곳은 일반인이 들어오는 곳이 아니라고 차갑게 말했다. 물 좀 얻어 마실 수 없겠느냐는 우리의 간절한 부탁에도 그 한족은 여긴 사막이라 물이 없으니 다른 데서 찾아보라며 매우 냉정하게 거절을 했다. 그리고는 그가 자꾸 무엇인가를 물어보았지만 우리는 아무 말도 하지 않고 그 집을 서둘러 떠났다.

어느덧 동쪽에서부터 조금씩 푸른빛이 번지며 밝아졌다. 한 10분쯤 걸었을까. 사실은 그 사람들이 보는 앞에서 우리는 중국 알렌 쪽으로 가는 척하다가 다시 그 집 뒤편 언덕 쪽으로 올라왔다. 만약을 대비해서 그가 신고하면 방향을 잘못 알려줄 수 있게 하려는 의도에서였다. 그런데 우리의 의도가 정확히 들어맞았다. 불과 10분도 채 안 돼 저 멀리서 자동차 엔진음이

요란하게 들렸고 곧이어 자동차 전조등이 비쳤다. 고요한 새벽인 데다 엔진음은 말할 것도 없고 심지어 말소리까지 잘 들릴 정도로 그들과 우리는 지척의 거리에 있었다. 개가 다시 부산스럽게 짖어대더니 잠시 조용해졌다. 분명히 주인이 왔을 것이다. 변방부대 트럭 두 대가 그 집 앞마당에 멈춰 섰다. 우리는 전부 가시나무 사이에 몸을 숨겼다. 한창 뭐라고 서로 이야기가 오간 듯싶더니, 변방부대 트럭이 우리가 그 집주인을 따돌리기 위해서 잡은 알렌 쪽 방향을 향해 달리기 시작했다. 아니나 다를까, 집주인이 고발했던 것이다. 물을 얻지 못한 것은 불행한 일이었지만 붙잡히지 않은 것은 천만다행한 일이었다.

갈림길

우리 일행은 어느 언덕에 올라섰다. 경사가 급하지는 않았지만 매우 기다란 언덕이었다. 우리가 알고 있는 것이라고는 동쪽과 서쪽 방향이 어디인지 정도였다. 처음 계산대로라면 우린 벌써 새벽녘에 국경을 넘었어야 했지만 태양은 이미 오전 7시경을 가리키고 있었다. 도저히 이렇게는 안 되겠다 싶어 우리는 다시 모여 앉아 곰곰이 생각해 보았다. 지난밤에 보았던 도시의 불빛을 떠올려 보니 분명히 뭔가가 있기는 있다. 다만 우리의 방향이 잘못된 것일지 모른다. 어젯밤 철로 둑을 넘은 시간은 9시쯤이었는데 지금은 다음 날 아침 7시가 되어 있는 것이다. 대체 우리가 찾는 국경 철조망은 어디에 있는 것일까. 오랜 시간 동안 물을 마시지 못해 우리는 지칠 대로 지쳐 있었다. 5시간이면 끝날 줄 알았던 우리의 여정은 12시간째 계속되고 있는 것이다. 이제껏 동쪽만을 향해 달린 우리의 방향이 정말로 잘못된 것이었을까. 무엇인가를 결정해야만 하는 순간이 또 한 번 왔다. 우리는 다시 갈림길에 서 있었다. 우리는 지친 마음을 모아 고심한 끝에 방향을 바꿔 서쪽으로 가 보기로 했다. 이제 와서 이동 방향을 바꾸는 것은 어쩌면 우리의 목숨의 방향을 바꾸는 것인지도 몰랐다. 하지만 순간순간 찾아오는 삶과 죽음의 갈림길에서 우리는 무엇이든 선택하지 않으면 안 되었다.

우린 다시 걷기 시작했다. 해가 서서히 뜨기 시작하면서부터 태양의 열기는 대단했다. 한낮이 되니 목은 말라 터질 것 같았고, 모래밭의 열기를 견디지 못한 발바닥은 전부 물집으로 뒤덮여 있었다. 걷다가 가시를 밟아 터지고 다시 물집이 생기기를 반복하면서 발바닥은 피와 진물로 범벅이 되었다. 사막인지라 잠시라도 몸을 눕힐 만한 그늘도 없었다. 모두 지쳐 있었지만 그중에서도 열두 살짜리 아이가 자꾸 뒤처졌다. 내가 그 아이를 끌고 가다가 아예 업고 가기도 하면서 우리는 힘겹게 사막을 건너고 있었다. 그렇게 힘겹게 걷던 우리에게 뜻밖의 행운이 찾아왔다. 물이었다. 이런 천지 뜨거운 사막에 물이라니. 타들어 가는 목을 적셔줄 생명수가 눈앞에 있다. 상처로 범벅이 된 발에 힘겨운 몸을 지탱하며 우리는 물가로 다가갔다. 한데, 이

물은 사람이 마실 물이 아니었다. 비가 와서 고인 물로 짐승들이 먹는 물이었다. 온갖 짐승의 대소변으로 오염된 물은 누렇게 변해 있었고 소의 배설물은 물 위에 둥둥 떠 있었다. 더럽다고 이 물을 마시지 않는다면, 우리는 앞으로 한두 시간조차 버티지 못할 것이다. 짐승이 먹는 물을 사람이 못 먹겠나 싶기도 했다. 우리는 물을 양껏 마셨다. 깨끗하지도, 시원하지도 않은 물이라도 그렇게 마시고 나니 몸에 기운이 도는 것 같았다. 몸을 아예 물에 담그고 잠시 태양과 사막의 열기를 피했다. 옷을 전부 적신 후 다시 입었다. 그래야 태양의 열기에 내 몸의 수분을 조금이라도 덜 빼앗길 테니 말이다. 우린 다시 출발했다. 어느덧 시간은 12시를 가리키고 있었다.

찜통 같은 더위 속에서 우리는 그렇게 애타게 찾던 국경을 만났다. 철조망과 연결된 망루를 제일 먼저 알아본 것은 나였다. 망루를 멀리서 쳐다보니 사람이 보이지는 않았다. 철조망이 네 개 정도 됐다. 중국 측 두 개와 그로부터 십 리 정도 돼 보이는 곳에 몽골 측 철조망 두 개가 보였다. 철조망으로 대충 계산을 해보니 우리가 철조망을 왼편에 두고 계속 동쪽으로 걸었던 것이다. 일단 사람은 보이지 않았다. 우리는 숨을 고른 뒤 달리기 시작했다. 오로지 철조망을 향해서. 우리는 철조망을 자를 시간도 없이 그냥 장갑으로 철조망을 들고 그 밑으로 배밀이를 해서 들어갔다. 철조망 한 개를 넘으니 길이 있다. 트럭들이 다니는 길이었다. 길을 막 건너려 하는데 저 멀리서 트럭이 뿌연 먼지를 일으키며 달려오는 것이 보였다. 우리는 재빨리 길을 넘어서 그 아래쪽 풀 속에 몸을 숨겼다. 몇 분이 걸렸을까. 다행히 차가 우리를 보지 못하고 그냥 지나가 버렸다. 살짝 살펴보니 각 망루마다 변방부대원들이 내리고 있었다. 우리와 가까운 망루에도 변방부대원 한 사람이 내렸다. 그리고 차는 바로 출발했다. 망루에 올라가기까지는 최소 3층 높이 계단을 올라가는 데 걸리는 시간이 소요될 것이다. 최대한 짧은 시간 안에 중국 철조망 한 개를 더 넘고 비무장 지대를 넘어서야 한다. 들키지 않더라도 아니, 들키더라도 우린 멈춰서는 안 된다. 그렇게 우리는 다시 달리기 시작했다. 나는 아이의 손목을 잡고 달리고 누나와 형은 아기를 업고 달렸다. 그렇게 절반쯤 달렸나 싶어, 숨을 한 번 고르며 사위를 바라보니 어디에서도 별 반응은 보이지 않았다. 우리는 계속 뛰고 또 뛰었다. 뛴다고 해봐야 일반 사람이 빨리 걷는 정도의 속도 밖에는 안 될 것이다. 지칠 대로 지친데다 어린아이들까지 데리고 가는 상황이니 어쩌면 당연했다. 그렇게 비무장 지대를 거쳐 여기저기 죽은 짐승들이 남긴 뼈들 사이로 달려서 우린 드디어 몽골 철조망을 넘어섰다. 다행히 몽골 측 철조망 두 개를 다 넘어선 후에야 저 멀리 망루 쪽에서 어떤 사람이 고래고래 소리치는 것을 들었다. 삶과 죽음의 경계가 있다면, 우린 조금씩 삶에 가까이 다가서고 있는 것이다.

몽골 땅에 들어섰다. 그렇다고 해서 아직 살았다고 장담할 수 없는 것은, 더는 걸을 수 없을 정도로 우리가 탈진해 있었기 때문이다. 누군가에게 붙잡히고 말고 하는 것보다 더 원초적인 문제였다. 물을 마시지 못한 지 두 시간이나 됐다. 일단 국경이니 수비대라도 찾을 수 있겠다 싶어 언덕 위쪽을 바라보았다. 아니나 다를까, 집처럼 생긴 초막 같은 것이 눈에 들어왔다. 눈앞에서 불과 50여 미터도 안 되는 거리의 언덕이었다. 아기는 등 뒤에 업힌 채 '물 하나, 물 하나……'하며 애처롭게 소리쳤다. 아이는 더 이상 걷지 못하겠다고 자꾸 주저앉고 우리 성인들 역시 모두 탈진한 상태라 정말이지 조금이라도 쉬어가고 싶었다. 우린 남은 힘을 다해 언덕까지 올라갔다. 한데, 집이라 생각했던 그 물체는 다름 아닌 바위였다. 암담했다. 우리 모두가 바위를 집으로 착각했던 것이다. 어디에서 그런 바위들이 굴러왔는지는 몰라도 4~5톤씩은 될 만한 큰 바위들이었다. 그나마 다행인 것은 바위틈에 그늘이 져서 쉬어 갈 수 있을 것 같았다. 우린 우선 태양이라도 피해 보기 위해 바위틈으로 들어갔다. 조금은 서늘했지만 역시 뜨거운 바람 때문에 몸은 후덥지근했다. 갑자기 형이 소리쳤다. 우리가 있는 곳에서 멀지 않은 곳에서 연기가 피어올랐다. 불현듯, 형님이 중얼거리듯 말했다.

"우리를 마중하러 나온 사람이 아닐까?"

우리는 연기가 나는 방향으로 이동하기 위해 준비를 했다. 그런데 이번엔 이게 또 무슨 일이란 말인가. 회오리바람이었다. 우리가 본 것은 사람이 불을 피워 나는 연기가 아니라, 풀과 작은 돌멩이들이 회오리바람에 마구 휩쓸리고 있는 모습이었다. 지칠 대로 지친 우리의 눈에는 자꾸만 우리가 원하는 것들,

생각하는 것들만 보였다. 회오리바람이 우리를 향해 무서운 속도로 다가오고 있었지만 윤곽이 제대로 확인이 되지 않았다. 10여 미터 앞에서야 회오리가 눈앞까지 온 게 보였고 우리는 다급히 큰 바위 뒤로 얼른 몸을 뉘었다. 다행히, 회오리는 바위를 타고 지나갔고 우린 또다시 급박한 상황을 견디어 냈다. 모두 안도의 숨을 크게 내쉬며 다시 그 자리에 누워 버렸다.

이젠 걸을 힘도 버틸 힘도 없었다. 나오는 것은 한숨뿐이었다. 그렇게 누우니 금방이라도 꿈에 빠져들 것만 같았다. 우린 잠시 눈을 감았다. 조금 이따 다시 걸어야 하는데, 대체 몸을 일으켜 세울 만한 기운이 남아 있기나 한 것일까. 몸에 남아 있는 수분이 없어 살갗은 가뭄에 말라 터진 진흙땅처럼 껍질이 일어났다. 피부는 이글거리는 태양의 열기에 죄다 타 버려 죽은 듯이 검게 변해 있었다.

이미 우리는 탈진한 상태였다. 이런 식이라면 나는 몇 번씩 경험한 죽음의 문턱을 또 한 번 밟아야 할지도 모를 일이었다. 죽고 싶지 않았다. 여기까지 어떻게 왔던가. 죽어가는 사람들, 죽은 사람들을 수없이 봐 왔고 죽은 사람과 함께 잠도 잤던 내가 아닌가. 그 누구보다 가까이에서 수많은 죽음을 목격한 사람이 바로 나 아니냔 말이다. 그래서 더 살고 싶었다. 여기에서 이렇게 허무하게 무너질 수는 없었다. 나는 벌떡 일어났다. 깨워야 한다. 지금 일행을 깨우지 않으면 우린 다 같이 죽게 된다. 나는 강한 삶의 욕구로 비틀거리는 몸을 움직이며 미동도 하지 않는 형님과 누나와 아이를 흔들었다. 그들은 잠들어가고 있었다. 아니, 죽어 가고 있었다. 나는 있는 힘을 다해 그들을 무조건 흔들어서 정신을 차리게 했다.

형님에게 무조건 아래쪽 방향으로만 내려오라고 이른 뒤, 나는 먼저 직진으로 내려가서 물이 있는지 알아보기로 했다. 그렇게 형과 누나는 아기와 아이를 데리고 천천히 내려왔고 나는 그들보다 앞서 허겁지겁 달려 내려갔다. 지친 몸으로 달린다고 해봤자 별로 속도가 나지는 않았겠지만 나는 달리고 또 달렸다. 그렇게 얼마를 달렸을까? 저 멀리에 수평선 같은 것이 보였고 철길 다리도 보였다. 그 수평선은 매우 커다란 강인 듯 보였다. 가슴이 두근거렸다. 또 내가 있는 곳에서 200미터 정도쯤에 비닐하우스 같은 것이 보였는데, 그게 어쩌면 비닐하우스가 아니라 우리가 그토록 바라는 물인지도 몰랐다. 우리는 이제 정말 살 수 있는 것인가. 그게 물이라면, 그게 물이었으면. 문득 오른쪽을 바라보니 보초막 같은 것이 보이는데 거리는 150미터쯤 돼 보였다. 내 몸은 어느 곳을 선택해야 하는 것일까.

잠시 생각해 봐야 했다. 내 몸 안의 에너지는 이제 얼마 남지 않았다. 섣불리 움직였다가는 정말 움직여야 할 상황에서 옴짝달싹할 수 없게 될지도 모를 일이다. 200미터 앞의 것이 만약 물이 아니고, 눈에 보이는 그대로 그냥 비닐하우스라면? 십 도나 경사진 사막으로 다시 올라온다는 것은 정말 힘에 겨운 일이다. 그럼 오른쪽으로 가면 초막에 사람이 살 것이고 사람이 없다 하더라도 물은 있을지 모른다. 나는 조금 더 가까운 거리에 있던 초막을 선택했다. 뛰었다. 초막이 점점 가까워지자,

아까 보았던 기차나 철길, 강 따위는 애초에 존재하지도 않는다는 것을 알았다. 또다시 신기루를 본 것이다. 이미 체력은 바닥난 지 오래되었고, 오직 정신력으로 버티며 사막을 건너던 우리의 눈에 자꾸만 허상이 보였다. 100미터도 안 되는 거리에서도 그것이 무엇인지 가려낼 수가 없었다. 허상이었다는 것을 알 때마다 무너지는 듯한 심정이 되고는 했다.

　다행스럽게도 내가 어렵게 선택해서 내려온 초막은 허상이 아닌 진짜 초막이었다. 초막의 문은 잠겨 있었고 아무리 누군가를 불러 보아도 인기척이 없었다. 초막 아랫부분에 작은 산자처럼 통풍구멍을 만들어 놓았기 때문에 그 산자를 뜯고 일단 들어가 보았다. 얼핏 보니 군대 병실 같은 분위기였다. 구석으로 무심코 고개를 돌렸을 때 한 아름 정도 되는 물독이 보였다. 나는 흥분한 마음을 진정시키며 달려가 뚜껑을 열어 보았다. 물이었다. 우리가 그토록 찾아 헤매던 물, 물이 있었다. 나는 조롱박에 물을 한가득 담아 한 번에 정신없이 마셨다. 이제 나는 내 뒤를 따라 천천히 내려오는 일행에게 어서 이 물을 가져다주어야만 한다. 주변을 살펴보다가 물을 담을 만한 중국제 보온병 하나를 발견했다. 보온병에 물을 가득 채워 초막을 빠져나온 후 내가 내려오던 방향으로 다시 달렸다. 물을 마시니 조금은 힘이 났다. 저쪽에서 힘겹게 내려오는 형과 아이 그리고 누나도 보였다. 나는 허겁지겁 달려가서 그들에게 물을 건네주었다.
　우리는 아까 보았던 비닐하우스가 혹시 물이 아닐까 하는 기대감을 갖고 그쪽으로 내려가기로 했다. 그런데 느닷없이 아이가 더는 못 걷겠다고 했다. 우리도 제 몸 하나 지탱하지 못해 비칠거리는 상태여서 아이를 업거나 끌고 갈 힘이 남아 있지 않았다. 눈앞에 보이는 것이 진짜 물이라는 확신이 들었을 때, 더는 시간을 지체할 수 없어 우리는 누나를 먼저 내려보냈다. 어떻게 해서든 아이를 내려가게 하려고 애쓰던 형과 나도 결국은 포기했다. 물을 가져와 먹이는 방법밖에 없다고 생각하고 아이에게 조금만 기다리라고 한 뒤 내려갔다.

그 비닐하우스라고 생각한 것은 정말 물이 맞았다. 그것도 땅속에서 솟아오르는 샘물이었다. 물은 얼음처럼 차갑고 시원했다. 어찌할 바를 모를 정도로 기뻤다. 누나는 내려올 때 가져온 아이의 옷을 물에 흠뻑 적셨다. 그리고는 다시 아이가 있는 곳으로 올라갔다. 우리도 몸에 물을 뿌린 뒤 옷을 적셔서 물에서 막 나오는데 누나가 달려오며 소리쳤다.

"어떡해! 아이가 죽었어!"

너무 황당해서 믿을 수가 없었다. 불과 3~5분도 안 되는 시간이었다. 이건 정말 말도 안 돼. 물도 먹였고 또 그 시간이면 최소한 눈은 뜨고 있어야 하는데. 우리는 아이에게로 막 달려 올라갔다. 가 보니 아이가 눈을 뜨고 있기는 했다. 하지만 스스로는 두 번 다시 감지도 못할 눈을 부릅뜨고 있었을 뿐이다. 눈을 감지도 못하고 죽을 만큼 아이는 힘겨웠던 것이다. 태양의 열기 때문인지 그 몇 분 안 되는 사이에 아이의 몸은 굳어 있었다.

삶과 죽음의 경계를 여러 번 경험해 보았고 죽은 사람과 죽어가는 사람을 수없이 봐 온 나였지만 그때만큼 울분이 터지고 원통한 적은 없었다. 세상을 향해 달려들어 치받고 욕하고 싶을 만큼 억울한 죽음은 처음이었다. 아이가 힘들어할 때마다 애써 업고 달래고 때로는 잡아끌면서 몽골 땅까지 왔건만, 말 한마디 남길 힘도 없던 아이는 그렇게 조용히 우리 곁을 떠나 버렸다. 우린 그저 배가 고팠을 뿐인데, 우리가 무슨 죄가 있어 굶어 죽지 않겠다고 말도 통하지 않는 타국을 떠돌다 이렇게 허무하게 죽어야만 하는지.

우리는 죽은 아이를 안고 물가로 내려왔다. 아이를 물속에 담그고 씻어 주었다. 형과 누나 그리고 나 셋은 모두 울분을 참지 못하고 너무 억울해서 울고 또 울었다. 세상에 이런 법이 어디 있는지. 서로의 생명을 나눠가면서 애써 고생 끝에 여기까지 데려온 아이인데, 이제 와서 죽으면 그토록 함께 고생한 우리는 뭐가 되는가. 추운 밤길과 한낮의 뜨거운 태양 속을 장장 18시간 동안 함께 걸었던 우리가 아니던가. 우리는 샘물 옆에 아이를 눕혔다. 오랜 시간을 걸으면서 우린 얼마나 목말라했던가. 아이의 영혼이나마 그 샘물을 실컷 마실 수 있기를.

우리의 급박한 상황은 동행을 잃은 슬픔을 삭일 새도 없었다. 우린 일단 몽골 국경수비대를 찾아야 했다. 국경이라고는 하지만 사람이 전혀 보이질 않았다. 그렇게 저녁 5시가 넘었다. 그런데 저 멀리서 작은 군용 트럭이 뿌옇게 먼지를 일으키며 지나가고 있었다. 우리는 있는 힘을 다해 소리를 지르고 또 질렀다.

"살려 주세요! 살려 주세요!"

되돌아갈 수 없었다

내 안에는
그 무엇에도 속박되기를 거부하는
자유를 향한 피가

흐르고 있었나 보다

1. 유년의 기억

아버지의 호탕한 웃음소리가 초막 안에 울려 퍼졌다.

초막 천정에서 기어 다니던 도마뱀의 배설물이 형의 얼굴로 떨어진 것이다. 나는 어머니의 품에 푹 안긴 채 꼼짝도 하지 않고 하늘만 올려다보았다. 비닐로 만든 천정이어서 빛을 뿜어내는 밤하늘의 모습이 환하게 눈에 닿았다. 어둠의 사이사이로 총총히 박힌 별에 취해 나는 숨이 막힐 것 같았다. 얼마나 황홀한 밤이었는지 모른다.

다음 날도 깊은 산골로 한참을 걸어 들어가야 했기에 네 살배기에게는 다소 고달픈 여정이었지만, 내 가족과 함께한 시간 중에 그토록 아름다웠던 밤은 기억 어디에도 남아 있지 않다. 1986년 어느 여름밤이었다.

내가 네 살 나던 해 여름, 우리 가족은 간단히 짐을 꾸려 석막으로 향했다. 깊은 산골인 석막은 아버지의 새 일터인 49호 보양소 원료기지가 있는 곳이었다. 여섯 살이던 형은 아버지가 챙겼고 나는 어머니의 등에 업힌 채 무려 이틀을 걸어 석막으로 들어왔다. 사람이 거의 살지 않는 깊은 산속이었다.

석막으로 가던 길에 나를 업고 가시던 어머니가 힘들어하자 아버지가 내게 타이르듯 말씀하셨다.

"남자는 걸어야 한다."

늘 남자다움을 강조하시던 아버지의 이 한마디에 나는 어머니의 등에서 내려왔다. 그리고는 어머니의 손을 잡았다. 그렇게 얼마나 걸었을까. 해가 서산에 기울기 시작하자 아버지는 밤을 지새울 수 있는 초막을 만드셨고 어머니는 호박죽을 끓이셨다. 형은 아버지의 일손을 도왔고 나는 어머니 옆에서 말장난을 쳤다. 어머니는 그런 내가 귀여웠던지 내 볼을 두 손으로 어루만져 주셨다. 난 언제나 응석받이였고 형은 남자였다.

잠을 자려고 모두가 누웠을 때, 천정에서 물이 떨어진다며 형이 얼굴을 닦아냈다. 아버지가 천정을 올려다보셨다.

"도마뱀이란 놈이 오줌을 쌌네."

언제나 엄격하고 무섭다고만 생각했던 아버지의 커다란 웃음소리를 지금도 나는 기억하고 있다.

다음 날 아침 우리 가족은 다시 걷기 시작했다. 작은 오솔길을 따라 걷다 보면 여기저기에 뱀이 지나다녔고 그때마다 아버지는 기분이 나쁘다며 낫으로 뱀을 쳐내셨다. 형은 뭐가 그리도 신나는지 썩은 나무를 기분 좋게 발로 걷어차며 걸었고, 그런 형이 멋있어 보여 나도 형의 흉내를 내며 걸었다. 여기저기에 갓송이가 머리를 내밀고 있었고 가끔 범의 배설물도 나타났다. 그렇게 우리는 원료기지에 도착했고 그곳에 마련된 집에 짐을 풀었다.

온 가족이 아버지를 따라 49호 보양소 원료기지 석막골까지 올라온 것은 온전히 아버지의 뜻이었다. 아버지는 두 아들을 강하게 키워야 한다는 신념으로 온 가족을 데리고 깊은 산속으로 들어오기로 한 것이다. 49호 보양소란 한마디로 정신병동을 말하는데, 정신질환을 앓고 있는 환자들을 격리 수용하는 곳이다. 이 49호 보양소의 원료기지가 아버지가 옮긴 직장이었다. 대부분의 공장들은 원료기지를 가지고 있다. 이 원료기지에서는 국가에서 지급하는 양 이외에 이 공장에서 필요로 하는 먹을 것들, 이를테면 채소나 과일, 식량들을 추가로 생산한다. 49호 보양소 원료기지가 깊은 산골에 있었기 때문에 아이들이 뛰어놀며 자라기에 매우 좋은 환경이었다. 우리 가족이 살던 청진의 아파트를 떠나야 했기 때문에 어머니는 다니던 직장을 그만두셨다.

그렇게 깊은 산속에 넓은 콩밭과 감자밭이 있다는 게 실감이 나지 않았다. 그곳에 사는 사람은 우리 가족 외에 다른 한 가족이 더 있었다. 형과 내가 '포수삼촌'이라 부르던 아저씨, 그의 아내와 갓난아기가 전부였다. 우리 집에서 개울을 지나 조금만 내려가면 포수삼촌 댁이 나왔다.

한번은 내가 개울가에서 놀다가 무심결에 범을 보았다. 우리가 너럭바위라고 부르는 큰 바위 위에서 범이 나를 내려다보고 있었다. 범은 신기하다는 듯 나를 내려다보고 앉아 있다가 내가 올려다보자, 횡하니 일어나 가 버렸다. 감자밭에서 혼자 뛰어 놀다가 처음 범을 보았을 때, 너무 놀라 막 울면서 집으로 뛰어 내려온 적이 있었다. 범을 여러 번 보고 난 뒤로 놀라지는 않았지만, 그것이 무서운 짐승이란 사실을 알게 된 후 오히려 더 큰 두려움을 느꼈다. 나도 조금씩 자라고 있었나 보다. 세상을 알아간다는 것은 아마도 그런 것인가 보다.

형과 나는 그곳의 아름다운 경치에 푹 빠져 철없이 놀면서 즐겁게 뛰어다녔다. 그때 석막으로 들어간 일이 앞으로 내 인생을 어떻게 바꿔 놓을지는 꿈에서조차 생각지 못한 채…….

당시 우리 집에서는 송아지를 키우고 있었다. 그런데 어느날 그 송아지가 그만 죽어 버렸다. 아버지는 죽은 송아지의 간을 떼어 형과 나에게 먹이셨다. 익히지 않은 날것이었다. 형과 나는 아버지가 주시는 대로 후룩후룩 삼켜 버렸고 우리 가족은 그날 밤 둘러앉아 송아지 고기를 먹었다. 다음 날 아버지는 식량을 가져오기 위해 청진으로 내려가셨다.

그날 저녁 형과 나는 어머니를 가운데에 두고 각각 왼쪽과 오른쪽에서 잠이 들었다. 새벽 1시쯤 되었을까. 내가 그때까지 오줌싸개였던 탓에, 새벽 12시 반이나 1시쯤이면 어머니가 어김없이 나를 깨워 소변을 보게 하셨다. 당시 그곳에는 전기가 들어오지 않아서 밤이면 등잔불을 사용했는데, 내가 소변을 다 보고 나면 으레 형이 등잔불을 입으로 후 불어 끄고는 했다. 그런데 그날은 나도 한번 등잔불을 꺼 보고 싶었다. 어머니에게 떼를 썼다. 어머니는 그런 나를 위해 등잔불에 다시 불을 붙이고는 나를 안아 등잔불 가까이 들어 올려주셨다. 나는 입으로 잔뜩 바람을 일으켜 등잔불을 끄고는 기분이 좋아져 다시 꿈나라로 빠져들었다.

누군가의 울음소리에 잠을 깼다. 눈을 떠 보니 형이 울고 있었다. 나는 어리둥절해서 주위를 둘러보았다. 어머니가 아직 주무시고 계신다는 것 외에는 아무런 이상한 일도 없었다. 아니, 이상한 일이긴 했다. 늘 우리보다 먼저 일어나시던 어머니가 아직 꿈에서 깨지 못하고 계셨으니 말이다. 나는 조심스레 어머니를 흔들어 보았다. 이상하게 어머니는 움직이지 않았다. 평소와 다른 어머니의 모습에 다급해진 나는 '어머니'를 애타게 부르며 계속해서 힘껏 흔들어 보았지만 어머니는 꼼짝하지 않고 그대로 누워 계셨다. 그렇게 살갑던 어머니가 내 말을 들은 척도 하지 않는다는 사실에 나는 당황했다. 어젯밤에도 꺼진 등잔불에 다시 불을 붙여 가면서까지 내게 불을 끄게 해 주신 어머니가 아니던가. 목석처럼 빳빳하게 굳은 채 나를 외면하는 어머니가 다른 사람인 듯 낯설었다. 나도 모르게 울음이 터져 나왔다. 형도 이런 느낌 때문에 우는 것이었을까, 나를 그렇게도 사랑해 주던 어머니가 왜 나를 모른 체하는 거지? 울음이 터진 게 섭섭함 때문이었는지 두려움 때문이었는지는 모르겠

다. 내가 울음을 터뜨리자 형의 울음소리가 더 커졌고 내 울음
소리는 이내 형의 것보다 더 커졌다.

꼭 깊은 잠에 빠져든 모습처럼 보이던 어머니는 형과 내가
아무리 불러 보아도 미동도 하지 않으셨다. 어머니는 하얗게 잠
들어 있었다. 다시는 우리 곁으로 돌아올 것 같지 않던 어머니
의 그 창백한 얼굴을 보며 나는 몸부림을 쳤다.

"어머니! 어머니, 어머니……."

어머니는 눈을 뜨지 않으셨다.

얼마나 울었을까. 어머니가 다시는 눈을 뜨지 않을 것이란
막연한 두려움 앞에서 울음은 쉬이 잦아들지 않았다. 고요한
새벽에 형과 내가 서럽게 우는 소리를 듣고는 포수삼촌이 우리
집으로 달려오셨다. 모든 상황을 한눈에 알아챈 삼촌은 어머니
에게 하얀 모포를 씌우고 나와 형의 손목을 잡아끌었다. 어머
니가 금방이라도 일어날 것 같아 나는 안 가겠다고 떼를 썼다.
형은 눈물을 뚝뚝 흘리며 '어머니'라는 이름을 낮게 불러 보았
다. 우리가 좀처럼 어머니 곁을 떠나려 하지 않자 포수삼촌이
나와 형을 강제로 끌어안고 나오셨다. 형과 나는 하염없이 울
었다.

삼촌 댁에 와서도 쉽게 그치지 못한 우리 형제의 울음을
뚝 그치게 해 준 건 아짐이 만들어 준 감자 까마치였다. 우리
가 '아짐'이라 부르던 포수삼촌의 아내가 우리가 평소에 그토
록 좋아하던 감자 까마치를 만들어 주었다. 밥 아래에 감자를
반씩 쪼개 넣고 밥을 떠내고 나면 그 감자의 밑부분이 누룽지

가 되는데 이것이 감자 까마치이다. 조금 전의 슬픔에는 아랑 곳없이 나는 미친 듯 감자 까마치를 먹었다.

정신없이 감자 까마치를 먹었던 그 기억 뒤로는 끊겨버린 필름처럼 아무것도 생각나는 것이 없다. 다만, 그 이후에 어머니의 장례식 날 풍경이 기억날 뿐이다.

어머니의 장례식에는 외할아버지, 외할머니를 비롯해 많은 친척분들이 모였다. 외할머니와 외할아버지께서는 서럽게 우셨고 형과 나도 덩달아 펑펑 울면서 온 집안이 눈물바다로 변했다. 이모부는 아버지가 옛날에 주먹 좀 쓰던 사람이라 다른 여자가 생겨 어머니를 고의로 죽인 게 아니냐고 아버지에게 따졌다. 이모부는 성난 아버지에게 호되게 맞아 온 얼굴이 퉁퉁 부어올랐다. 이모와 이모부는 그대로 우리 집에서 쫓겨 나갔다. 아버지로서는 억울한 일이었을 것이다. 아내의 마지막 모습을 보지 못한 것도 분통한 일인데, 아내를 고의로 죽였다는 누명까지 쓰게 되었으니 말이다.

어머니의 사인은 심장마비였다. 그 전날 송아지 고기를 먹은 것 외에는 별다를 게 없는 날이었다. 그날 새벽에도 어머니는 여느 때처럼 나를 깨워 소변을 보게 하셨고 그 어떤 날과도 다르지 않게 그저 평범했다. 송아지 고기와 심장마비 사이에 어떤 상관관계가 있는지는 모르겠지만 어머니를 죽인 건 아버지가 아니었다. 장례식 이후에 아버지는 한동안 분주소에 불려다니며 조사를 받아야 했다. 어머니가 돌아가시던 날 청진에 나가 있었다는 사실이 입증되면서 아버지는 비로소 혐의에서 벗어났다.

어머니의 산소는 시내에서 조금 떨어진 근동이라는 곳에 마련되었다. 군부대가 관할하는 산속에 묏자리를 봐 뒀다. 삼일제를 다 치르고 나서 가족과 친지는 근동으로 이동했다. 근동역에서 내려 골짜기를 따라 한 시간 정도 더 들어가서야 군부대가 나왔고 산에는 이미 외삼촌과 작은아버지, 큰아버지를 비롯한 여러 친척분들이 와서 기다리고 있었다. 외할머니는 어머니의 관을 끌어안고 통곡했고 그런 할머니를 만류하는 할아버지의 눈가에도 눈물이 가득 고였다. 땅을 치며 통곡하고, 하늘이 무너져 내릴 듯이 눈물을 쏟으며 슬퍼하던 친척어른들…….
어른들의 슬픔을 제대로 가늠할 수 없어 더 슬펐던 친척 아이들은 덩달아 울어댔다. 그 자리에 있던 모든 사람뿐만 아니라, 산과 하늘과 풀과 나무, 세상의 모든 것이 내 어머니의 죽음을 슬퍼하는 것 같았다.

우리는 전부 뭔가에 홀린 듯했고 사위는 온통 울음으로 가득했다…….

장례식이 끝난 뒤 아버지는 당분간만 봐 달라며 나를 큰아버지 댁에, 형은 고모 댁에 각각 맡기셨다. 내가 살았던 댁의 큰아버지는 아버지의 형제분들 중에 우리 아버지의 바로 위 형제분이다. 그리하여 형은 무산군 무산읍에, 나는 무산군 칠성리에서 각각 살게 되면서 아버지와 우리 형제는 뿔뿔이 흩어졌다.

큰아버지와 큰어머니는 농장원이었는데, 큰아버지는 당세포비서였다. 당세포비서는 당의 최하위 조직의 책임자로 큰아버지는 200여 명의 당원을 거느린 부락의 수장이었다. 큰어머니는 황해도 쪽에서 큰아버지를 만나 무산으로 시집을 오셨고 1남 3녀의 자녀를 두었다.

큰아버지 댁에서 나는 한동안 형과 누나들 틈에 섞여 살아야 했다. 누나들은 때로 내게 눈총을 주기도 했지만 잘 놀아 줄 때도 있었다. 형은 내가 종종 잘못을 저질러 따분한 상황에 놓일 때마다 내 편을 들면서 나를 감싸 주고는 했다.

그 시절 내가 자고 일어난 이부자리에는 자주 지도가 그려져 있었다. 잠자리를 적시고 난 날에는 큰어머니의 매서운 꾸지람이 이어졌고 그때마다 나는 큰아버지의 등 뒤로 숨어들었다. 큰아버지는 나를 항상 감싸 주셨고 형은 아직 어린애니까 그럴 수도 있다며 내 편을 들어 주었다.

나보다 두 살 어린 그 집 막내와 함께 나는 탁아소에 다녔다. 그 아이는 아주 복스럽고 귀엽게 생긴 여자아이였는데, 나를 오빠라고 부르며 잘 따랐다. 나는 당시 탁아소에 가는 것을 정말 싫어해서 아이들이 자는 틈을 이용해 몰래 밖에 나와 놀고는 했다. 낮에 탁아소에서 잠든 동생을 깨워서는 거의 매일 두만강가에 데리고 나가 놀았다.

아이들은 대개 어느 환경에 놓이든 적응이 빠른 법이다. 나는 부모, 형제가 없는 낯선 환경에 제법 잘 적응해 가고 있었다. 돌아가신 어머니에 대한 기억도 내 안에서 빠른 속도로 희미해져갔다. 1986년 가을이었다.

    그 이듬해 가을, 아버지와 형이 낯선 여자와 함께 나타났다. 고모 댁에 먼저 들러 형을 데리고 온 아버지는 처음 보는 여자분을 소개해 주면서 '어머니'라고 했다. 1년 만의 만남이었다. 아버지와 형도, 낯선 어머니라는 분도 너무 서먹서먹했고 나는 어쩐지 부끄러운 마음이 들었다. 어머니라는 분은 매우 적극적인 성격을 가진 사람이었다. 꽁꽁 얼어붙은 두만강에서 내 손을 잡고 아버지와 어머니가 미끄럼을 태워주는 바람에 기분이 매우 좋아져 서먹했던 마음의 경계가 스르르 사라져 버렸다.

    아버지와 어머니, 형과 함께 그곳에서 며칠을 지내다가 우리 가족은 원래 우리 집인 청진의 아파트로 돌아왔다. 청진에 오고 나서 얼마 지나지 않아 여동생 한 명이 왔는데, 내 동생이라고 했다. 새어머니의 딸이었다.

2. 계모의 존재를 알다

어린 시절의 기억은 또렷하지 않다. 조각난 필름처럼 여기저기서 난데없는 기억이 이따금 튀어나올 때가 있기는 하지만 누구나 그렇듯이 유년 시절의 기억을 하나로 잇는 데는 줄곧 한계를 느끼고는 한다.

내 고향은 함경북도 청진이다. 나는 1982년 1월 17일 함경북도 청진시 수남구역에서 태어났다. 아버지와 어머니 외에 내게는 두 살 터울의 형이 한 명 있었다. 나이차는 크지 않았지만 형은 맏이답게 늘 의젓했고 막내인 나는 철부지 어리광쟁이였다.

아버지는 함경북도 무산 출신으로, 4남 1녀 중 넷째로 태어났다. 맏이인 큰아버지, 그 아래로 고모가 있었고 다시 큰아버지, 아버지, 삼촌의 순이었다. 자세한 내막은 모르겠지만 아버지는 어린 시절부터 밥을 빌어 부모님을 봉양해 왔다고 하셨다.

17세에 군대에 입대하셨고 군단정찰국 조장으로 활약하는 등 14년간을 복무하신 후 30세가 넘어서 제대하셨다. 그 후에 어머니를 만나 결혼하셨고 형과 나를 낳으셨다.

아버지는 대남연락소 출신으로 남쪽에 세 번이나 남파된 적이 있는, 말하자면 간첩 출신이다. 후에 신분이 탄로 나는 바람에 공작원 생활을 그만두고 군단정찰국 531특수부대 교관으로 일하셨다. 아버지는 김일성 앞에서 훈련도 하고 시범도 보인 적이 있어 김일성 명함시계까지 받은 명예가 높으신 분이었다. 김일성의 명함이 찍힌 이 시계는 굉장한 명예를 의미하는 것으로 이 시계를 받은 사람은 매우 높은 신분에 속했다. 아버지는 영웅 신분이었다. 아버지는 과묵한 성품을 지니신 분이었는데 근엄한 가장이기도 하셨다. 성격이 불같은 데가 있었지만 아버지는 평소 말수가 적고 감정 표현도 거의 하지 않으셨다. 즐거워하거나 슬퍼하는 모습을 보이는 경우가 거의 없는 분이어서 어쩌다 아버지의 웃음을 보면 그 웃음소리가 머릿속을 떠나지 않고 오래도록 남아 있는 느낌이었다.

어머니는 1남 2녀 중 둘째로, 화학섬유공장 생필직장의 작업반장으로 일하셨다. 외할아버지도 화학섬유공장에서 일하셨는데, 김일성 사적비를 청소하는 중에 김일성이 현지지도를 나와 생각지도 않게 소위 '김일성 접견자'가 되셨다고 한다.

어머니는 직장에 출근하실 때 형의 손을 잡고 나를 등에 업고 가셨는데, 어머니의 등에 업혀 가는 동안 나는 포대기 안의 답답함이 너무 싫어 틈만 나면 그 안에서 비집고 나오려고 애를 썼다. 조금만 더 나오면 저 파란 하늘을 볼 수 있겠다 싶은 순간에 어머니가 포대기를 덮어 눈앞을 바로 가려 버리고는 하셨다. 어머니는 내가 감기에라도 걸릴까 봐 포대기를 다시 씌워 주신 것이었지만, 그때마다 나는 어머니가 원망스러운 생각이 들었던 것 같기도 하다. 자유로움에 대한 갈망은 기억도 나지 않을 만큼 어린 시절부터 내 안에 웅크리고 있었던 게 아닌가 싶다. 이런 어머니의 힘겨운 출퇴근길을 안쓰러워하던 아버지는 유모차를 만들어 나와 형이 타고 다닐 수 있게 해 주셨다. 찬바람이나 물이 새어 들어오지 않도록 깔끔하게 방수처리까지 한 유모차였다.

어머니는 형과 나를 각각 화학섬유공장 유치원과 탁아소에 맡기셨다. 한데, 내가 탁아소에서 다른 아이들에게 짓궂은 장난을 치고는 해서 어머니는 할 수 없이 나를 탁아소에서 데려와야 했다. 어머니는 작업반 휴게실에 나를 재우고 일을 하셨다.

석막에 들어오기 전까지 우리 가족이 살던 집은 청진에 있는 화학섬유공장의 8층짜리 아파트였다. 우리는 맨 꼭대기 층인 8층에 살았다. 나는 종종 어머니의 등에 업혀 매우 아찔하고 무섭다는 생각이 드는 공간에 올라왔던 기억이 있는데, 그곳이 바로 우리가 살고 있는 아파트의 옥상이었다. 내가 울면 어머니가 나를 업고 옥상에 올라와 내가 잠들 때까지 기다리셨다고 한다.

친어머니에 대해 남아 있는 기억은 사실 거의 없다. 너무 어린 시절에 이별한 탓에 남아 있는 어머니에 대한 기억조차 선명하지 않다. 친어머니와 같이 지냈던 청진에서의 기억은 이 정도뿐이고 다른 기억마저도 석막에서 함께했던 짧은 몇 달간의 시간이 전부이다. 하지만 그 희미한 기억의 저편에서 배어 나오는 따스한 느낌만으로도 어머니가 어떤 분이셨는지 짐작할 수 있어서 감사할 따름이다.

청진의 화학섬유공장 아파트에서 살던 어린 시절의 기억은 평온한 느낌으로 남아 있다. 남한에서는 간첩이지만 북한에서는 영웅 신분인 아버지 덕분에 우리 가족은 별 어려움 없이 살았던 것으로 기억한다. 물론, 어머니가 돌아가시기 전까지는 말이다.

다섯 살에 청진으로 돌아오고 나서 우리 가족은 여동생 한 명이 더 늘어 다섯 식구가 되었다. 아버지는 여동생을 매우 아끼셨다. 동생은 형과 나를 잘 따랐다.

나는 독서를 좋아했다. 한글도 완벽하게 익힌 상태는 아니었고 공부를 좋아한 것도 아니었지만 책을 읽는 것은 좋아했다. 대여섯 살에 이미 나는 마을에서도 소문난 모범독서가였다. 당시 나는 성인들이 읽는 '인민들 속에서'를 즐겨 읽었다. 글자를 읽는 수준에 불과했기 때문에 내용을 이해했다기보다는 김일성이 어디로 현지지도를 다녀왔는지 살펴보는 정도였다.

아이들이 도서관에서 책을 빌릴 때는 혹시라도 분실 등 문제의 소지가 있어서 아버지의 승인을 받아야 했다. 부모님 승인을 받아서 열심히 책을 읽었더니 도서관에서 모범독서증을 발급해 주었다. 나는 아버지가 소장하신 책 중에서 '김일성 저작집'도 열심히 읽었다.

화학섬유공장 유치원에 1년 정도 다닌 뒤 인민학교에 입학을 했다. 생일이 빨라 남보다 한 해 먼저 입학을 한 나는, 왜 그랬는지는 모르겠지만 유치원에 다니는 동안 자주 열병이 났다. 체온이 40도를 오르내렸다. 어머니가 내 손을 잡고 유치원에 데려다 놓으면 정오쯤 되서 온몸에 열이 나고는 했는데, 심하게 아플 때는 선생님이 직접 나를 업고 집에 데려다 주기도 하셨다.

처음 봤을 때부터 적극적인 성격이었던 어머니는 일에 대한 욕심이 남달랐다. 청진시 어항동에 위치한 수산기계공장에서 작업반장을 맡으셨던 어머니는 직장장이 되기 위해서는 당원이 되어야 한다는 생각 때문에 밤낮으로 열심히 일을 하셨고 아버지도 그런 어머니를 옆에서 조용히 챙겨 주셨다. 로동당원 가입을 앞두고 있던 어머니는 우리에게 신경을 쓸 여력이 없었다. 어머니를 대신해 형과 내가 자주 동생을 데리러 탁아소에 가고는 했다.

인민학교 2학년이던 1989년은 일곱 해 내 짧은 인생의 작은 전환점이 된 시기였다. 그해에 현재 내 어머니가 친어머니가 아니라는 사실을 알았고 급격히 학교가 싫어져 처음으로 집을 뛰쳐나왔으며……, 그리고 담배를 배웠다.

형이 어느 날 집에 부모님이 안 계신 틈을 타 불쑥 집으로 들어와서는 내게 사진첩 하나를 보여 주었다. 아홉 살이던 형은 그때 이미 자주 집을 뛰쳐나가 밖에서 한참을 떠돌다가 들어오기를 반복하던 시기였다. 사진 속 여자의 모습이 어딘가 눈에 익은 듯했다.

"이분이 진짜 우리 어머니다. 지금 어머니는 가짜야."

현재의 어머니가 새어머니라는 사실은 내게 엄청난 충격이었다. 머리가 멍해지는 것 같았다. 형이 왜 그렇게 집을 뛰쳐나가는지 알 수 없었던 나는 그때야 비로소 형의 심정이 이해가 되는 것도 같았다. 형은 한 번 나가면 며칠씩 떠돌다 안전원에 붙잡혀 어쩔 수 없이 집으로 돌아오고는 했다. 형은 주로 수남구역 역전 분주소나 청진역 분주소에 잡혀 있다가, 연락을 받은 아버지 손에 이끌려 들어와서는 심하게 매질을 당했다.

사실은 그즈음 나 또한 불만을 갖고 있던 터였다. 형과 여동생 사이에서 항상 헌 옷과 헌 물건만 쓰던 나는 학교와 관련된 모든 것들이 싫었다. 질 떨어지는 학용품을 쓰는 게 부끄러웠고 형한테 물려 입은 구멍 뚫린 체육복을 입는 것도 더없이 싫었다.

어머니가 계모라는 사실을 알게 된 이후 사소한 모든 것들이 다 차별로 느껴졌다. 몹시 서러워 마음을 어디에 두어야 할지 알 수 없었다. 그때만 해도 나는 마을에서 꽤 좋은 이미지를 갖고 있는 아이였지만, 동생에게만 부모의 관심이 쏠린다고 생각하자 집을 뛰쳐나가고 싶은 생각에 사로잡히기 시작했다.

어머니는 신여성의 이미지를 가진 강인한 성격의 소유자였다. 어머니는 집안일도 잘 거두었지만 특히 바깥 활동이 매우 뛰어난 분이었다. 남녀평등을 실현하시려는 의지가 강했고 본인 스스로의 능력도 뛰어나 사회적 지위가 높은 분이었다. 당원이었는데, 당에서도 알아주는 일꾼이라고 직장에서 소문이 날 정도로 당당하고 능력 있는 여성이었다.

어머니는 원칙주의자였고 양육 스타일 또한 잔인하다 싶을 정도로 우리에게 강한 것을 요구하였다. 내 아들이라고 끌어안는다는 느낌이 없었으니 따스한 어머니의 정을 느낄 수도 없었다. 지금 생각해 보면 계모라는 것보다는 원래 출세욕과 사회적인 욕망이 강한 여성으로 성격 자체가 그런 면이 많았다는 생각이 든다. 어머니가 우리에게 딱히 뭔가를 잘못한 것이 없어서……, 그래서 더 서러웠는지도 모른다.

형과 내가 당시에 절실하게 필요로 했던 것은 이성적이고 논리적인 어머니의 모습이 아니었다. 우리에게 필요했던 것은 우리를 품어주고 다독여 줄 어머니의 따스한 품이었다.

담배를 시작한 것도 그 무렵이었다. 그때부터 나는 마을 아이들과 어울려 담배를 몰래 배우기 시작했다. 각자의 집에서 훔쳐 온 것들이었다. 주변 친구들에 휩쓸려 담배를 피우고 형과 함께 수시로 집을 나가는 일을 반복했다. 형과 떨어져 지내는 시간은 슬프고 힘들었다. 또래 친구들과 마을 외진 곳에 몰래 숨어 어른 흉내를 내며 담배를 종이에 둘둘 말아 피웠다. 묘한 기분은 잠시나마 현실의 괴로움을 잊게 해 주는 것도 같았다.

한번은 인민학교 다닐 때 화장실 뒷골목에서 담배를 피우다가 선생님이 지나가셔서 피우던 담배를 급하게 호주머니에 집어넣어 버렸다. 교복이 타면서 스멀스멀 연기가 새어 나왔다. 선생님이 가시고 난 뒤 얼른 담배를 꺼내 보면 옷이 타서 구멍이 나 있고는 했다.

형은 계모를 생모로 알고 자라고 있는 나를 답답하게 생각했을지도 모른다. 겨우 두 살 차의 나이였지만 형과 나는 같은 과거, 서로 다른 기억을 갖고 있었던 셈이다. 어머니가 돌아가시던 그날 새벽을 비교적 또렷이 기억하고 있으면서도 새어머니를 생모가 아니라고 생각한 적은 없었다.

아이의 기억은, 아니 어쩌면 사람의 기억이란 원래 그러한 것인지도 모른다…….

형은 친어머니의 죽음에 대한 기억이 또렷해서 새어머니를 받아들일 마음의 자리가 없었던 것 같다. 수시로 제 발로 집을 뛰쳐나가고는 했지만 형은 아버지가 무서워 집에 들어오지는 못하고 늘 집 주변을 맴돌았다. 우리 아파트 1층 창고에서 몰래 잠을 자고 나가는 형이 나는 너무 불쌍했다. 먹을 것을 챙겨 두었다가 형이 숨어들어오면 부모님 몰래 가져다주고는 했다. 나는 음식뿐만 아니라 집안의 물건들도 몰래 빼내 형에게 챙겨 주기도 했는데, 형은 이런 것들을 팔아 나름대로 생활을 유지해 갔다.

아침 등굣길에 형을 만난 날은 나도 학교에 가는 척하다가 빠지고 형과 하루를 보내다가 들어왔다. 형과 곳곳을 돌며 놀다가도 저녁 시간이 되면 나는 아무 일 없었다는 듯이 집에 들어갔다. 어느 날인가부터 나는 형을 만나지 않은 날에도 학교에 가지 않았다. 아침에 학교에 간다고 집을 나와 밖에서 혼자 놀다가 집에 들어가서는 학교에 다녀왔다고 거짓말을 했다. 선생님과 친구들이 집으로 찾아오는 통에 그만 들통이 나서 아버지께 호된 꾸지람을 들었다.

꼬리가 길면 잡히는 법일까. 한번은 창고에 내려가서 형을 만나다가 부모님께 들켜 나도 집에서 쫓겨나게 되었다. 집안의 물건이나 음식이 자꾸만 없어지는 것을 이상하게 여긴 부모님이 내가 몰래 창고에서 형을 만난다는 사실을 알아버린 것이었다. 아버지는 내게 나가라고 지시한 후 냉정하게 문을 걸어 잠그셨다. 막막한 심정이었다. 하지만 그것도 잠시, 내게는 형이 있었다.

그날이 내가 꽃제비의 길로 들어선 첫날이 되었다.

집을 나온 후 형을 따라 처음 나간 곳은 신암구역에 있는 청년공원이었다. 건너편에 동쪽 해변을 끼고 있는 청년공원은 여름이면 시원하게 수영을 할 수 있었고, 관광객이 많아 먹을 것을 얻어먹기에도 수월한 곳이었다. 청년공원에서 우리는 신나게 쪽배를 타고 논 뒤 신암구역과 청암구역 사이에 위치한 동물원으로 갔다. 딱히 대단한 짐승이 있었던 것도 아니었지만, 동물원은 학교에서 단체로 가지 않으면 거의 가 볼 일이 없는 곳이어서 아이들의 막연한 호기심을 유발하기에 충분한 곳이었다. 막상 가 보면 실망하게 되더라도 뒤돌아서면 또 궁금해지는 것이 아이들의 마음이다. 늘 지루하고 더디 가던 하루가 그렇게 빨리 지나갈 줄은 몰랐다. 가출한 첫날에 잠을 잔 곳은 다름 아닌 우리 아파트 창고였다. 그 뒤로 서너 번 정도의 가출을 경험한 뒤로는 사람들의 눈에 띄지 않을 만한 장소를 찾아 잠을 자고 다녔다.

밖에서 꽃제비를 치다가 집에 강제로 복귀되고 나면 아버지에게 매서운 매질을 당하기가 무섭게 나는 다시 집을 뛰쳐나왔다. 평소 말수가 거의 없는 아버지는 훈육할 때만큼은 엄격했고 우리가 무엇인가를 잘못하면 매우 무섭게 때리셨다. 어쩌다 집에 들어가는 일이 있어도 아버지 눈에 띄기 전에 무조건 뛰쳐나왔다. 그래야만 살 수 있다고 생각했다. 아버지가 원래부터 성격이 불같은 구석이 있는 데다 과거에 정찰국 교관까지 지냈던 분이어서 우리 형제는 늘 순식간에 제압당해 뻗어 버렸다. 가끔은 은근히 형과 내가 도망치길 바라셨는지도 모른다는 생각이 들 때도 있었다. 우리가 도망칠 때는 아버지가 잡지 않으셨기 때문이다. 매질이 점점 심해질 때는 어머니가 막아 주면서 우리가 도망칠 수 있는 시간을 벌어 주시기도 했다. 아버지가 얼마나 무섭게 매질을 했는지 얼굴을 제외한 모든 곳을 허리띠로 사정없이 맞았다. 아프다기보다는 서러웠다.

그렇게 시작된 꽃제비생활은 그리 평탄하지는 않았다. 처음에는 먹을 것이 없어 외할아버지 댁이나 무산군에 있는 친척집 등을 돌며 얻어먹기도 했고 역전에서 음식을 구걸해 허기를 달래기도 했다. 밖에서 그렇게 떠돌다가 안전부에 잡히면 어쩔 수 없이 집으로 돌아와야 했고 그때마다 서러운 아버지의 체벌이 기다리고 있었다.

청진역 분주소와 수남역 분주소, 라남역 분주소 등에 잡혀 있으면 연락을 받은 아버지가 우리를 데리러 오셨다. 특히 청진역 분주소에서는 워낙 자주 잡히다 보니 그곳 분주소 안전원이 형과 나를 보면 '또 나왔니?'라며 너스레를 떨었다. 그 안전원은 아버지의 지위를 일정 알고 있는 듯한 눈치였다. 아버지 손목에 채워진 김일성 명함시계를 봤기 때문일 것이다. 백발이 무성한 아버지가 안전원 앞에 연신 고개를 숙이는 모습에 마음이 아파 가끔은 학교에 착실히 나가기도 했다. 그럴 때마저 일주일을 넘기지는 못했지만 말이다.

두 아들이 학교에서 문제를 일으키는 불량학생인 데다 마을에 떠도는 계모 이미지로 인해 어머니는 매우 힘들어했다. 어머니는 점점 더 나를 차갑게 대했고 나와 어머니 사이는 더욱 멀어져 갔다.

3. 주워 먹기와 얻어먹기, 그리고 훔쳐 먹기

악화된 식량위기

형이 없는 빈자리, 나는 마음 붙일 곳이 없었다. 학교와 집, 그 어디에서도 내 마음을 잡아 주는 곳은 없었다. 집을 나온 첫날은 형을 몰래 만났다는 이유로 쫓겨났지만 나중에는 내 발로 집을 뛰쳐나올 수밖에 없었다.

학교에 가지 않으니 내겐 시간이 넘쳐났고 그에 못지않게 보고 싶은 것, 하고 싶은 것들도 많아졌다. 밖을 떠돌며 하루하루 끼니를 해결하는 것이 그날의 일과이자 목표였을망정 형과 나는 스스로는 집을 찾지 않았다. 길거리에 뭔가 먹을 것이 떨어져 있지는 않을까 해서 땅을 훑고 다니는 일은 우리가 하는 가장 기본적인 일이었다. 형과 나는 부자들이 많이 산다는 마을에 가서 쓰레기 더미를 뒤지기도 했다. 그렇지만 뭐니 뭐니 해도 우리 같은 아이들에게 동정심을 품을 만한 어른들을 찾아 그들의 감정을 자극해 먹을 것을 얻어먹는 일이 가장 만만한 일이었다. 주로 청년공원이나 청진역에 가서 관광객들을 상대로 구걸해 먹으며 본격적인 꽃제비의 길로 들어섰다.

1989년 정도만 해도 나 같은 아이들이 얻어먹는 일은 그리 어렵지 않았다. 청진역은 워낙 많은 여행객들이 오가는 곳이라 심심찮게 먹을 것을 얻어먹을 수 있는 곳이었다. 청진역을 오가는 사람들 중 누구에게 얻어먹을 것인가를 멀리서 관찰하다가 대상이 결정되면 서서히 다가가 그 옆에 가서 슬쩍 자리를 잡고 섰다. 그리고는 한껏 불쌍하고 슬픈 표정을 지어 보이며 그 관광객이 말을 걸어 주기를 기다렸다. 처음엔 예상치 못한 어른들의 질문에 당황해 금방 답을 하지 못했지만, 비슷한 질문에 익숙해지고 나서는 다음 질문이 무엇인지 예상할 수 있을 만큼 여유가 생겼다. 심지어 여행객들이 말을 걸도록 유도하는 것도 가능해졌다. 예상한 질문에 답변을 하는 일은 쓰레기 더미를 뒤지는 일보다는 훨씬 깔끔하고 쉬운 일이었다.

보호자도 없이 어린아이들이 돌아다니면 사람들은 으레 고아라고 생각하는 경우가 많았다. 부모가 없느냐고 물으면 금방 눈물이라도 쏟을 듯이 서글퍼 보이는 표정으로 그렇다고 고개를 끄덕였다. 특히, 오랜만에 사회에 나온 군인들의 동정심은 남달랐다. 우리 같은 아이들을 보면 안쓰러운 표정을 지으며 먹을 것을 잘 챙겨 주었다. 한데, 형은 체격도 크고 성격에도 맞지 않아서 얻어먹는 일을 매우 힘겨워했다. 얻어먹는 일은 홀로이거나 형과 함께이거나 늘 내 몫이었으므로, 횟수를 거듭할수록 어떻게 하면 잘 얻어먹을 수 있는지에 대한 요령이 생겨났다.

먹을 것을 얻어서 형과 함께 나누어 먹은 후 우리는 또 다른 대상 물색에 나서고는 했다. 인민학교를 다니던 시기에 형과 함께 계속해서 떠돌아다니며 얻어먹었는데, 그것도 1990년대 초 정도까지나 가능한 일이었다. 점점 살기가 어려워지면서 여행객들도 음식을 잘 주려고 하지 않았다.

내가 고등중학교에 입학한 이후부터는 빌어먹는 일이 쉽지 않았다. 1993년으로 흘러들던 즈음에는 사람들의 동정만으로 주린 배를 채울 수는 없었다. 다 같이 살기 어려워지자 사람들의 인심도 더는 예전 같지 않았다.

사회주의권이 붕괴될 무렵부터는 살기가 정말 어려워졌고 배급량이 급격하게 줄어들면서 사람들은 배급에 의존해서는 살아갈 수가 없었다. 스스로 먹을 것을 구하지 않으면 안 되는 상황에서 자연스럽게 '시장'이 형성되었다. 초기에는 대단한 시장이랄 것은 없었고 연로보장을 받기 시작한 노인들이 배급이 줄자, 생계를 잇기 위해 사탕이나 엿, 볼펜 같은 것을 학교 부근에서 아이들에게 몰래 파는 정도였다. 그렇게 조금씩 모여 형성된 장이 골목장이다. 골목장을 시작으로 점점 시장의 규모가 커져 갔다. 시장 개념이 생기면서 자연스럽게 훔쳐 먹을 환경이 만들어진 것이다.

꽃제비들은 생존하기 위해 훔치기 시작했다. 훔치기라도 하지 않으면 언제 굶어 죽을지 모를 일이었기 때문이다. 이들을 경험한 장사꾼들이 경계하면 할수록 꽃제비들의 훔치는 수법 또한 다양해졌다. 시장이 형성되고 장마당이 활성화된 뒤에는 꽃제비와 장마당은 그 역사적 흐름을 함께해 왔다.

1990년대 중반 식량위기가 닥쳤을 때는 많은 사람들이 생명의 위협을 느꼈다. 배급이 완전히 끊긴 뒤에는 실제로 수많은 사람들이 굶주리다가 죽어 나갔다. 당시 청진의 우리 집도 1.5톤 정도의 배급이 밀린 상황이었다. 청진시에만 90만 명의 사람들이 살고 있었는데, 배급이 가능한 양은 한정되어 있으므로 어느 지역인가는 배급이 중단될 수밖에 없었다. 그 지역이 함경북도다.

평안도와 황해도 쪽은 벼농사를 많이 짓기 때문에 당시에는 크게 우려할 수준은 아니었다. 함경북도는 고산지대여서 대부분 콩이나 옥수수 농사를 지었고 아무래도 수도에서 멀리 떨어져 있기 때문에 소외받기도 쉬운 지역이었다. 사회주의체제에서 엄격하게 금지하고 있는 '시장'이 함경도에서 발달된 것도 이런 환경적인 요소들과 관련이 깊다. 철저한 배급 사회인 북한에서 배급이 끊기고 나자 사람들은 먹고살 길이 없어졌다. 1993년에서 1994년으로 넘어오는 시기에 '행방'이란 것도 생겼다. 식량을 구하러 다니는 것을 행방이라고 하는데, 많은 사람들이 쌀이 나는 고장으로 가서 각종 물건과 쌀을 맞바꾸어 돌아왔다. 농촌 사람들은 대개 순진해서 1원어치 그릇을 갖다 주면 10원어치의 식량을 내주는 경우도 있었다. 우리 부모님은 평안북도 문덕으로 주로 행방을 다니셨다.

청진은 1994년도에 배급이 완전히 끊겨 스스로 먹을 것을 구하지 않으면 그대로 굶어 죽고 마는 상황에까지 이르렀다. 함경북도 수장이 상행위를 반사회적인 행위로 규정하고 강하게 금지하려 들면 청진시민들이 매우 거세게 저항하였다. 어쩔 수 없이 상행위를 눈감아 줄 수밖에 없었는데 이런 이유로 함경북도 수장의 목이 날아가는 경우가 많았다. 워낙 장사가 활발하니 단속을 하는 데에도 한계가 있어 시 차원에서 임시로 장마당을 허용해 줄 수밖에 없었던 것이다.

식량위기가 닥쳐왔을 때 수없이 죽어 나가는 사람을 보며 남은 자는 떠난 자의 슬픔이 곧 자신의 것이 될 수 있음을 알았다.

아홉 살 나던 해에 처음으로 '죽음'을 보았다. 삶과 죽음이 서로 멀리 떨어져 존재하는 것이 아님을 알기까지는 그 후로도 한참의 시간이 걸렸지만, 그날 내가 본 죽음은 그때까지 겪었던 생애 가장 큰 두려움이었다.

친구들과 수남장마당에서 여느 때처럼 장사꾼들을 상대로 훔쳐 먹고 놀던 중에 사람이 죽는 모습을 지켜보았다. 사람이란, 죽을 수 있는 존재란 것을 처음 알게 된 날이기도 했다.

전날 인민반 반장이 수성천에서 공개처형이 있으니 반드시 나와서 보라고 공지를 한 뒤라, 호기심 가득한 나와 내 친구들은 사형수를 가까이에서 보겠다는 일념으로 기를 쓰고 수성천으로 나갔다. 수성천은 청진에서 가장 큰 천으로 수남장마당에서 30분 정도를 걸어 나가야 하는 곳에 있었다. 그날 그곳에서 예정대로 공개처형이 있었다. 수백 명에 달하는 사람들이 사형수의 처형 장면을 보겠다고 수성천에 나와 웅성거렸다.

총살을 하기 위해 각목으로 된 말뚝을 세우고 사형수들을 묶어 놓았다. 사형수는 쌍둥이 형제였다. 홀로 사는 할머니를 살해한 혐의로 공개처형을 당하게 된 것이다. 부자라고 소문난 할머니 집에 들어가 돈을 훔쳐서 나오다가 할머니에게 들키자, 과도로 할머니를 여러 차례 찔러 숨지게 한 후 달아났다고 했다.

제복 차림의 안전원들이 말뚝에 묶인 사형수들의 눈을 가리고 입에 재갈을 물렸다. 그리고는 아무런 저항도 할 수 없는 그들을 향해 한동안 잔인한 폭력을 행사했다. 인정사정없이 두들겨 맞은 사형수들은 거의 정신을 잃은 것 같았다. 이어, 푹 꼬꾸라진 듯 각목에 매달려 있는 사형수들의 재갈을 안전원이 풀어 주며 물었다.

"할 말이 있는가?"

이미 정신을 놓은 사형수들이 할 말이 있다 한들 무슨 힘으로 할 수 있었겠는가.

사형수 한 명당 세 명의 안전원이 자리를 잡더니 총을 겨누었다. 안전원들이 총을 겨누고 얼마 뒤에 열여덟 번의 총성이 수성천에 울려 퍼졌다. 머리, 가슴, 무릎의 순으로 총이 발사되었고 말뚝에 묶여 있던 사형수들이 그 아래 놓인 가마니 위로 툭 굴러 떨어졌다. 시신이 놓인 가마니를 안전원들이 둘둘 말더니 차에 던져 실었다. 그리고는 사형수들을 묶었던 각목을 수성천에 던져 버린 후 차를 타고 가 버렸다.

사형수들의 몸을 관통한 총알이 무수히 박힌 그 각목을 물에서 건져 올리려고 나와 친구들은 무던히도 애를 썼다. 각목에 총알이 단단히 박혀 뽑기가 쉽지 않았다. 그중에서 간신히 뽑아낸 총알을 서로 갖고 놀겠다고 뺏고 뺏기면서, 우리는 노는 데 한동안 정신을 팔았다.

사람이 죽는 것을 처음 본 그날의 장면은 어린 내게 충분히 충격적이었고 지금도 잊지 못할 만큼 뇌리에 각인되어 있다. 하지만, 아홉 살 소년에겐 그 사형수들의 죽음은 그저 타인의 죽음일 뿐이었나 보다. 두려움을 온몸으로 느끼기에 너무 어린 나이였는지도 모른다. 당시 그 장면을 함께 목격한 다른 어린 소년들에게도 쌍둥이 형제의 죽음은 자신과 아무런 상관없는 일에 불과했는지도 모른다……

철없던 시절을 넘겨 수없는 죽음을 목격하면서 나는 그제야 알았다. 사람의 목숨이란 누구에게나 단 하나뿐이며 하늘 아래 사는 사람이라면 그 누구에게나 생명은 같은 가치를 지니는 소중한 것이란 걸. 죽음은 죄를 짓지 않아도 맞이할 수 있으며 그 대상이 내 가족이나 친구가 될 수도 있다는 것을.

죽음은 때로 내 앞과 뒤, 옆으로 넘나들 수도 있으며 그리고
그 죽음이 내게 와 멈출 수 있다는 것도.

김혁 동무, 인정합니까?

"제비야, 제비야……, 어디 갔다 왔니? 너 제비 맞지?"

내 주먹은 분노로 부르르 떨렸지만 나는 그때마다 마음을
다잡으며 꾹 참았다. 방랑생이라고 놀리는 아이들을 그 자리에
서 때린다면 뒤에 이어질 어마어마한 처벌을 감내해야 했기 때
문이다.

방랑생활을 한 후에 어쩌다 힘들게 학교로 돌아가도 아이
들의 놀림 때문에 견디기 힘들 때가 많았다. 학급 친구들의 따
가운 시선을 온몸으로 참아내는 일은 쉽지 않았다. 심지어 그
아이들의 부모까지도 꽃제비 치던 아이들과는 말도 섞지 말라
고 자기 아이에게 주의를 주고는 했다.

게다가 학교에 가면 꽃제비생활을 했던 것에 대해 만날 비
판서를 써대야 하고 교실 청소도 해야 하는 등 혹독한 처벌이
기다리고 있었다. 무엇보다도 일주일에 한 번씩 지도원에게 가
서 비판서를 제출하고 소년단위원회 옆에서 벌을 서는 것은 정
말 괴로운 일이었다.

뛰쳐나갔다가 어렵게 돌아가도 학교라는 곳에는 한시도 마

음 편히 있을 내 자리가 없었다. 얼굴도 잘 알지 못할 만큼 학급 친구들도 내게는 낯선 아이들이었고 그들의 따가운 시선은 치욕을 느끼게 할 정도였다. 여기저기 끌려다니며 써야 하는 장문의 반성문과 끊임없는 자아비판, 아이들로부터 들어야 하는 끈질긴 비판의 시간 등이 자꾸만 내 발길을 꺾어놓고는 했다.

무엇보다 나는 쉴 틈 없이 짜인 일정과 조직생활에 숨이 막혀 학교생활에 적응하기가 힘들었다. 게다가 수행하기 힘든 과제를 수단이나 방법을 가리지 않고 해내야 하는 것들 또한 엄청난 스트레스가 되었다. 학교라는 것이 존재하는 이유가 무엇인지 나는 알 수가 없었다.

학교에 가기 위해서는 우선 같은 학교 아이들이 아침 7시 30분까지 모임장소에 모여야 한다. 학교에 들어가면 7시 40분부터 8시까지 로동신문 등을 보고 '독보회'라는 것을 한다. 위대한 장군님의 교시는 무엇인지, 어디로 현지지도를 다녀왔는지 살펴보는 이 시간을 시작으로 그날의 일과가 시작된다.

오전 수업이 끝나면 오후에는 복습을 하고 '꼬마계획'이라는 것을 수행해야 하며 꼬마계획이 끝나고 나면 서로가 서로를 비판해야 하는 생활총화가 기다리고 있었다. 꼬마계획은 학교에서 할당해 준 일정량의 파지나 고철을 내는 것이었는데, 이런 것들은 부모님이 챙겨주지 않으면 가져갈 수 없는 것들이었다. 부모님이 챙겨주지 못하는 가난한 가정의 아이들은 꼬마계획을 수행하기 위해 어쩔 수 없이 길거리로 내몰렸다. 파지와 고철을 찾아 거리를 헤매고 돌아다녀야만 했다. 어쩌다 정말 운이 좋은 날에는 파지와 고철을 주워 과제를 수행하기도 했지만 대개는 거리에서도 우리가 원하는 것들을 얻을 수가 없었다. 이럴 때 심지어 공장에 몰래 들어가 파지나 고철, 파유리를 훔치는 아이들도 있었다. 집에서 가져오든 길거리에서 줍든 아니면 남의 것을 훔치든 과제만 수행하면 되는 철지한 계획사회인 그곳은 아이라고 봐주는 법이 없었다. 모든 수단과 방법을 가리지 않고 해당기관에서 할당한 계획은 반드시 수행을 해야만 한다. 계획만 무사히 수행할 수 있다면 선생님들도 크게 상관하지 않았다. 다만, 들키지 말아야 한다.

학교의 조직생활 중에서도 몸서리를 칠 만큼 싫었던 것이 생활총화였다. 한 주나 사나흘 동안 자신이 잘못했던 것을 학급 학생들 앞에서 스스로 반성하고 비판해야 하는 시간이다. 생활총화는 상호비판을 하는 자리였다. 한번 시작하면 대개 두 시간 정도 진행되었다.

딱히 반성할 게 없었던 대부분의 학생들은 억지로 자신의 잘못을 만들어 내기도 했다. 상호 비판을 시키니 하기는 해야겠는데, 잘못한 일이 없는 경우가 대부분이라 사실 무엇을 반성해야 할지 알 수가 없는 노릇이었다. 자꾸만 같은 학급의 친구들을 비판하라고 닦달을 해대니 따분한 상황에 놓인 아이들은 때로 거짓말을 하거나 말도 안 되는 일까지 들먹이기도 했다.

"김혁 학생이 수업 시간에 공부 안 하고 졸았습니다."

누군가 이런 발언을 하면 선생님이 내게 묻는다.

"김혁 동무, 인정합니까?"

잠시 당황해하던 나는 곧 이렇게 대답한다.

"네, 인정합니다."

내가 졸았다고 말한 친구는 내가 조는 것을 본 적이 없다. 그날 수업 시간에 졸지 않았던 나 또한 그렇다고 인정을 한다. 그것을 본 적이 없는데도 거짓말을 만들어 나를 비판하는 친구, 그런 적이 없는데도 그렇다고 인정을 하는 나. 우리에게는 그럴 만한 사정이 있었다. 그 자리에서 나온 비판에 대해 내가 인정을 하지 않으면 선생님께 끌려가서 비판서부터 다시 써야 했기 때문이다. 수업 시간에 좀 조는 정도는 그래도 가벼운 잘못에 속하는 것이었으므로 그 자리에서 인정하는 것이 차라리 현명한 방법이었다. 담배를 피웠다거나 어디에 가서 비사회주의적인 행동을 했다거나 하는 일보다는 훨씬 '안전한 잘못'에 속했으니 말이다.

자아비판에 대한 두려움 또한 아이들에게는 매우 큰 것이었다. 아이들 앞에서만 하고 끝나는 것이 아니라 소년단지도원 앞에서 비판서를 작성해야 했기 때문인데, 과거에 했던 잘못까지 다 끄집어내 반성문을 써야 하는 것이다. 아이들끼리 가벼운 잘못으로 가자고 합의를 보는 것도 소년단지도원에게까지 가지 않기 위해서였다.

나도 어느덧 고등중학교에 입학할 시기가 되었다. 꽃제비생활을 하다가 붙잡혀서 집에 들어온 나는 어쩔 수 없이 학교에도 가게 되었는데, 내가 돌아갔을 때는 이미 입학 시기가 지난 뒤였다. 아버지께서는 학교 잘 다니라는 말씀 외에 별다른 말씀은 하지 않으셨다.

학교로 돌아가긴 했지만 떠돌이 생활을 하던 내게 학교의 모든 것은 낯설기만 했다. 고등중학교에 올라간 나는 사실 친구들 얼굴조차 제대로 알지 못했다. 내가 돌아갔을 때는 이미 입학 시기가 끝난 뒤여서 나는 같은 학급 친구들을 잘 알지 못했다. 낯선 교실에 앉아 학급 아이들의 얼굴을 둘러보아도 내가 아는 얼굴은 좀처럼 눈에 띄지 않았다.

'이제 고등학생이야. 여기가 내가 공부할 나의 학교야.'

아무리 스스로에게 말을 해 봐도 다시 돌아간 학교생활이 내게는 쉽지 않은 일이었다.

내가 다니던 학교는 고등중학교 학생만 3천 명에서 5천 명 정도 되는 규모가 큰 학교였다. 인민학교까지 계산을 하면 학생 수는 훨씬 많았다. 고등중학교는 보통 열두 살부터 열일곱 살까지 6년을 다니게 된다. 고등중학교를 졸업하고 나면 성인이 되는데 학교에 일찍 들어간 나는 학교를 졸업하고 나서도 바로 성인이 되지는 못했다.

우리 마을에는 어릴 적부터 함께 우정을 나누던 또래 친구들이 여럿 있었다. 어릴 때부터 유치원에 같이 다니던 친구들이었는데, 먹을 것이 생기면 함께 먹고 멀리 나가서 담배도 술도 나눠 하던 애정이 깊은 친구들이었다. 어디 그뿐인가. 쌈짓거리 또한 같이 하던 친구들이기도 했다.

그 친구들은 내가 방랑생활을 하다가 돌아와도 나를 경계하지 않고 오히려 감싸 주었다. 고등중학교에 들어갔을 때 나는 싸움질도 많이 했다. 같은 학년에서 내 순위는 다섯 손가락 안에 들 정도로 나는 싸움을 잘했다. 싸움 잘하는 아이들끼리는 자기 학급을 보호하려는 마음이 커서 자기 학급의 아이가 다른 반 아이들에게 피해를 입었을 경우에는 그 상대 학급의 아이들과 바로 싸움이 붙었다. 어릴 때 아버지에게 맞으면서 싸우는 법도 많이 배웠던 나는 주먹이라면 자신이 있었다. 싸움이 일어나는 곳에는 항상 내가 있었다.

워낙 가출 전력이 많았던 나는 학교에서도 특별 관심 대상이었다. 새로 들어오신 선생님들도 내 존재를 거의 다 파악하고 계셨다. 그때만 해도 나처럼 꽃제비생활을 하는 친구가 학교에 많지 않아서 더욱 선생님들의 주목을 받을 수밖에 없었다. 언제든지 뛰쳐나갈 수 있는 녀석이란 생각에 선생님들도 늘 긴장하며 나를 주시했다.

학교로 돌아가긴 했지만 이제는 주먹질을 하고 다니는 나를 보자, 어머니가 친구인 미술부 선생님께 나를 지도해 달라고 부탁을 하셨다. 어머니는 내가 미술에 대한 감각이 있다고 생각하셨고 내가 미술에 취미를 붙이면 사고 치지 않을 거라 생각하신 모양이었다. 하지만 당시에 미술부 선생님과 담당 선생님 사이의 알력 때문에 취미생활에도 나는 마음 붙이기가 쉽지 않았다. 공부를 잘하지 못했던 나는 정규 수업 시간이 끝나도 남아서 나머지 공부를 해야 했는데, 미술부 활동을 빠지겠

다고 하면 담당 선생님과 미술부 선생님 사이에 갈등이 생기고
는 했다.

　무엇이든 꾸준히 할 수 있는 환경이 만들어지면 힘들어도
그럭저럭 따라갈 수 있을지 모르겠지만, 어쩌다 한 번씩 들어
가서 해야 하는 활동이라면 자꾸만 빠지고 싶어지는 게 사람
의 심리인 모양이다. 학급 공부에도 미술부에도 마음을 붙이지
못한 나는 모든 것이 귀찮아졌고 또다시 뛰쳐나가고 싶은 충
동에 사로잡혔다.

　1994년까지 나는 그렇게 학교를 몇 개월 정도 다니다가 뛰
쳐나오는 생활을 반복했다.

4. 아버지의 선택

행복했던 시간

1994년 김일성 사망 전후로 형과 나는 한동안 집을 뛰쳐나가지 못했다. 그도 그랬던 것이 이 기간에는 역전뿐만 아니라 청진시 모든 곳에 비사그루빠가 대폭 증가되어 단속이 매우 심했기 때문이다. 비사그루빠는 비사회주의 행위를 하는 사람들을 단속하는 기구로, 특히 꽃제비들이 단속의 핵심 대상이다. 나가면 곧바로 잡혀 복귀될 가능성이 있었기 때문에 형과 나는 가출 충동을 참으며 감옥에 갇힌 기분으로 한동안 생활하지 않으면 안 되었다. 하루하루를 견디어 내며 형과 나는 때를 기다렸다.

1994년 9월은 새 학년이 시작되는 시기였는데, 아버지는 생각지도 않게 형과 내게 학교에 가지 않아도 좋다는 말씀을 하셨다. 아버지는 어머니와 함께 식량을 구하러 멀리 다른 지역으로 행방을 다니시던 시기였다. 김일성 사망 직후에 청진은 배급이 완전히 끊겨버린 상황이어서 그 지역 사람들은 행방을 가지 않으면 식량을 구할 수 있는 방법이 없었다. 부모님은 청진에서 생선을 가져다가 농촌에 가서 쌀로 바꿔 오셨다. 부모님이 쌀을 구하러 먼 지역을 다녀오시는 동안 형과 나, 동생은 집에 남아 있는 식량으로 버티며 부모님을 기다렸다.

때를 기다리던 형과 나는 결국 그해 겨울을 넘기지 못하고 또다시 집을 박차고 나왔다. 그 시기에는 꽤 오랫동안 꽃제비 생활을 했던 것으로 기억하고 있다. 한동안 같이 다니던 형이 먼저 잡혀 집에 들어갔고, 나는 그 뒤로도 혼자 한참을 꽃제비 생활을 하며 떠돌았다. 하지만 나도 설을 전후로 해서 결국 붙잡히고 말았다.

당시 내가 잡혔던 때가 1995년 설쯤이었을 것이다. 설 전날 밤에 역전 분주소에 잡혔는데, 설 연휴가 끝나던 날에 아버지가 나를 데리러 오셨다. 역전 분주소 안전원이 내게 사탕을 주면서 물었다.

"학교 가기 싫어서 자꾸 집을 나오는 거니?"

"……"

"누가 너같이 착한 애한테 이렇게 하라고 시킨 거니?"

"……"

"아니면, 아버지가 많이 때리니?"

나는 그제야 고개를 끄덕였다. 집에 가면 먹을 게 없어 배가 고프고 아버지가 자꾸만 때려서 집에 들어가기 싫다고 말했다. 그리고는 내가 스스로 집에 들어가겠노라 말했다. 자발적으로 집에 들어가면 어느 정도 용서가 되지만 아버지가 데리러 오게 되면 책벌을 당한다는 이야기를 들었기 때문이다. 그런데 안전원에게 처리 여부를 묻기도 전에 아버지가 또다시 나를 데리러 분주소까지 나오셨다. 안전원은 나를 데리러 오신 아버지에게 아이를 때리지 말고 잘 타이르라고 했다.

안전원이 그렇게 당부했다고 해서 아버지가 나를 때리지 않을 거라는 기대는 하지 않았다. 아버지는 집으로 돌아가는 내내 한마디 말씀도 없으셨다. 아버지와 걸어오는 그 순간에도 나는 혹시 도망칠 기회가 생기지 않을까 싶어, 자꾸만 고개를 이리저리 돌려가며 길을 봐 두기 바빴다. 어느 길로 뛰어야 할지 계속 고민하며 내가 자꾸만 눈을 돌릴 때마다 아버지는 내손을 꽉 붙잡고 계속 걷기만 하셨다.

집에 도착하고 나서 아버지는 내게 씻으라고만 하셨을 뿐정말로 매질을 하지 않으셨다. 1995년 설날 그렇게 집에 들어온이후 나는 두 달 정도는 밖에 나가지 않고 집에서 생활했다. 그로부터 얼마 지나지 않아 시작된 방학으로 형과 나는 한 달보름간을 집에서 지냈다. 또다시 집을 뛰쳐나가고 싶다는 생각으로 형과 내가 괴로워하고 있을 때 아버지가 뜻밖의 말씀을하셨다. 한 달 후에 아버지와 형과 나, 셋이 좋은 곳에 가서 지

낼 것이라고 하신 것이다. 집을 뛰쳐나가고 싶은 충동을 억누르
며 아버지의 말씀을 믿고 기다렸다. 방학이 끝나고 형과 나는
학교에 다시 나가기도 했는데 이때 친구들이 먼 지방으로 떠나
는 나를 위해 송별회를 열어주었다. 술도 함께 마시고, 담배와
필기도구 등을 나에게 선물로 주기도 했다. 학교를 다닌 시간
은 불과 한 달도 채 되지 않았던 것 같다.

그 기간이 아버지의 이직 기간이었나 보다. 외화벌이 사업
소를 그만두시고 49호 보양소 관리병동으로 자리를 옮기기로
하신 것이다. 외화벌이 사업소에서 비리가 매우 심한 것을 보
고 괴로워하던 아버지는 결국 이직을 결심하신 것 같았다. 물
론, 아버지의 선택에는 감히 내가 헤아릴 수 없는 많은 이유들
이 있었을 것이다. 대쪽 같은 성품에 나랏돈을 갉아먹는 비리
를 알고도 모른 체하기 힘들었을 것이고, 수시로 가출을 일삼
는 두 아들 문제를 두고도 숱한 고민을 하셨을 것이다.

1995년 봄이 오기 직전, 아버지가 형과 나를 데리고 들어간
곳은 청진시 련진동에 위치한 49호 보양소였다. 큰 호수를 끼
고 있는 49호 보양소는 군사기지가 있는 곳이었다. 아버지는 49
호 보양소 관리병동의 창고장과 당세포비서를 겸직하셨는데
나중에는 창고장만 하셨다. 그곳에서 1년 가까이 아버지와 형
과 나, 세 식구가 살았다. 그곳에서의 생활이 내 평생에 잊을
수 없는 꿈같은 일 년이 될 것이란 생각은 미처 해 보지 못했다.
련진으로 들어오기 전인 1994년 가을, 아버지가 형과 내게

진지하게 물으셨다.

"어머니가 싫으니?"

"네."

"왜? 어머니가 잘해 주지 않니?"

"그냥 싫어요. 친어머니가 보고 싶어요."

당시 열두 살이던 나는 아버지를 항상 두려워해서 무슨 말이든 대개는 하지 않으려고 했지만, 어디에서 나온 용기였는지 그 물음에는 그렇게 철없는 대답을 하고 말았다.

그날 아버지는 술을 드셨다. 그리고 바로 그날 작은 방에서 새 나오는 아버지의 울음소리를 들었다. 조용한 울음이었지만 빤히 다 들리는 그 소리에 내 마음도 이상해졌다. 아버지처럼 강한 사람도 울 수 있다는 것을 알았다. 모르셨던 것도 아니었을 텐데, 가출과 복귀를 반복하는 아이들이 이붓어머니를 싫어한다는 사실을 당신이 직접 확인하신 뒤로 충격을 받으신 듯했다. 그 사실이 아버지의 결정에 확신을 심어 주었는지도 모르겠다.

아버지의 끝없이 무거운 고민을 철없는 내가 어찌 가늠할 수 있었겠는가. 우리 가족의 미래를 두고 아버지는 숱한 밤을 지새우셨을 것이다. 그의 까맣게 타들어 가는 속을 어느 누가 알 수 있었으랴. 다만, 우리 가족의 미래에 그 어떤 희망도 걸 수 없다고 판단하신 거라 짐작만 하고 있을 뿐이다. 아버지가 귀한 신분이기는 했지만 배급량이 매우 줄어 당시 우리 집도 매우 많은 양의 식량이 밀려 있는 상황이었다. 영웅 신분인 아버지, 나름대로 핵심계층에 속한다는 우리 집 역시도 가난과 배고픔을 피해 갈 수는 없었던 것이다.

련진에 들어온 이후 형과 나는 매우 활기차게 놀았다. 학교에 가지 않아도 된다는 사실에 더욱 신바람이 났다. 가기 싫은 학교에 나갈 필요도 없었고 이붓어머니와 이붓동생을 볼 일도 없었으니, 형과 나에게는 오직 그 시간을 즐길 일밖에는 없었다.

작은 집이었지만 아버지와 형과 함께 련진에서 소중한 시간을 보냈다. 형과 나는 평소에는 소를 관리하고 농사일을 돕거나 산에 올라가서 나무를 해 오기도 했다. 일 자체가 놀이였으며 공부였고 생활이었다.

그 시기 련진은 먹고살기에 그리 나쁘지 않았다. 련진에 막 들어갔을 때가 2월이었는데 그때 많이 했던 게 미역을 주우러 다니는 일이었다. 바닷가에 나가면 참미역이라는 겨울 미역이 파도에 많이 밀려왔는데, 매우 맛이 좋은 고급 미역이었다. 형과 내가 갈고리로 그걸 주워서 배낭에 모아 일부는 장에 내다 팔고 일부는 아버지께 드리기도 했다. 아버지는 가끔 청진을 오가며 생활하셨는데 청진 나가는 길에 우리가 챙겨 드리는 참미역을 팔아 어머니에게 갖다 주시고는 하셨다.

보양소 인근 민물에는 잉어가 매우 많았다. 련진이 군사기지여서 일반인의 출입이 제한되는 곳이라 아무도 잉어를 잡는 사람이 없었다. 잉어를 그토록 많이 먹어 본 시절은 그 이전에도 이후에도 없었던 것 같다. 형과 내가 작정하고 잉어를 잡으러 들어가도 그곳 군인들이 창고장 아들들이라며 우리를 그대로 봐주고는 했다. 아버지를 모셔다가 훈련하는 모습을 보여 달라고 할 정도로 군부대의 군인들은 아버지에 대한 존경심이 남달랐기 때문이다. 민물이 불어나기라도 하면 풀밭에는 물에 휩쓸려 나온 잉어들로 넘쳐났다. 형과 내가 그냥 손으로 잡아서 그릇에 담으면 그만이었다. 그걸 들고 장마당에 가서 잉어를 팔아넘겼다.

아버지는 당신이 뭔가 뜻한 바가 있으셨는지 우리 형제가 무엇을 하든 지켜봐 주시며 실컷 놀게 내버려 두셨다.

아버지가 우리를 데리고 다시 청진으로 나온 때가 그해 10월 정도였다. 련진에서 돌아온 형과 내가 다시 한 달 보름가량을 집에서 보내는 동안에도 부모님은 부지런히 행방을 다니셨다. 1994년 이후에 청진은 배급이 완전히 끊긴 상황이어서 어머니도 직장에 휴가를 냈고, 두 분은 쌀을 구하러 열심히 행방을 다니지 않으면 안 되었다. 형과 나, 동생은 청진에 셋이 남아 어머니가 준비해 주고 간 식량으로 끼니를 잇고 있었는데, 우리는 식량 조절을 제대로 하지 못해 예정일보다 먹을 것이 금방 떨어지고는 했다. 약속한 날짜에 부모님이 돌아오시지 않으면 어쩔 수 없이 형과 내가 청진역에 나가 무엇이든 훔쳐오지 않으면 끼니를 해결할 수 없었다.

1994년 이후로 엄청나게 많은 사람들이 죽어나갔다.

고아원에 가다

1995년 말에 형과 나는 온성군에 있는 종성계부모학원에 들어 갔다. 12월이었으니, 꽤 쌀쌀하던 때였다. 아버지 말씀이라면 그 게 무엇이든 따랐던 형과 나는 고아원에 가라는 아버지의 뜻 을 별 저항 없이 받아들였다. 아버지는 옷과 신발을 사 주셨다. 원래 나고 자란 청진을 떠나 련진에서 일 년 가까운 시간을 보 낸 후 이제는 온성에서 살게 된 것이다.

우리를 고아원에 보내기로 결정하시기까지 깊은 고민으로 수많은 날밤을 지새우셨을 아버지. 우리 형제를 고아원에 맡길 생각을 굳히신 게 련진에 들어오기 이전인지 이후인지 알 수는 없지만, 확실한 것은 련진에서 우리와 함께 일 년 가까이 지내 시는 동안 더 깊은 시름으로 마음고생을 하셨을 거란 사실이 다. 하루가 멀다 하고 집을 뛰쳐나가던 두 아들이 그렇게도 활 발하고 즐겁게 뛰노는 모습을 보면서 아버지의 가슴은 더 아 프셨는지도 모를 일이다. 우리가 원하는 대로 학교에도 보내지 않았고 싫다는 계모와도 따로 살게 해 주는 등 뭔가 마지막으 로 우리에게 해 줄 수 있는 것은 다 해 주고 싶으셨던 것 같다.

언제쯤 아버지의 생각이 정리됐는지 정확히 가늠할 수는 없 지만 갈수록 악화되는 경제 상황과 나아질 것 같지 않은 어머 니와 우리의 관계, 그리고 시간이 흐를수록 강해지는 어머니의 서슬에 아버지는 설 자리를 찾지 못하셨는지도 모를 일이다.

련진에서 차분히 마음의 준비를 하셨던 것 같기도 하다.

수많은 고민 끝에 내렸을 아버지의 선택을, 우리 형제는 존중해 드릴 수밖에 없었다.

경제위기가 오면서 함께 온 것은 가정 파탄이었다. 수많은 가정이 깨졌고 많은 아이들이 고아원에 보내졌다. 사실 아이들 사이에서 고아원은 감옥 같은 곳으로 인식되는 곳이었다. 집단생활은 기본이었고 조직 통제도 일반 학교에 비해 매우 강한 곳이었기 때문이다. 특히 나처럼 자유로이 떠돌며 꽃제비 치던 아이들은 처음 고아원에 오면 갑갑해서 견딜 수 없어 하는 것이 보통이었다. 오전에 학교 수업이 끝나더라도 오후에 따로 바깥바람을 쐴 수 없는 게 고아원 생활이었으니 말이다.

고아원 학교교육은 일반 학교의 그것과는 달랐다. 귀가 후 일정 시간을 자유롭게 활동할 수 있는 일반 학교와는 규율 자체가 달라서 형이나 나처럼 자유로운 생활을 하다가 들어온 아이들은 적응하기가 쉽지 않은 곳이었다. 형과 내가 특히 힘들어했던 것도 바로 그러한 이유 때문이었다. 고아원 아이들은 노동력에도 많이 동원되었다. 방학 때 나무를 하러 가는 일, 농촌활동과 모내기, 김매기와 가을걷이 등 공부 이외의 시간에도 많은 일을 해야 했다.

처음 고아원에 들어왔을 때, 나는 적응을 하지 못해 아이들과 싸움도 많이 했다. 텃세가 매우 심했다. 아이들은 계속해서 시비를 걸어왔다. 고아원에 들어온 아이들은 대부분 꽃제비 경험이 있는 아이들이었다. 그중엔 펄펄 날아다녔다는 아이들도 있었다. 그렇다고 쉽게 기죽을 내가 아니었다.

"나도 청진에 있을 때 펄펄 날던 놈이다! 울타리 안에서 갇혀 사는 주제에 감히 어디다가!"

바깥을 떠돌아다닐 때는 날아다니던 아이들이 고아원에 들어와 통제된 생활을 통해 바보가 되어가는 느낌이었다. 한데, 그중에는 틈틈이 꽃제비 행위를 하러 다니는 아이들도 있었다. 낮이든 밤이든 몰래 담장을 뛰어넘고 나가 장마당에 가서 뭔가를 훔쳐 먹고 들어오는 것이다. 낮에는 주로 쉬는 시간을 이용했다. 오랜 시간은 필요치 않았다. 15분이면 족했다. 돈이 있으면, 걸어서 2~3분 거리에 있는 장마당에 가서 뭔가를 사 먹고 오기도 했다.

이 아이들 중에 답답한 생활과 허기를 견디지 못하고 결국 고아원을 뛰쳐나가 꽃제비생활을 하는 아이들도 생겨났다. 아이들은 고아원을 나가면 전국으로 뿔뿔이 흩어져 나갔다.

몰래 나갔다가 들어온 것을 들키면 벌을 받지만 이 아이들은 워낙 눈치 있고 재빠르게 행동을 해서 잘 들키지도 않았다.

계부모 가정에서 적응하지 못한 아이들이 모여 살다 보니 이들이 뭉치면 몹시 무서운 존재가 되기도 했다. 방랑생활을 하며 자유분방하게 떠돌던 이 아이들은 몹시 거칠었으며 세상에 두려울 게 없는 아이들이었다. 그들의 계부모도 이 아이들을 참아내지 못하고 고아원으로 보내 버린 경우가 대부분이었다. 일반 종성학교 아이들이 쉽사리 우리에게 덤비지를 못했다. 누군가 우리 고아원 아이가 외부에서 맞고 돌아오면 아이들이 뭉쳐 밤에 몰래 그 집을 찾아가 보복을 했다. 그 집의 유리창을 깨 버리거나 그 집 아이가 나오면 실컷 두들겨 패고는 했다. 아이들이 워낙 살벌해서 일반 주민들도 우리를 함부로 대하지 못했다.

나는 1995년 말에서 1998년 3월까지 고아원에서 지냈다. 형은 한 해 전인 1997년에 고아원을 졸업해 나가면서 내게 이곳에 남아 있으라고 했다. 혼자 다니면 잘 훔치고 잘 먹고 다니는 형에게 사실 나는 짐이나 마찬가지인 존재였다. 단속에 걸려도 빨리 뛰지 못해 나만 잡히는 경우가 대부분이었으니 말이다. 형은 내게 여기 남아서 고아원 생활을 잘 마치라고 당부했고 나 역시도 고아원 생활에 충분히 적응하고 난 뒤여서 딱히 불편할 게 없던 때였다. 형 학급의 아이와 싸움을 벌일 정도로 싸움을 잘하는 나를 아무도 쉽사리 건드리지 못했다. 굳이 고아원 담장 밖으로 나갈 이유가 없었다.

형이 졸업하던 해, 형이 한번은 아버지의 김일성 명함시계를 찾으러 가자고 한 적이 있었다. 아버지가 청진 아파트를 떠나실 때 동 관리사무소의 당세포비서에게 아버지의 김일성 명함시계를 맡겨 놓았으니 찾아가라고 하셨다고 한다. 나는 영문도 모른 채 형을 따라나섰던 기억이 있다. ……우리는 끝내 아버지의 시계를 찾지 못했다. 형과 내가 당세포비서를 찾아갔을 때는 이미 그가 굶어 죽은 뒤였다.

그 시계가 아버지의 유품이었다는 것을 내가 알게 된 것은, 그로부터 3년이 더 지난 뒤였다.

고아원에 들어온 지 얼마 되지 않아 청진에 잠깐 나와서 아버지를 만난 적이 있었다. 겨울방학 때쯤이었는데 집에 다시 돌아갔을 때, 아버지는 이젠 예전의 아버지가 아니었다. 불같은 성격은 한풀 꺾여 있었고 그 초라한 모습은 안쓰러울 정도였다. 직장도 그만둔 아버지는 예전의 그 무섭고 엄격하던 아버지가 아니었다. 어머니와의 사이에서는 더 냉랭한 기운이 감도는 것 같았는데, 그래서인지 우리는 집에 있기가 불편해 그 길로 청진 집을 나왔다. 우리는 고아원으로 바로 가지 않고 한동안 이곳 저곳을 떠돌며 꽃제비생활을 하다가 겨울방학이 끝날 때쯤 복귀했다.

1996년 여름, 오랜 시간을 함께했던 소년단지도원이 고아원에서 달아난 꽃제비 아이들을 잡아 오라며 형과 나, 또 한 명의 아이까지 총 세 명을 고아원 밖으로 내보냈다. 우리는 주먹이 세고 고아원에서 신임을 받고 있는 아이들로, 특히나 청진의 지리를 잘 알고 있어 우리에게 임무를 맡겨 내보낸 것이다. 청진에 있는 우리 아파트를 찾아갔더니 부모님은 계시지 않았고 웬 신혼부부가 우리를 맞아 주었다. 아드님 두 분이 언젠가는 올 거라고 하셨다면서 아버지가 살고 계신다는 곳의 주소를 내밀었다. 집을 사고팔 수 없는 북한에서 우리 집에 들어온 신혼부부는 어느 정도의 신분이 있는 사람들이라고 봐야 한다. 세대주는 아버지이지만 집은 국가 소유여서 아버지가 그냥 신혼부부에게 약간의 웃돈을 받고 집을 넘기신 것이었다. 신혼부부는 아버지와 잘 아는 사이인 것 같았는데, 그들은 아버지에 대해 존경심을 드러냈다.

아버지는 우리를 고아원에 보낸 후 직장도 그만두고 집도 팔아버린 후 화학섬유공장 부근의 추레한 집으로 옮겨와 살고 계셨다. 아버지의 허름한 방에는 먹을 것이라고는 약간의 밀가루밖에 없었다. 우리가 살던 청진의 아파트에 비하면 한없이 비좁고 누추한 집이었는데, 아버지가 이런 곳에서 이렇게 초라한 모습으로 홀로 살고 계신다는 사실이 믿기지 않았다. 아버지는 먼 길 오느라 배고프겠다며 호박잎을 가마에 넣고 갖고 있던 밀가루를 전부 털어 넣고 끓이더니 우리에게 주셨다.

형은 꽃제비 아이를 잡으러 함흥까지 더 나가겠다고 하면서 내게 여기 남아 아버지를 도와 드리라고 했다. 형은 더 멀리 나갔고 나는 아버지 곁에 남았다.

"미안하구나."

아버지께서 그런 말씀을 하신다는 것 자체를 상상해 보지 못했던 나는 이상한 기분이 들어 어찌해야 할지 알 수가 없었다. 아버지의 성격이 변해도 너무 많이 변하셨다는 생각이 들자 몹시 서글퍼졌다. 밤에는 아버지 곁에서 잠을 자고 낮이면 수남 장마당에 나가서 먹을 것을 훔쳐 와 아버지를 봉양했다.

고아원에 있는 동안 꽃제비 활동을 하지 않아서 그새 손이 굳어 있었다. 예전처럼 잘 훔치지 못해 아버지와 내가 당장 먹을 정도의 음식밖에는 빼내지 못했다. 아버지는 늘 성실하고 착하게 살아야 한다는 점을 강조해 오셨고 워낙 훔치는 행위를 싫어하시는 분이라 나는 절대 훔친 게 아니라 얻어온 것이라며 둘러대기에 바빴다.

청진에서 형이 꽃제비 한 명을 붙잡아서 돌아왔을 때, 아버지와의 이별을 예감했다. 헤어지기 힘들어하는 내게 늘 그렇듯 아버지는 고아원에 들어가 착실하게 생활하라고 말씀하셨다. 아버지의 당부를 위로 삼아 우리는 고아원으로 돌아왔다.

내가 본 아버지의 마지막 모습이었다. 1996년 여름이었다…….

고아원은 당국에서 최우선적으로 지원하는 곳이다. 그럼에도 불구하고 전체적으로 배급 상황이 어려워지면서 고아원의 배급 또한 제대로 이뤄지지 않았다. 먹을 것이 없어 대부분의 아이들이 영양실조에 시달렸고 그런 상황에서 수업이 제대로 될 리가 없었다. 평일에도 수업 시간은 그냥 복습으로 넘어가고 선생님들은 아이들이 밖에 나가서 무엇이든 먹고 들어오기를 바랐다. 꽃제비 경험이 있는 아이들은 평소에는 온성이나 남양에 가서 무엇인가를 훔쳐 먹고 들어오기도 했고 방학에는 오랫동안 바깥을 떠돌며 꽃제비생활을 하기도 했다.

1997년 경 어느 재미 교포가 중국에 와서 북한을 돕고 싶다는 뜻을 전하고는 라면을 지원해 준 적이 있었다. 나이가 어린 아이들은 워낙 위가 약해 있는 상태여서 라면을 먹기만 하면 다 토해냈다. 이 아이들이 통 먹지를 못하니 그만큼 좀 큰 아이들의 몫이 늘어났다. 나는 라면을 한 번에 네 그릇까지 먹어 본 적이 있었다.

경제위기가 고아원에도 큰 영향을 미쳐 배급이 제대로 이뤄지지 않으니 1996년도부터 영양실조로 죽어가는 아이들이 나오기 시작했다. 1997년에는 열병을 비롯한 각종 전염병이 돌면서 수많은 아이들이 죽어 나갔다. 주로 나이가 어린 아이들이 싸늘하게 식어갔다. 우리 고아원에서는 24명의 아이들이 그렇게 목숨을 잃었다.

유치원에 다니던 시절 자주 열병을 앓았던 나도 그 시기에 다시 열병을 앓았다. 체온이 40도를 오르내리며 환각 상태에 빠졌다. 열병이 들면 나타나는 대표적인 증상 중에 하나가 바로 환각이다. 꿈인지 현실인지 구분이 되지 않아 아이들은 종종 위험한 상황에 빠지기도 했다. 내 눈 앞에 형이 계속 나타나서 아버지한테 가자고 나를 이끌었다. 형이 가리키는 곳을 바라보면 아버지가 살고 계신다는 푸른 언덕이 보였다. 나는 형을 따라 아버지께 가겠다는 일념으로 자꾸만 고아원 바깥으로 나가려 했다. 열병을 앓는 아이들이 환각에 시달린다는 것을 잘 알고 있는 고아원 직원은 위험한 곳으로 걸어 들어가는 나를 현명한 대처로 붙잡아 주었다. 형이 고아원으로 들어오기로 했으니, 고아원에 가서 기다리면 형을 만날 수 있다고 나를 설득해 내 발길을 되돌려 놓았다.

1996년도 말쯤부터 나처럼 좀 큰 아이들은 고아원에 노동력을 제공해 주면 먹을 것을 나눠 주기도 했다. 교직원들의 나무를 해 주거나 집을 고치는 것을 도와주면 어느 정도의 먹을 것을 얻어먹고 그럭저럭 지낼 수 있었다. 고아원에서 나이가 좀 있고 힘도 좋은 편에 속했던 나는 복습 시간에 이런 식으로 교직원들의 일을 도와주고 자주 밥을 얻어먹었다. 옥수수밥과 쌀밥을 반반 섞은 밥일망정 그렇게라도 먹으니 몸의 회복이 빨랐다. 1997년 겨울에는 거의 건강을 회복했다.

하지만, 나이가 어린 아이들은 우리와 사정이 달랐다. 1996년도에 이미 우리 고아원에도 면역력이 약한 어린아이들이 옥수수 속대만 먹다가 기아와 영양실조로 죽어나갔다. 그 다음 해에는 몹쓸 전염병까지 돌았다. 열병, 장티푸스, 파라티푸스, 옴, 폐결핵, 설사병 등이 수많은 아이들의 죽음을 남기고 떠났다.

내 또래의 좀 나이가 있는 아이들이 고아원 뒤 살구나무밭에 땅을 파고 이 어린아이들의 시체를 포장해서 묻어 주었다. 뭐라고 표현할 수조차 없는 슬픔이 일었지만 우리로서는 아무런 손도 쓸 수 없는 상황이었다. 우리가 할 수 있는 일이라고는, 아이들이 고통스럽게 죽어가는 모습을 그대로 지켜보다가 차갑게 식은 주검을 거두어 땅에 묻어 주는 것밖에는 없었다.

내가 훔친 것은,

·
·
·
·
·

자유였다

1. 아이야, 너는 누구니?

"너는 이름이 뭐니?"

"저는 제비입니다."

"제비? 이름이 참 예쁘구나."

"제비는 제비인데, 꽃제비입니다."

여행객이 민망해하며 다른 질문을 했다.

"그러면 너는 뭘 먹고 사니?"

"올이요."

"오리? 오, 정말 좋은 걸 먹고 사네?"

"오리는 오린데 국수 올이를 먹고 삽니다."

여행객이 다시 물었다.

"그럼, 살기는 어디에서 사니?"

"저는 수도에서 삽니다."

"어? 정말? 좋은 데서 사는구나."

"수도는 수도인데 하수도에서 삽니다."

이름은 꽃제비. 땅에 떨어진 국수 올을 주워 먹고 추위만 막아줄 수 있는 곳이라면 그곳이 하수도라도 상관없이 잠을 자는 아이들. 우리는 그런 존재였다. 처음 보는 어른들은 낯선 아이들에게 대개 이런 것들을 묻기 마련이다. 내 나이가 열 살이나 열한 살쯤이었을 것이다. 여행객들은 우리에게 뭔가 먹을 것을 주기에 앞서 자주 이런 질문들을 했다. 이름이 무엇인지, 어디에 살며 무엇을 먹고 사는지. 얻어먹기 전 으레 진행되는 이런 질문에 우리는 기꺼이 답할 준비가 되어 있었다.

꽃제비 치는 아이들끼리 웃고 떠들면서 다니다가도 누군가 일반인이 다가와 질문을 던질 때면 우리는 대개 그런 식으로 답변을 했다. 어쩌면, 우리는 우리 자신의 정체성에 대해 이미 너무나도 잘 알고 있었는지도 모른다. 잿무지, 식당 칸, 보일러 칸, 우리가 사는 공간은 어느 특정한 곳에 정해져 있는 것이 아니었다. 우리가 사는 모습은 그러했다.

어쩌면 우리는 누군가의 질문에 답변을 하면서 '나는 어떤 존재'인지 스스로 정리를 해가며 살고 있었던 것인지도 모른다.

지금 생각해 보면 어린아이들이 무슨 생각으로 그런 말을 했을까 싶다. 잘 먹고 잘산다는 북한 사회주의에 대한 역설. 어린 나이이긴 했지만 아이들도 이미 우리가 살고 있는 북한 사회의 모순적인 부분에 대해 이미 알고 있었는지도 모르겠고 그런 스스로의 처지에 대해 자조하듯 살았던 것 같기도 하다. 너무 어렸기 때문에 우리가 살아가는 사회에 대해 가치판단을 할 수 없었을 뿐, 어린아이들도 무의식적으로나마 당국에 대한 비판의식을 담고 살았던 것인지도 모르겠다.

꽃제비 아이들은 학교라는 조직에서 강요하는 많은 것들을 감당해 낼 수가 없었다. 학교에서 요구하는 온갖 물품을 가난한 살림에 구할 수는 없었고 그것은 반성을 한다고 해서 달라지는 일이 아니었다. 가출을 하는 실수를 하고 돌아왔다고 해도 그 반성에 대한 대가는 너무나 혹독했기에, 차라리 학교라는 조직을 영원히 떠나는 편이 나았다. 그 '잘못'이라는 것을 되풀이하지 않고서는 살아갈 수 없던 꽃제비 아이들은 조직이 강요하는 '반성'에서 더는 아무런 의미도 찾지 못했다.

꽃제비를 치는 아이들은 늘 죽음을 가까이 두고 산다. 이들에게는 각오해야 할 세 가지가 있다. 장사꾼이나 통제기관에 걸렸을 땐 맞아 죽을 각오, 잘 곳이 없을 땐 얼어 죽을 각오, 그리고 먹을 것이 없을 땐 굶어 죽을 각오를 해야만 한다. 죽음에 대한 이 세 가지 각오가 되어 있지 않고서는 꽃제비생활을 지속할 수가 없다. 죽음에 대한 각오는 김일성이 항일무장기 "얼어죽을 각오, 굶어죽을 각오, 맞아죽을 각오"를 꽃제비들 사이에서 자신들의 처지를 빗대어 패러디 한 것이었다.

맞다가 죽는 아이들도 있었다. 주먹은 기본이고 몽둥이로 맞거나 발로 걷어차이고 밟히니 그렇게 맞고 버티기에는 너무나 어리고 연약한 아이들이었다. 나 역시도 하도 맞다 보니 맞는 데에 요령이 생기기는 했다. 크게 뒹굴면서 비명을 지르고 거품을 물고 꼬꾸라지면 잠시라도 시간을 벌 수 있었다. 고통스러워하는 모습을 보이면 조금이라도 덜 맞을 수 있었고 모진 매질도 그럭저럭 피해 갈 수 있었으니 말이다. 얼마나 많이 맞았는지 기억이 다 나지 않을 정도의 혹독한 매질을 수도 없이 당했다. 내가 열 살 정도였을 때 한번은 봉지에 담긴 사카린을 훔치다가 장사꾼의 남편에게 들켜 죽음 직전까지 갔던 적이 있었다. 주변 상인들이 '애, 죽는다'며 말리지 않았다면 나는 아마도 그때 목숨을 다했을지도 모를 일이다.

잠잘 곳이 없어 노숙을 하다가 얼어 죽는 아이들도 있었다. 온기가 남아있는 석탄 잿무지에 자리를 확보하지 못한 아이들은 어쩔 수 없이 길에서 자야 하는데, 겨울에는 기온이 영하 20~30도까지 떨어질 때도 많았다. 이불 하나 없이 달랑 비닐을 덮고 잠이 들면 영원히 깨어나지 않을 깊은 잠으로 이어질 수 있는 것이다.

여러 가지 이유로 유독 활동이 안 되는 시기에는 먹을 것을 구하지 못해 굶주리다가 죽는 아이들도 있었다. 행여 매를 맞고 목숨을 건진 아이들 중에, 매질의 후유증이 남은 불편한 몸으로 꽃제비 행위를 하지 못해 결국은 굶어 죽음에 이르는 경우도 있었다. 보호자도 없이 홀로 떠도는 우리 같은 아이들은 제 손으로 먹을 것을 구하지 못하면 내일을 보장받을 수 없었다.

우리에게는 오직 오늘 목숨을 부지하는 일 외에는 다른 그 어떤 것도 중요하지 않았다.

　스스로 꽃제비를 치면서도 자신이 꽃제비 행위를 했다고 생각하는 것은 본격적인 훔침의 길로 들어선 이후이다. 어떤 꽃제비든 대개 길에서 주워 먹는 행위는 구걸하는 행위와 같은 시기에 하는 경우가 많았다. 줍기만 하거나 얻기만 해서는 주린 배를 채울 수가 없었으니 말이다. 장마당의 음식 매대나 간부의 사택 지역, 혹은 식당가 주변 등의 오물더미에서 나오는 음식물 쓰레기를 뒤져 먹을 만한 것들을 구하러 다니는 아이들이 많았다.

　땅에 떨어진 것들을 주워 먹거나 쓰레기 더미를 뒤지고 다니거나, 사람들의 동정심을 자극해 얻어먹는 일 등은 꽃제비가 하는 행위 중에 나이가 어린 아이들이 주로 하는 소극적인 행위에 속하는 것들이었다. 여행객이나 여성과 군인을 상대로 장기 자랑을 해서 먹을 것을 얻어먹는 경우도 있었다. 노래를 부르는 일은 일반적인 일에 속했고 마술을 보여 주겠다며 바늘로 자신의 몸에 상처를 내는 꽃제비들도 있었다.

　이렇게 얻어먹는 것마저도 1990년대 초까지나 가능한 것이었고 식량위기가 닥친 1990년대 중반 이후부터는 남의 것을 훔치지 않으면 생명을 이어가기가 매우 어려워졌다. 모두가 먹고살기 어려워지자 사람들은 스스로 주머니를 열지 않았다. 꽃제비들이 그들의 주머니를 강제로 열지 않으면 먹고살 수 없는 시대가 온 것이다.

형과 나, 그리고 꽃제비 아이들이 주로 잠을 자는 곳이 있었다. 청진역 담장이 있는 곳이었는데, 기업소 사무실이 있는 곳으로 들어가는 입구에 철문이 움직이는 공간을 콘크리트 벽으로 만들어 놓은 곳이 있었다. 밤에 철문을 닫으면 그 안에 꽃제비 아이들 여럿이 모여 잘 수 있을 정도의 공간이 생긴다. 낮이면 각자 흩어져 역전이나 장마당에서 덮치개를 하거나 여행객이나 행방꾼들을 상대로 링날리기를 해서 물건이나 돈을 빼낸다. 이렇게 낮에는 각자 활동을 하다가도 잠잘 때가 되면 같은 곳으로 모여들어 아직 열기가 남아있는 잿무지에서 잠을 자기도 했다.

형과 다니면서 안전하게 잠을 잘 수 있는 공간을 알아두었기 때문에, 별다른 기술도 없고 형 없이 혼자 떠돌던 때에는 이 잠잘 공간을 두고 다른 꽃제비 아이들과 거래를 하기도 했다. 잠잘 곳을 알려 줄 테니 먹을 것을 달라고 요구하면 대부분의 아이들이 내 거래에 응했다. 형과 떨어져 지내는 동안에도 차츰 내 나름대로 생존하는 방법을 터득해 갔다.

꽃제비 아이들은 서로 얼굴도 모르는 사이였다가도 안면을 트거나 필요한 것이 있을 때는 서로 주고받으면서 어느새 동고동락하는 사이가 되기도 했다. 나도 여러 명의 꽃제비들을 만나 함께 다니면서 활동을 하다가 그 아이들이 잡혀가는 것을 보면서도 내 살길을 찾아 앞만 보고 달린 적이 많았다. 살기 위해서는 어쩔 수 없는 선택이었다. 그런 점에서 꽃제비의 세계는 냉혹할 수밖에 없는 것인지도 모른다.

개인주의 성향이 강한 꽃제비들도 시간이 흐르면서 때로 뭉쳐야 살아남을 수 있다고 생각했다. 꽃제비를 겪을 만큼 겪은 장마당의 상인들은 자기 상품을 보호하기 위해 신경을 많이 쓰고 있던 때라 꽃제비가 완전히 홀로 훔치는 일이 어려워졌다. 혼자 활동하기가 쉽지 않자 꽃제비들끼리 조금씩 뭉치기 시작한 것이다. 물론, 조직적으로 활동을 하는 것은 아니었지만 꽃제비 아이 중에 누군가 어려움에 처한 상황이 오면 너도나도 몰려가 서로 도와주는 식이었다.

　　우리 꽃제비들이 뭉치자 장마당 상인들을 비롯한 많은 이들이 두려움을 느끼기 시작했다. 개인은 미약할지 몰라도 여럿이 뭉치면 굉장한 위력을 발휘하기 때문이다. 무리가 형성되기 이전에는 꽃제비들이 물건을 훔치고 나서 무조건 도망부터 갔는데, 이제는 훔치고도 태연한 모습을 보이며 달아날 생각을 하지 않는 경우도 생겨났다.

　　당연히 상인들도 꽃제비 무리를 두고 함부로 행동하지 못했다. 이전에는 아이들이 주로 홀로 활동하며 장마당에서 뭔가를 덮치거나 훔쳐서 달아나면 상인이 바로 쫓아가 매질을 하는 경우가 대부분이었다. 그런데, 꽃제비 무리가 형성되면서부터는 물건을 훔치다가 걸려서 상인이 때리려고 오면 어느 순간에 꽃제비 무리가 우르르 나타나 여성 상인이 홀로 어찌할 도리를 찾지 못하게 만든 것이다. 그래서 등장한 게 상인들의 남편이다. 아내가 꽃제비에게 당하지 않도록 상품 보호를 위해 장마당에 나와 아내의 뒤에 서서 어떤 꽃제비가 오는지 눈을 부릅뜨고 지켜보고 있는 것이다. 이들 남편들은 단순히 물건을 실어 주는 일뿐만 아니라, 꽃제비들이 물건을 훔쳐 달아나면 꽃제비를 잡으러 열심히 뒤를 쫓았다.

처음엔 우리 같이 어린 꽃제비들은 성인 남자를 무서워할 수밖에 없었다. 뭔가를 훔치다가 걸리기라도 하면 무조건 매부터 맞고 보는데, 성인 남자에게 맞는 것 자체가 얼마나 힘든 것인지를 우리는 잘 알고 있었다. 나 역시도 식료품이나 음식물을 훔치다가 상인의 남편에게 죽도록 맞은 적이 수없이 많았기 때문에 성인 남자의 존재는 늘 부담이 되었고 두려웠다.

밤이면 살을 맞대고 같은 공간에 모여 잠을 자는 우리 꽃제비들은, 이따금 서로 도우며 살다가 우리도 모르는 사이에 무리를 형성하게 되었다. 대단한 조직이랄 것은 없었고 장마당 같은 곳에 각기 흩어져 있다가도 성인 남자에게 맞고 있는 꽃제비를 발견하면 금세 우르르 몰려가 매질하던 남자에게 집단으로 폭력을 행사하며 동료를 위험으로부터 구해 주려 했다.

그런데 꽃제비 아이들 중에 면도날이나 칼 같은 도구를 갖고 다니는 경우가 있어 매우 위험한 상황이 올 때도 있었다.

1995년 정도로 기억하고 있다. 헤어질 때는 뒤돌아보지 않지만 함께할 때는 결코 남일 수 없는 우리 꽃제비들. 우리 무리 중 한 아이가 장마당에서 덮치개를 하다가 그만 들켜버렸다. 같은 공간에서 잠을 자는 사이여서 나도 잘 알고 있는 아이였다. 우리는 잠자는 것뿐만 아니라 훔치는 행위도 더러 같이 할 때가 있었는데, 그렇다고 우리에게 서로가 서로를 도와야 한다는 이유 같은 게 따로 존재하는 것은 아니었다. 우리 꽃제비들이 진짜 무서운 이유는 맹목적이었기 때문이다.

이날 그 아이도 몇몇 아이들과 함께 덮치개를 하다가 혼자만 들켜버린 것이다. 걸렸으니 이제 맞는 일만 남았다. 하루 이틀 일도 아닌데 그날 따라 이 아이는 주인에게 흠씬 두들겨 맞은 게 너무나 억울했다. 이 아이가 그날 목표로 잡은 장사꾼은 자신의 물건이 없어지는 것을 알아채지 못했다. 정작 당한 주인은 모르고 있는데 이 아이가 훔치는 장면을 목격한 다른 장사꾼이 발견해 주인에게 알려 준 것이다. 실컷 두들겨 맞은 그 아이가 너무 억울한 나머지 우리를 불러들였다. 그 친구의 부름에 꽃제비 아이들이 일제히 우르르 몰려갔다. 그때 호되게 맞은 우리 무리의 꽃제비 아이는 피와 눈물로 범벅된 채 한 남자를 가리키며 말했다.

"저기 있는 청짜한테 이리 맞았다!"

그 친구는 자신의 억울함을 풀어 달라는 듯 계속 씩씩거리며 우리를 둘러보았다. 생각하고 말 것도 없었다. 다음 순간 아이들은 우르르 그 남자에게 달려들었다. 여러 명의 아이들이 달라붙어 몰매를 퍼붓기 시작하자 남자는 쓰러진 채 아무 힘도 쓰지 못하고 당하고만 있었다. 그런데 다음 순간 우리 무리 중에 있던 아이 한 명이 갑자기 제 혀 밑에 감고 있던 링날을 꺼내 양 손 검지와 중지 사이에 끼웠다. '뭘 하려는 거지?'하는 생각을 하며 나는 그 친구의 동선을 따라 시선을 옮겼다. 뒤로 좀 빠져있던 그 친구가 몰매를 때리는 아이들 틈을 비집고 들어가더니 재빠른 속도로 남자의 얼굴을 향해 링을 확 그어 버렸다. 바로 다음 순간 시뻘건 핏줄기가 남자의 얼굴을 타고 흘러내리기 시작했다. 벌어진 피부 틈에서 줄줄 새어 나오는 붉은 피를 보고 나서야 비로소 아이들의 매질은 멎었다. 사위는 침묵으로 가라앉았으며 서서히 뒷걸음질치던 아이들은 순식간에 흩어졌다.

남자가 병원에 실려 갔다는 말을 들었지만 어떻게 됐는지 그 이후의 소식은 듣지 못했다.

꽃제비 아이들은 기차에서 '학꼬놀이'라는 것을 한다. 학꼬는 보통은 역을 가리키는 말로 사용하는데 이를테면 청진학꼬라고 하면 청진역을 가리키는 것이다. 학꼬놀이는 기차를 타고 다니면서 하는 행위로, 한마디로 말해 기차놀이라고 할 수 있다. 꽃제비 아이들 사이에서 이 학꼬놀이는 대개 기차 여행객의 짐이나 주머니를 털며 기차를 오르내리는 일을 의미한다.

꽃제비 아이들은 본격적인 학꼬놀이를 시작하기 전에 기차역에서 표적을 찾는 일부터 시작한다. 역에 오가는 수많은 사람들을 한동안 관찰한 후, 가장 만만한 상대를 선택해 그 대상을 물고 기차에 오른다. 기차 안에 사람이 많으면 이 놀이가 어렵지 않다. 하지만 문제는 사람이 적을 때는 이들 대상에 접근하는 것조차 쉽지 않다는 점이다. 바로 들켜버릴 위험이 있기 때문이다. 그럴 때 사용하는 방법이 있었다. 기차가 굴을 통과

할 때를 기다리는 것이다.

몸과 마음의 모든 준비를 마치고 대기하고 있다가 기차가 어둠 속을 통과할 때를 틈타 재빠르게 목표한 대상의 짐이나 주머니를 터는 것이다. 아무것도 보이지 않는 깜깜한 곳에서 피해를 당한 여행객은 바로 눈치채지 못하는 경우가 많다. 그렇더라도, 그들이 알아채기 전에 다음 역에서 되도록 빨리 빠져야 한다. 만일, 다음 기차역이 한참을 기다려야 나오는 상황이라면 승강장 창문으로 뛰어내리는 것도 주저하지 말아야 한다. 기차의 속도가 빠르지 않아 그렇게 위험하지는 않았지만, 뛰어내리기 좋은 기회가 있기는 했다. 기차가 해안가를 꺾어지며 돌 때를 노리는 것이다. 기차가 해안가를 돌면서 속도가 확 줄어들 때 뛰어내리는 것이 비교적 덜 다치는 안전한 방법이었다.

이 위험한 놀이도, 반복하며 요령만 터득하면 말 그대로 우리에게는 놀이가 된다. 단, 꽃제비가 하는 모든 놀이에는 늘 목숨을 걸어야 하는 위험이 따른다.

여행객들은 여행을 하는 동안 며칠씩 기차 안에서 머물러야 하기 때문에 먹을 것들을 사서 미리 도시락으로 만들어 놓는다. 열차가 워낙 드물게 다니는 데다 연착하는 일이 많아 여행객들은 어쩔 수 없이 며칠간을 열차 안에 잡혀 있어야 했다. 우리 꽃제비들이 노리는 것은 바로 그 여행객의 도시락이다.

배급이 끊기고 먹을 양식이 부족해지자 식량을 구하러 나가는 행방꾼들이 한창 다니던 시절이었다. 직접 쌀이 나오는 고장에 가서 쌀을 구해 오는 시기였다. 행방꾼들은 보통 커다란 배낭을 갖고 다니는데 그 배낭 안 맨 위에는 항상 도시락을 놓아두었다. 우리는 도시락의 위치도 잘 알고 있었기 때문에 단 한 번의 시도로도 거의 정확히 훔쳐낼 수 있었다. 배낭이 한두 개가 아니라 서너 명이 여러 개를 갖고 움직이는 경우가 많아서, 옆에서 조용히 지켜보다가 그들이 졸고 있을 때를 노렸다. 보통은 열차가 연착되는 경우가 많아 기다리던 사람들이 겹치고 겹쳐서 매우 혼잡했다. 복잡할수록, 사람이 많이 겹칠수록 그것이 우리에게는 기회가 된다. 누구는 바람을 잡아 사람들의 시선을 붙잡고 그 사이 또 누군가는 그들의 배낭을 털어 유유히 빠지는 것이다. 역할 분담을 끝낸 뒤, 우리는 사람들의 눈에 잘 띄지 않는 곳에 모여 앉아 훔친 도시락으로 그날의 허기를 채웠다.

이렇게 같이 활동하고 먹을 것을 나누며 같은 공간에서 잠을 자다가도 안전원이 나타나면 오로지 나만 생각하며 죽을힘을 다해 앞만 보고 달리는, 우리는 꽃제비였다······.

2. 꽃제비로 사는 법

열차는 오지 않고

청진역은 함경북도에서 가장 큰 역으로 수많은 사람들이 오가는 곳이다. 북쪽으로 올라가는 열차와 남쪽으로 내려가는 열차가 반드시 청진역을 거쳐 지나가기 때문에 역에는 여행객을 비롯한 많은 사람들로 늘 북적였다. 도로가 발달하지 못했기 때문에 철도는 주민들의 가장 중요한 이동 수단이었다. 그런데 전기가 절대적으로 부족해지면서 낮은 전압으로 열차의 연착이 점점 잦아졌다. 1990년대 중반을 넘어서면서부터는 하루에 대여섯 번 들어오던 열차가 한 번밖에 들어오지 않는 때도 있었다. 행방을 다니는 사람들이 무척 많아진 시기여서 열차를 기다리던 사람들이 겹치고 겹친 채 며칠이고 역에 발이 묶이는 경우가 많았다. 사람들은 사흘, 심지어 일주일을 역에 머물며 열차를 기다리기도 했다.

내가 처음으로 덮치개 장면을 본 것은 1990년대 초반, 주워 먹거나 얻어먹고 다니던 시절이었다. 덮치는 행위는 역이나 장마당에서 장사꾼의 물건을 순식간에 덮쳐 달아나는 훔치기 수법이다. 이렇게 덮치는 행위나 행위자를 가리켜 꽃제비들은 **덮치개**라고 불렀다. 한동안 얻어먹지 못해 굶주림에 지쳤을 때, 형이 장사꾼을 상대로 과감히 덮치개를 시도했다. 청진역에는 플라스틱 그릇에 찹쌀떡이나 김밥, 꽈배기, 두부밥 등을 담아 갖고 다니면서 여행객들을 상대로 장사를 하는 장사꾼들이 많았다. 장사꾼들은 주로 여성이어서 아이들이 순식간에 그들의 물건을 채 가도 아무런 손을 쓰지 못하는 경우가 대부분이었다.

너무나 배가 고팠던 형과 나는 청진역에서 덮칠 만한 장사꾼을 찾아내기 위해 멀찌감치 떨어져 그들을 관찰하기 시작했다. 덮치는 행위는 순식간에 끝나 버리고 말지만 성공률을 높이기 위해서는 상인들을 한동안 지켜보면서 그들의 행동에서 나오는 습관을 잘 봐둬야 한다. 손님에게 물건을 보여줄 때 어떻게 펴고 어느 정도를 열어 보여주는지 미리 봐뒀다가 상인이 눈치채지 못하게 접근한 다음 음식물을 한 번에 정확히 집어 챈 뒤 냅다 뛰어야 한다. 한 아름 크기의 그릇을 머리에 이고 다니다가 안전원의 눈을 피해 몰래 장사를 하는 그들을 멀리서 바라보다가 형과 나는 초짜 장사꾼 하나를 발견했다. 쥐색 바지를 입은 젊은 아짐은 여행객이 다가오면 찹쌀떡이 가득 들어있는 그릇의 비닐을 활짝 열어 보여주었다. 대부분의 장사꾼들은 꽃제비들을 의식해 손님이 오더라도 비닐을 조금만 젖히고 보여주기 때문에 접근이 쉽지 않았다. 그런데 그 아짐은 장사를 하러 청진역에 처음 나왔는지 어딘지 모르게 모든 행동이 어설퍼 보였다. 형과 나는 그렇게 대상을 물었다.

형과 미리 약속을 했다. 멀리서 형이 덮치개를 하는 것을 지켜보다가 형이 일을 치고 빠지면 청진역 앞 주택가 뒷골목에서 만나기로 했다. 대상을 문 형이 많은 사람들 속으로 걸어 들어갔다. 나는 멀리서 형의 모습을 지켜보면서 뛰어야 하는 순간을 기다리기로 했다. 일렬로 앉아 있던 장사꾼들과 역에 발이 묶여 허기를 달래려는 손님들 사이로 형이 섞여 들어갔다. 형의 모습을 지켜보는 내내 가슴이 조마조마해서 나는 두 손을 꼭 그러쥐었다. 형은 미리 봐두었던 초짜 장사꾼의 옆으로 슬쩍 다가섰다. 여행객이 장사꾼의 찹쌀떡을 보자고 했는지 아짐은 친절한 표정으로 그릇을 덮고 있는 비닐을 활짝 열어젖혔다. 그 순간을 형이 놓칠 리가 없었다. 형의 손이 재빠르게 아짐의 그릇 안으로 덥석 들어갔다 나왔다. 형이 재빠르게 빠지면서 내가 있는 쪽을 한 번 바라보았고, 나는 이때다 싶어 형과 보조를 맞추며 약속 장소를 향해 힘껏 달렸다. 불과 몇 초 사이에 벌어진 일이었다.

키가 크고 체격이 좋은 형은 손도 커 한 번 덮치면 찹쌀떡

일고여덟 개가 딸려 나왔다. 성인 손바닥 크기보다 더 큰 찹쌀떡은 두께도 엄지손가락만 해서 몇 개만 먹어도 속이 든든했다. 그래서 우리는 김밥이나 두부밥 등 다른 먹을거리보다 주로 찹쌀떡을 덮쳐 먹고는 했다. 장사꾼들의 음식은 늘 비닐로 단단히 덮여 있지만 여행객에게 팔기 직전에는 반드시 열리는 순간이 온다. 특히 장사를 시작한 지 얼마 안 되는 초짜 장사꾼들의 경우는 비닐을 환히 열고 손님에게 자신의 음식이 좋다는 것을 확인시켜 주고 싶어 한다. 우리가 노리는 때는 바로 그 순간이다.

내가 혼자 덮치개를 처음 한 곳도 청진역이었다. 형과 헤어져 청진역을 떠돌면서 얻어먹으며 생활했는데, 한동안 아무도 내게 먹을 것을 주는 사람이 없어 나는 지칠 대로 지쳐 있었다. 배는 고픈데 덮치는 행위는 해 본 적이 없는 일이라 너무 떨려서 멀리서 장사꾼을 지켜보면서도 가까이 다가서지도 못했다. 그나마 해본 것은 다른 아이들이 훔치고 달아나면서 땅에 흐트러진 음식물을 옆에서 얼른 집어서 도망가는 정도였다. 가슴이 콩닥거려 덮치는 행위를 차마 하지 못하고 수없는 망설임 끝에 그냥 포기해 버리고는 했다. 심지어 가장 만만하다 싶은 장사꾼을 찾아내 주춤거리며 그의 곁에 다가섰다가도 머뭇거리다 그대로 돌아서 떨리는 심장을 진정시키기에 바빴다. 그런데 너무 배가 고파 정신을 차릴 수 없던 어느 날 밤에 나도 모르게 손이 나갔다. 갈등과 망설임의 시간은 길고 지루했지만 덮치는 행위는 순간이었다.

'아, 이렇게 짧게 끝나는 거였어. 이렇게 간단한 일이었어.'

　겨우 두부밥 하나였지만 시도를 했다는 것이 내게는 중요한 일이었다. 무엇이든 처음이 어렵지, 두 번이나 세 번은 어려운 일이 아니었다. 한 번 성공하고 나니 조금씩 용기가 생겼고, 덮치는 일을 두고 나는 더 고민하지 않았다. 앞에서 덮치고 뒤로 빠지면 그만이다. 점점 대범해진 나는 손님 앞에서 장사꾼이 음식물을 열어 보일 때 양손을 넣어 음식물을 훔쳐내기도 했다. 나는 충분히 준비되어 있었다. 왼손은 밑으로 오른손은 위로, 순식간에 장사꾼의 그릇 속으로 양손을 써서 넣었다가 뺀다. 두 손을 넣으면 파장이 일어난다. 음식물이 흐트러지며 땅에 떨어지면 다른 꽃제비 아이들이 다가와 그걸 얼른 집어 달아나기도 했다.

　역 앞에서 그렇게 훔쳐 먹고 나서 역 안의 대합실에 들어가 잠을 자는 생활을 반복했다. 낮에 안전원들의 단속이 심할 때는 가까운 청년공원에 가서 놀다가 다시 저녁에 청진역으로 돌아왔다. 밤에는 안전원들이 단속을 거의 하지 않았다. 역 안으로 들어오면 왼쪽에 군인 전용 대합실이 있었는데, 군인 대합실은 안전원들이 함부로 들어와 단속할 수 있는 공간이 아니었다. 나는 군인 대합실 안 난방장치 뒤에 있는 작은 공간에 들어가 모로 누워 잠을 자고 아침을 맞았다.

　초기 꽃제비생활을 하면서도 다른 지역으로 쉽게 이동할 엄두를 내지 못했다. 왜냐하면 다른 지역으로 이동하는 과정에서 먹을 것을 구하지 못하면 굶어죽을 수도 있다는 두려움과 그동안 타 지역 이동이 자유롭지 못했던 탓에 알지 못하는 지역에 대한 두려움도 상존했기 때문이다. 그러다보니 익숙한 청진역전이나, 장마당을 쉽게 떠날 수가 없었다.

장마당에서 덮치는 행위를 하려면 역전에서 할 때보다 더 큰 대담함이 있어야 한다. 장마당은 매대가 여러 군데로 나뉘어 있다. 첫 번째 열에서는 과자나 사탕 등의 당과류를 팔았고 두 번째 열에서는 찹쌀떡이나 빵, 김밥, 꽈배기 등을 팔았으며 세 번째 열에서는 국수나 돼지고기국밥 등을 팔았다. 장마당 입구 맨 앞쪽 열에서 과자나 사탕을 한 번 훔쳐 먹고 빙 돌아 반대편으로 가서 다른 음식물을 또 한 번 훔쳐 먹는다. 역전은 사람이 계속 바뀌지만 장마당은 그렇지 않아서 그만큼 위험부담이 있었다. 한 장사꾼이 보통 두세 가지 음식을 놓고 같이 파는데, 찹쌀떡이나 꽈배기 등은 그물을 쳐 놓는 등 경계가 심해 훔치기가 쉽지 않았다. 너무 배가 고플 때는 국수나 돼지고기국밥을 진열해 놓은 것을 훔쳐 먹기도 했다. 국물을 붓기 전에 양재기나 사기그릇에 일 인분씩 담아놓은 국수뭉치나 밥에 얹은 돼지고기 쪼가리를 집어 들고 도망을 치는 것이다. 국물을 붓기 전이라 약간의 건기가 있어 손으로 집기에 수월하기는 했으나 허기를 채우기에는 턱없이 부족했다.

꽃제비 아이들끼리 같은 장사꾼을 대상으로 물었을 때엔 먼저 시도하는 쪽이 임자였다. 다른 아이가 한 번 덮치개를 하고 나면 다른 아이가 그 장사꾼 주변에 접근하기가 힘들었다. 그럴 때 먼저 훔친 아이가 뒤에 하지 못한 아이들에게 훔친 음식물을 조금씩 나눠 주기도 했다. 그렇게 함께 나눠 먹으며 의리를 쌓고 우리도 모르는 사이에 꽃제비 무리를 형성해 갔다.

형은 대범한 파장꾼이기도 했다. **파장꾼**들은 장사꾼의 물건을 통째로 땅바닥에 내동댕이쳐서 물건이 땅에 흐트러지게 한다. 보통 여러 명의 덮치개들이 파장꾼의 뒤를 따르며 그와 함께 움직이는 경우가 많았다. 파장꾼은 덮치개에 비해 한결 대담해야 하고 힘이 좋으며 날째야 한다. 음식이나 물건이 들어 있는 그릇을 한꺼번에 들어 땅에 던져버리기 때문에 체격이 작고 힘이 없는 나 같은 아이들은 생각할 수도 없는 행위였다. 파장꾼들은 보통 빵이나 떡, 두부밥, 꽈배기 등의 음식물을 노렸다. 그 외에 사탕가루나 맛내기, 고춧가루, 기름 등을 담아 작은 봉지에 넣어 파는 식료품 등도 그 대상이 되었다. 보통 덮치개에서 시작해 파장꾼으로 변화하는 경우가 많았다.

파장꾼이 뜬다는 소식이 꽃제비들 사이에 돌면 그들도 땅에 떨어진 음식이나 물건을 줍기 위해 해당 역전이나 장마당으로 모여든다. 그리고 상황을 지켜보며 파장꾼의 주변을 맴돌면서 파장이 일어나는 때를 기다린다. 파장꾼과 덮치개들이 계획적으로 함께 움직이는 경우도 있으며, 소문을 듣고 찾아온 덮치개들이 파장꾼의 주변을 돌면서 때를 기다리는 경우도 있다. 덮치개들이 많다고 해서 파장꾼에게 피해가 오는 것은 아니다. 서로는 공생 관계라고 할 수 있다. 덮치개가 여럿일수록 장사꾼은 더 혼이 빠져 누구를 잡아야 할지 모르는 상황이 돼 버리니 한두 명일 때보다 장사꾼의 입장에서는 그 피해 정도가 더 컸다.

나는 체격이 작고 힘이 약해 파장꾼까지는 해보지 못했지만, 형이 파장을 하면 내가 덮치는 형태로 함께 활동을 하기도 했다.

혜성처럼 나타난 고무산 꽃제비

1993년 내가 열한 살 때 만난 고무산 꽃제비는 굉장한 쓰리꾼이었다. 그를 만난 날은 정확히 10월 10일 당 창건기념일이었다. 형과도 잠시 헤어져 힘들게 혼자 떠돌던 시기였다. 잠에서 깨어났을 때는 간밤을 함께 보냈던 다른 꽃제비들이 모두 떠나버린 뒤였다. 그중에 누군가가 내 신발을 훔쳐 신고 달아났는지 나는 양말만 신은 채 버려진 듯 홀로 남겨져 있었다.

그즈음은 우리 같은 꽃제비들이 매우 견디기 힘든 시기였다. 비사회주의 행위자들을 집중적으로 잡으러 다니는 비사회그루빠의 단속이 심한 기간이었기 때문에 장사꾼들의 것을 훔쳐 먹을 수가 없었다. 더욱이 사람들이 큰 명절로 생각하는 기념일이 있는 기간이어서 역전에 음식을 파는 상인도 없었고 여행객마저도 많지 않았다. 기차가 연착되어 약간의 여행객이 청진역에 묶여 있을 뿐이었다. 그날 아침에도 주린 배를 움켜쥐고 혹시 길거리에 먹을 것이 떨어져 있지는 않은지 둘러보며 돌아다니고 있었다.

'앞으로 어떻게 먹고살아야 하나? 내 옆에는 형도 없는데.'

정말 막막했다. 매서운 바람이 속살을 훑고 지나갈 때마다 형이 생각나 눈물이 나는데, 눈치 없는 배는 계속해서 꼬르륵대고 있었다. 훔쳐 먹을 것은커녕 길거리에 떨어져 있는 음식 찌꺼기도 발견하지 못해 나는 며칠간을 쫄쫄 굶은 상태였다. 제발, 땅바닥에 뭔가가 떨어져 있기를. 내 간절한 바람과 달리 그날도 눈에 들어오는 것은 아무것도 없었다.

햇볕이 내리쬐는 양지바른 곳을 찾아 허기에 지친 몸을 담벼락에 의지해 앉았다. 며칠간을 아무것도 먹지 못한 탓인지, 눈앞은 계속해서 캄캄해졌다가 밝아지기를 반복하고 있었다. 움직일 힘도 없이 하염없이 하늘만 쳐다보고 있다가 문득 땅을 내려다보았을 때 눈에 확 들어오는 것이 있었다. 담배꽁초였다. 그래, 고픈 배를 채우진 못해도 쓰린 속을 달래라도 주겠지. 급하게 꽁초를 입에 물었을 때, 금박을 입힌 555 담배 한 갑을 내미는 누군가의 손을 보았다. 위를 올려다봤을 때 환한 빛이 눈앞에 가득 차오르는 것 같았다.

희고 빛이 나며 총기가 도는 얼굴, 감색 교복에 단정하게 두른 붉은 넥타이, 비싸서 일반인들이 감히 쳐다보지도 못하는 중국산 휴즈(디디미 라고도 부름) 운동화까지. 그의 눈빛은 보통 사람과 달라 보였다. 정말 반짝거려서 정기가 느껴질 정도였다.

내가 가장 배고프고 힘든 시절에 혜성처럼 등장한 그 친구는 고무산 출신의 꽃제비였다. 그와 나의 인연은 그렇게 그가 내민 고급 려과담배로 시작되었다. 그 담배는 일반인이 쉽게 접근할 수 없는 담배로 외화상점이 아니면 구할 수 없는 매우 귀한 담배였다.

"이걸, 왜? 이거 정말……; 나 주는 거니?"

그가 고개를 끄덕였다. 나는 잠시 망설이다가 거듭해서 고맙다는 인사를 하며 그가 내민 담배를 받았다. 실은 너무 황송하고 감격스러웠다.

"너 지금 되게 어지러우니, 역전 변소에 가서 얼굴 좀 씻고 올래?"

문득 부끄러운 생각이 들었다. 나는 그때 기름때가 자글자글한 학생복 차림이었다. 감은 지 오래된 머리에는 이와 서캐가 들끓고 있었고 얼굴과 손은 검은 기름때로 지저분하게 얼룩져 있었다. 이렇게 멋지고 귀해 보이는 아이가 왜 내게 이런 것을 주는 것일까.

황당하다는 생각도 잠시, 나는 어느새 그 아이가 하라는 대로 움직이고 있었다.

그 친구는 청진역 앞 식당에 나를 데려가 국수와 단고기 국밥을 배불리 먹게 해주었다. 청암장마당으로 데리고 가서는 옷을 사 주고 목욕까지 하도록 배려해 주었다. 오후에 나를 데리고 다시 청진역으로 돌아온 그가 내게 선택권을 주었다. 자신을 따라올 것인지 아니면 얼마간의 돈을 줄 테니 이대로 혼자 갈 것인지를 결정하라는 것이었다. 선택의 여지가 있을 리 없는 나는 당연히 그를 따랐다.

고무산 친구는 굉장한 소매꾼으로 이들은 보통 **쓰리꾼**이라 불린다. 쓰리꾼은 링(면도날)을 쓰지 않으며 장마당이나 열차를 돌면서 활동한다. 이들은 매우 어려운 기술을 구사하며 담이 크다. 진정한 쓰리꾼은 물건 따위를 훔치지 않는다는 말이 나돌 정도로, 이들은 오로지 돈만을 목표로 한다. 지갑을 훔치는 것을 '깍대기를 푼다'고 하는데, 이들의 손놀림은 매우 빠르고 정확해서 보통 사람들의 눈에는 잘 띄지 않는다. 이들이 깍대기를 푸는 중에 피해를 당하는 사람조차 자신의 지갑이나 돈이 없어졌다는 사실을 눈치채지 못한다. 열차의 객차에서 주로 활동하며 때로는 며칠 동안 배불리 먹을 수 있을 정도의 돈을 단 하루 만에 벌기도 한다.

쓰리꾼들은 돈을 쓰는 차원이 다르다. 사람들의 의심을 받지 않기 위해 쓰리꾼은 돈이 생기면 우선 옷에 투자부터 한다. 나 같은 공격수들은 옷을 잘 입을 때도 있지만 배가 고프고 돈이 없으면 옷을 팔아서 생활하기도 하기 때문에 차림이 지저분할 때도 많았다. 쓰리꾼 중에는 때로 집이 있는 사람에게 얼마간의 돈을 주고 숙박하는 이들도 있었다. 늘 잘 차려입고 일정 정도 거주할 수 있는 집도 있으며 여유 있고 깨끗한 생활을 하는 쓰리꾼들은 항상 다른 꽃제비들이 선망하는 대상이었다.

이 고무산 친구는 외동이었는데 아버지는 돌아가셨고 어

머니는 병이 깊어 일을 하지 못하셨다. 어린 나이에 가장이 되어야 했던 이 친구는 한동안 매우 어렵게 생활을 했다. 떠돌아다니면서 돈을 훔쳐 집에 보내 드리거나, 집에 들러 쌀을 사 놓고 다시 나오는 식으로 생활을 해오고 있었다. 주로 혼자 다니는 아이였는데, 나를 눈 돌아가는 녀석이라고 판단했던 것 같다. 우리끼리는 눈빛만 봐도 서로 알 수 있었다. 뭔가 협조하거나 서로 도움이 되겠다고 판단을 한 그 친구가 내게 다가온 것이다.

그날부터 그 친구와 나는 청진역을 출발해 무산을 돌아다녔고 온성이나 왕재산, 길주, 김책, 회령 등을 돌며 소매치기를 했다. 물론, 기술이 없는 나는 항상 그 친구 앞에서 사람들의 시선을 돌리는 바람잡이 역할을 했고 실제의 모든 작업은 그 친구가 했다. 고무산 친구와 함께 다니기 전에도 링을 조금씩 쓰기는 했지만 이 친구를 만나고 나서 진정한 공격수가 되었다.

우린 주로 기차역을 돌며 수많은 인파가 서로 먼저 나가겠다고 개찰구에 몰려들 때를 노려 행위를 벌였다. 고무산 친구가 자신이 찍은 대상을 눈치질로 '저 사람이다'라고 알려 주면, 안 그래도 붐비는 사람들 틈에서 내가 더욱 정신없이 굴어 그들의 혼을 쏙 빼놓는 사이 그 친구가 일을 보는 것이다. 내가 바람을 잡으면서 이 친구가 작업에 들어갔는지 궁금해 돌아보면, 그 친구는 벌써 일을 다 치르고 빠지고 있었다. 한번은 기차역에서 돈다발이 가득한 어떤 사람의 트렁크를 열어 생각지도 못한 횡재를 한 적도 있었다.

사실, 진정한 쓰리꾼은 날을 사용하지 않는다. 쓰리꾼은 감각이 매우 발달되어 있어 사람들의 안주머니에 어느 정도의 돈이 들어 있는지 가늠할 수 있다. 사람들이 장을 보는 모습을 지켜보고 어디에서 돈을 꺼내는지 확인을 해 뒀다가, 그 직후에는 대범하게 손을 집어넣는다. 사람들의 안주머니는 보통 심장이 있는 쪽에 위치하고 있으므로 방향을 잘 잡고 정확하게 손을 놀려야 상대방이 눈치채지 않는다고 알려줬지만, 내가 기술을 제대로 배우기도 전에 우리는 아픈 이별을 해야 했다.

그날, 회령에 들어갔던 게 잘못된 것이었을까.

회령시에는 중국 상인들이 많이 들어와 있었는데, 그들은 평소에 돈을 많이 가지고 다녔다. 대상을 정하고 중국 상인 하나를 물고 쫓아가다가 안전원에게 들켜 급하게 도망을 치면서 우리는 회령에서 갈라졌다. 그와 나는 어디에서 활동을 하든, 언제 어떻게 헤어지게 되더라도 청진역에서 만나기로 늘 약속이 되어 있었다. 안전원에게 쫓기면서 그 친구는 고무산에서 내리고 나는 청진역으로 바로 나갔다. 한데, 그 친구가 일주일이 넘도록 나타나지 않는 것이었다. 뭔가 잘못됐다는 생각에 다른 꽃제비 아이들에게 그의 소식을 묻고 다녔다. 아이들에게서 전해들은 소식에 마음이 너무도 아팠다.

나와 서로 찢어지고 나서 고무산에서 대상을 물고 나오는 과정에서 본의 아니게 정부 관련자의 문서에 손을 댄 것이다.

그의 소식을 전해 준 꽃제비 아이들의 말에 따르면 그가 손댄 트렁크 안에는 정부 관련자의 중요한 문서 외에 총도 같이 있었다고 했다. 이전에 사람이 붐비는 기차역에서 돈다발이 가득한 트렁크를 열었던 적이 있어 그 친구는 아마도 그 트렁크 가방 안에도 돈다발이 들어 있을 거라고 생각했던 모양이다.

그 친구를 생각하면 지금도 안타까운 심정이 되고는 한다. 혼자서 무엇인가를 할 수 있는 능력이 거의 없을 때 고무산 친구를 만나서 많은 것을 배우고 얻었다. 조건 없이 베푸는 마음조차 그 친구에게서 배운 것인지도 모른다. 나보다 한두 살이 많았던 그 친구는 마치 우리 형처럼 내게 무엇이든 잘 사 주었고 공격수가 뭔지도 알려 주었으며 바람잡이 역할을 어떻게 해야 하는지도 가르쳐 주었다. 그 친구를 만난 1993년이 어쩌면 내 꽃제비 활동의 최전성기였는지도 모르겠다. 형도 없이 외롭게 떠돌며 내가 가장 힘들고 배고프던 시절에 만난, 내 평생을 두고 잊지 못할 감격스러운 친구이다.

무엇이든 여는 손

형은 타고났다 싶을 정도로 열쇠를 잘 만들었다. 형이 손만 대면 평범한 핀도 열쇠가 되었고 그의 손이 닿으면 그게 무엇이든 어김없이 열렸다. 당시의 집들은 안방이나 부엌 등을 각기 따로 잠그게 되어 있는 구조였는데, 형 정도의 기술이면 자물쇠를 따는 데 오랜 시간이 필요치 않았다. 내가 보기에는 불가능해 보이는 자물쇠도 형은 순식간에 따냈다. 링을 쓰지 못하는 형이 파장꾼 이후에 전문으로 하고 다닌 것이 바로 문차기이다.

형은 내가 아는 꽃제비 중에 가장 뛰어난 문차기 중 한 명이었다. 눈썰미가 있는 형은 문차기를 기가 막히게 잘했다. 문차기는 담이 매우 커야 하며 민첩하고 힘이 좋은 건장한 사람만이 할 수 있었기 때문에 많은 꽃제비들이 문차기를 동경했다.

문차기는 한마디로 남의 빈집에 몰래 들어가 집안 기물을 훔치는 집 털이범을 일컫는 말이다. 말하자면 집 도둑인데, 매우 대담하고 힘이 좋은 성인들이 많이 한다. 이들은 주로 빈집의 문을 뜯고 들어가 집안의 기물이나 돈이 될 수 있는 물건들을 훔쳐 시장에 내다 팔아먹고 사는 꽃제비들이다. 문차기를 잘하기 위해서는 먼저 좋은 집을 물색해야 하고, 그 집의 가족이 몇 명인지 이들이 집을 들어가고 나가는 시간이 언제인지를 알아내기 위해 오랫동안 정찰의 시간을 가져야 한다. 그 집의 자물쇠가 몇 개이고 창문의 위치가 어디인지, 만에 하나 집에 침입해 있는 동안 집주인이 돌아오면 어디로 빠질 것인지 등 모든 것을 세밀하게 계획한 후에 움직인다. 혼자 하기보다는 두 명 이상이 같이 움직이는 경우가 많았다.

형과 함께 수남구역에 있는 과자 만드는 가내반을 털었던 적이 있다. 가내반은 인민반 산하에 존재하는 기관이다. 가내반은 장갑을 만드는 집, 빵을 만드는 집 등 국가의 지원은 받지만 직접적인 통제를 받는 기관은 아니었다. 무엇인가를 사고파는 개념을 용인해 주는 사회가 아니어서 과자 또한 상품의 가치성을 갖고 있는 것은 아니었다. 과자가 먹고 싶을 때 쌀을 갖고 마을의 가내반에 가서 그곳 사람을 통해 과자를 만들어 아이들에게 먹이는 정도였다.

수남구역 가내반에서는 할머니 한 분과 젊은 여자분 한 명이 일하고 있었다. 형과 나는 가게가 비는 날을 노려 그 집을 털기로 했다. 우리는 한동안 꼼꼼하게 정찰을 하며 그 집이 비는 날을 기다렸다. 드디어 우리가 들어가기로 한 주말이 되었다.

우리는 새벽의 어둠을 틈타 일을 치르기로 했다. 우리는 조용히 숨을 죽이면서 서로의 눈빛을 보며 작전을 수행했다. 내가 밖에서 망을 보고 있는 사이 형이 조용히 가게의 자물쇠를 열었다. 나는 가슴이 두근거렸다. 형이 그 집에 들어간 지 얼마나 지났을까. 날은 점점 밝아오고 있는데 아무리 기다려도 형은 나오지 않았다. 어느 틈에 벌써 날은 밝아 아침이 되었고 나는 타들어 가는 심정으로 그 자리를 지켰다. 그 집 앞을 맴도는 나를 지나다니는 사람들이 이상하게 쳐다보는 것 같아 얼른 몸을 숨기기도 했지만, 형이 나오기 전까지는 나는 그 자리를 뜰 수 없었다. 나는 점점 지쳐갔지만 인내심을 갖고 기다려 보기로 했다.

형이 모습을 드러낸 것은 낮 12시쯤이었다. 쌀과 과자가 든 커다란 자루를 짊어지고 나오는 형의 모습을 보는 순간, 와락 달려가 형을 끌어안고 싶은 심정이었다. 안도의 숨을 내쉬고 나자 기다림에 지쳤던 몸이 노곤하게 풀리며 눈물이 핑 돌았다. 역시 우리 형은 나를 혼자 두고 갈 사람이 아니었다. 형이 나오려고 할 때마다 사람들이 계속 그 주변을 지나다니는 바람에 머뭇거리다가 날이 밝았다는 것이다. 형이 한가득 들고 나온 자루를 보니 새벽부터 대낮까지 기다린 보람이 있었다. 우리는 수남구역에서 훔친 이 쌀을 들고 청암구역까지 넘어가 장마당에 내다 팔았다.

새벽에 들어간 형이 대낮에 나올 때까지 긴 시간을 기다리면서도 나는 한 번도 형에 대한 신뢰를 저버리지 않았다. 들킬지도 모른다는 초조한 마음에 길고도 더딘 시간이었을망정, 형이 반드시 목적을 이뤄 내 앞에 나타날 것이라는 믿음은 흔들리지 않았다. 형에 대한 내 마음은 늘 그러한 것이었다. 형의 마음도 나와 같았을 것이다. 나와 약속한 것을 반드시 지키고 내게 자랑스러운 형의 모습으로 나타나는 것, 형의 마음 또한 그러했을 것이다.

문차기를 하는 형을 따라다니며 나는 주로 망을 보았는데, 정찰하는 기간이 길어지면 한동안 굶주리는 생활을 하기도 했다. 형과 함께 문차기를 다니면서 자연스럽게 했던 게 줄타기였다. **줄타기**는 남의 집 빨래를 전문적으로 훔쳐 시장에 내다 파는 행위나 행위자들을 이른다. 전문적인 줄타기들은 집 담을 넘어들어와 마당에 걸어놓은 빨래를 훔쳐 시장에서 먹을 것과 바꾸거나 좋은 옷은 돈을 받고 팔기도 한다.

한번은 외화벌이를 하는 것으로 추정되는 집을 털었던 적이 있었다. 형이 이미 정찰을 끝낸 집이었다. 한동안 떨어져 지내다가 청진역에서 우연히 만난 직후였다. 형이 정찰을 끝낸 그 집은 매우 잘사는 집이었던 것 같다. 아이들이 아침 일찍 학교에 가고 오전 9시에 남편이 출근하고 나면 아내가 오전 11시에 장마당에 장사를 하러 나간다. 그때 비로소 집이 빈다. 그때를 이용해 우리는 마른 오징어 200마리, 담배, '디디미'라고 불리는 신발 등 꽤 값이 나갈 만한 물건들을 몽땅 털었다. 특히 그 집 마당에 걸려있던 옷들은 일반인이 쉽게 구할 수 없는 비싼 상표의 옷들이어서 우리는 그걸 걷어다 팔아 한동안 어려움 없이 생활할 수 있었다.

형은 문차기, 나는 공격수

문차기가 성행하자 사람들의 경계가 심해져 집에 자물쇠를 몇 겹으로 달아 놓거나 아예 집을 지키는 사람까지 두는 집도 생겨났다. 문차기들 사이에서는 집 지키는 사람을 멍멍이라고 부르며 어느 집에 멍멍이가 있고 없는지 정보를 교환하기도 했다. 문차기를 하기가 정말 어려울 때는 어떻게든 먹고살아야 하니 형 대신 내가 활동을 하는 수밖에 없었다. 그때는 형과 내가 역할을 바꿔 내가 일을 치르는 동안 형이 바람잡이 역할을 했다.

형과 나는 수많은 사람들이 붐비는 기차역으로 이동을 했다. 형이 바람잡이를 하면서 목표한 사람의 시선을 끄는 사이 나는 재빠른 동작으로 혀 아래에 감고 다니던 링날을 꺼내 그의 배낭을 찢는다. 물건을 꺼내 형에게 얼른 넘겨주고 내가 바로 빠지고 나면 아무도 우리가 누군가의 것을 건드렸다는 사실을 알아채지 못한다. 당한 사람도 복잡한 그곳을 일단 빠져나와야 자신의 물건이 털렸다는 사실을 알아차릴 수 있으므로 시간은 충분히 벌 수 있었다.

나는 공격수였다. **공격수**들은 주로 면도날을 써서 남의 것을 훔쳐내는 행위를 하며 돈이든 물건이든 내용물에 제한을 두지 않는다. 면도날을 '링날'이라고 하며 날을 쓰는 행위를 '링날리기'라고 한다. 이들은 돈주머니를 비롯한 주요 소지품이 들어있는 곳이 겉에서 표시가 나는 경우, 링날을 써서 어렵지 않게 상대방의 배낭이나 주머니를 뜯어낸다. 공격수들은 대부분 혼자 움직이는 경우가 많은데 가끔 큰 건이 걸리면 다른 꽃제비들과 협력하는 경우도 많았다. 이들은 밤낮을 가리지 않고 다른 지역으로 이동하면서 역전이나 장마당, 달리는 열차 등에서 활동을 한다. 공격수의 경우도 대부분 옷이 단정한 편이며 일반인과 크게 다르지 않다.

나를 비롯해 공격수를 하는 꽃제비 아이들은 평소에 링날을 혀 아래에 감고 다니면서 필요할 때에 얼른 꺼내 쓰고 집어넣고는 한다. 면도날을 처음 감을 때에는 조금 불편하기도 하고 잘못하다 혀가 날에 베여 다칠 수도 있지만, 훈련이 되어 턱

밑에 바싹 붙일 수만 있으면 곁에서 보기에 전혀 표가 나지 않는다. 말할 때도 거의 지장이 없으며 익숙해지면 전혀 불편하지 않다. 혀에 감는 것은 그리 위험하지 않으나 이 면도날이 정말 위험하게 사용되는 경우가 가끔 있었다. 간혹 아이들끼리 싸움이 붙었을 때 바로 이 링날이 흉기가 될 수 있다는 점이 위험한 상황을 만들기도 했다. 자신이 무시당한다고 생각하는 아이들이 양손에 링날을 끼우고 상대방에게 순식간에 상처를 입히는 경우가 있었다. 꽃제비가 무서운 이유는 이들이 겁낼 것도 두려울 것도 없는, 아무것도 가진 게 없는 아이들이라는 점 때문이다.

형과 같이 다닐 때에는 형이 바람잡이 역할을 했지만 형과 떨어져 지낼 경우에는 혼자서 활동하는 경우가 많았다. 내가 가장 흔히 했던 것은, 면도날로 배낭의 위를 살짝 찢어서 먹을 것이나 도시락을 빼내는 일이었다. 때로 바람을 잡아줄 아이들이 필요하다 싶을 때는 내가 선택한 여러 명의 꽃제비들과 함께 움직일 때도 있었다. 주로 덮쳐 먹는 아이들 중에서 소위 눈 잘 돌아가고 똘똘한 친구들을 골라 바람잡이 역할을 맡겼다. 내가 바람잡이로 선택한 아이들이 저희끼리 깔깔거리고 장난을 치면서 사람들의 시선을 다른 곳으로 돌리는 사이 나는 얼른 목표한 배낭에 링날리기를 했다. 또, 밤에 행방꾼이나 여행객들이 잠을 잘 때 내가 그들의 배낭에 링날리기를 하는 것을 누가 보지 못하게 막아주는 역할도 그 친구들에게 맡겼다. 그렇게 막아주는 사람이 있으면 한결 편하게 배낭을 찢고 도시락을 갖고 나올 수가 있는 것이다.

공격수가 돈이나 물건, 식량 등 대상물을 가리지 않고 행위를 하는 것에 비해 **데사꾸**는 행방꾼들의 배낭을 집중적으로 노리는 이들이다. 데사꾸 역시 링날을 쓴다. 데사꾸는 적당한 자루와 면도날을 가지고 다니면서 목표한 사람의 배낭을 찢어 그 내용물을 자신의 자루에 담아 도망가는 행위를 한다. 데사꾸는 대개 혼자 활동하지 않고 2인 1조를 형성해 다니는 경우가 많았다. 주로 많은 사람들이 붐비는 기차역에서 한 명이 배낭을 면도날로 찢은 후 그 배낭을 잡고 있으면, 다른 한 명이 그 찢어진 틈 사이로 흘러나오는 내용물을 자신의 배낭에 그대로 받아 훔쳐 달아나는 방식이다. 데사꾸는 행방꾼의 배낭에 어느 정도의 식량이 담겨 있는지 가늠할 수 있다. 장마당보다는 기차 시간에 임박해 복잡해진 역전이나 열차 내부에서 주로 활동을 하며 다른 사람의 의심을 피하기 위해 일반 행방꾼처럼 옷을 입는 경우가 많다.

행방꾼들이 이렇게 당할 수밖에 없는 이유는, 열차가 워낙 한참 만에 들어오는 일이 많아 그 열차를 타기 위해 수많은 사람들이 한꺼번에 몰리기 때문이다. 1990년대 중반 이후부터는 열차가 들어오지 않아 사흘이나 일주일 이상씩 역에 발이 묶이는 경우도 있었다. 그러니 어쩌다 들어온 열차를 놓치지 않기 위해 사람들은 기를 쓰고 몰려나가는 것이다. 인산인해를 이루는 사람들 틈에 끼어 돌아보거나 옆으로 비켜날 수도 없는 상황에서 데사꾸들에게 당하는 경우가 많았다. 자신의 배낭에서 쌀이 줄줄 새 나가는 것을 빤히 눈으로 지켜보면서도 속수무책으로 당하고 마는 것이다.

청룡파 꽃제비

청진역에서 배고파 보이는 한 아이에게 먹을 것을 건네주었다. 1994년쯤이었다. 나보다 몇 살 정도 더 많아 보이는 이 아이는 매우 지치고 힘들어 보였다. 당시 나는 큰 건을 치른 후라 배도 불렀고 여유가 좀 있는 상황이었다. 그 아이는 주로 열차를 타고 다니면서 공격수를 하는 친구였는데, 열차가 오랫동안 연착되는 바람에 청진역에 나왔다가 나를 만난 것이다.

"너 잘 데 있니?"

그의 입에서 생각지 못한 질문이 나왔다.

"뭐, 잠잘 곳이야 여기저기 있기는 한데……."

내가 말끝을 흐리자 그가 말했다.

"잘 데 없으면 나랑 같이 갈래? 너 청룡파라고 아니?"

"청룡파?"

청룡파라면 혹시 청진의 모든 꽃제비들이 다 동경한다는 그 꽃제비 조직을 말하는 것인가. 몇 마디 얘기를 나눠보니 청진 이외의 지역에서 주로 활동하는 아이였는데, 청진역 주변에 대해 너무 많은 것을 알고 있는 것이 이상하다고 생각하고 있는 참이었다. 알고 보니 그 친구는 함경북도 청진에서 알 만한 사람은 다 안다는 청진역 주변의 '청룡파'라는 꽃제비 조직과 연관된 아이였다.

청룡파는 청진역 근처에서 매우 유명한 꽃제비 조직이었다. 이 조직원들이 장마당에 한번 뜨면 상인들의 혼을 쏙 빼놓고 사라져 버리는 바람에 장마당 상인들도 이들을 매우 두려워했다. 그들이 장마당에 들어선 순간 모든 행위는 순식간에 일어나고 그들이 휩쓸고 지나간 자리는 말 그대로 쑥대밭이 되어 버리고는 한다는 것이다. 반면에 그들이 사라질 때는 어떤 흔적도 남기지 않는다고 했다.

그 조직을 이끄는 '청룡'이라는 사람의 이름이 본명인지는 모르겠지만, 그 지역 꽃제비들은 누구나 청룡파에 들어가고 싶어 했다. 그의 부모님은 재일 교포라고 했다. 보통 우리들 사이에서는 재일 교포를 째포라고 불렀다. 그의 부모가 정치적인 발언을 잘못하는 바람에 감옥에 들어갔고 청룡은 할머니와 산다고 알려져 있었다.

들리는 바에 의하면 청룡의 나이는 스물여섯이나 일곱쯤 된다고 했다. 청룡은 정말 무서운 사람이라고 알려져 있었고 싸움을 매우 잘해 안전원들도 그를 함부로 건드리지 못한다고 했다. 그는 펄펄 난다는 기술 좋은 꽃제비 십여 명 정도를 거느리고 있었다. 내가 청진역에서 만난 아이는 청룡파의 정식 조직원은 아니었지만 청룡과 아는 사이여서 그 집에 가끔 들러 쉬다가 오는 경우가 있다고 했다.

청진역에서 조금 올라가다 보면 건너편에 마을이 산 쪽으로 죽 붙어 있는 것이 보이는데, 그 친구가 나를 안내한 곳이 바로 그곳이었다. 그쪽에 작은 장마당이 하나 있었는데 그 주변에 청룡의 숙소가 있었던 것으로 기억한다. 옛날 집이었는데 일반 단독주택이었고 백 평 정도는 족히 넘을 정도의 매우 큰 집이었다.

그 집에서는 매우 크고 무시무시하게 생긴 셰퍼드를 기르면서 외부인의 출입을 철저히 통제하고 있었다. 한마디로 외부인은 그 집에 쉽게 접근할 수가 없었다. 청진에서 매우 유명한 문차기 하나가 그 집을 한번 털어보겠다고 도전했다가 그 집에서 기르던 개에 물려 매우 위험천만한 상황을 겪었다는 일화도 남겼다.

청룡은 까다로운 검증을 통해 눈 잘 돌아가고 손 잘 돌아가는 기술 좋은 아이들 몇 명을 골라 제 집에서 숙식을 해결해 주고 있었다. 그 집에는 두 명의 여성도 함께 살고 있었다. 한 명은 가사를 돌보는 여성이었고 다른 한 명은 청룡의 동거녀였는데, 둘 다 고등학교를 이제 막 졸업했을 법한 10대 후반쯤의 어린 여성들이었다. 그 당시는 모두가 힘들었을 때라 방랑생활을 하러 나오는 여성들도 더러 있던 시절이었다.

꽃제비들이 이 조직에 들어가고 싶어 안달하는 이유는 꽃제비생활을 마음 놓고 할 수 있었기 때문이다. 이들 꽃제비들에게는 언제 어떻게 될지 모르는 자신들의 가혹한 운명을 지켜줄 든든한 버팀목이 필요했다. 혹시 잘못하다가 당국에 걸려

잡혀간다고 해도 청룡이 인맥을 동원하거나 직접 돈을 지불해서 이들을 꺼내 주었기 때문에 이들은 마음 놓고 꽃제비 활동을 할 수 있었다. 조직은 이들에게 소속감을 주어 더욱 조직에 충성하게 만든다.

청룡파의 조직원은 각자가 자신 있는 방식으로 무엇이든 훔쳐다가 일정한 양을 바치기만 하면 조직의 수장인 청룡의 보호를 받을 수 있었다. 돈을 전문으로 훔치는 아이들은 돈을 갖다 바치고 쌀을 훔칠 수 있는 아이들은 쌀을 가져다 바치기만 하면 되는 식이었다. 일정량의 계획만 수행하면 나머지는 각자가 그냥 알아서 가져도 되었다.

또한 안전원들도 이들 꽃제비 조직에게 보복당할 것이 두려워 함부로 이들을 건드리지 못했다. 소위 뒤통수를 당한다고 하는데, 예를 들어 이들 조직원들이 안전원이 다니는 길목을 지키고 있다가 느닷없이 그를 공격하면 꼼짝없이 당하고 말기 때문이다. 게다가 평소에 안전원들이 청룡파 조직에게서 심심치 않게 돈을 받고 있었기 때문에 굳이 그 조직을 건드릴 이유가 없었다. 긁어 부스럼을 만들 필요가 없었던 것이다.

나는 그곳에서 차려주는 밥을 먹고 옷도 빨아 입었으며 편안하게 잠을 자고 나왔다. 나 정도의 실력으로는 언감생심 꿈도 꿀 수 없는 조직이었다. 그 친구는 나를 받아주기를 바라는 눈치였지만 조직원의 숫자에 규정을 두고 있는 청룡파에 내가 들어갈 자리는 없었다. 여성들까지 다 합해도 고작 열 명 남짓하게 구성된 이 조직은 핵심 멤버의 숫자를 엄격하게 제한하고 있었다. 조직이 너무 커지면 제대로 검증이 안 됐거나 조직에 해를 입힐 수 있는 사람이 들어올 수도 있기 때문에 조직원을 뽑을 때에는 늘 철저한 검증을 거쳐 소수만 유지하고 있었다. 또한 혹시라도 붙잡혔을 때 지켜야 할 절대 원칙이 있어 의리도 매우 중시되었다. 어떤 경우에도 절대 조직에 대해 발설하면 안 되기 때문에 조직원은 꽃제비들 중에서도 엄격하게 선별해 받을 수밖에 없었다. 따라서 선망한다고 모두 들어갈 수 있는 곳이 아니었다. 게다가 기본적으로 똘똘하고 기술이 좋아야 했기 때문에 웬만한 꽃제비들 사이에서는 말 그대로 동경의 조직이었다.

그 친구를 따라간 청룡파 조직의 숙소는 내게 신세계였다. 물론, 그 조직은 이미 존재하고 있었지만 말로만 듣던 실체를 내 눈으로 확인한 순간 내게는 충격이 되었다. 단, 하룻밤을 묵었을 뿐이지만 내겐 결코 잊히지 않는 기억으로 남아 있다. 그 조직은 내게 작은 동경 하나를 심어 주었다. 나도 나중에 실력을 쌓아 반드시 그곳에 들어가겠다는 야무진 꿈을 갖기도 했다.

3. 다시 볼 수 없는 형, 그와 함께한 날들

1990년대 초반, 형과 나는 늘 꿈에 그리던 평양행을 시도하기로 했다. 문차기를 해서 크게 한 건 올린 뒤여서 우리는 기쁨에 들떠 있었고, 이번에야말로 평소에 그리도 꿈꾸던 평양에 들어갈 절호의 기회라고 생각했다.

형과 함께 차근차근 장거리 여행 준비를 했다. 형은 덮치개나 파장꾼, 문차기 등을 했기 때문에 늘 돈이 있었고 형을 따라다니면 나도 깨끗한 차림으로 다닐 수 있었다. 평양에 들어가기로 하면서는 특별히 옷차림에도 더욱 신경을 썼다. 양식도 오랫동안 먹을 수 있도록 준비했다. 우리가 공을 들여 준비했던 음식은 밥과 말린 개고기 반찬이었다. 물기를 살짝 빼고 건기시킨 개고기에 양념을 해서 반찬을 만들고, 밥과 찬은 각각 2킬로그램씩을 준비했다. 우리는 평양에 들어가는 것을 목표로 세웠다.

그런데 계획에 약간의 차질이 생겼다. 다음 날 열차가 들어온다는 소식을 듣고 형과 함께 역전에서 자고 일어나 아침에 눈을 떠보니 꽃제비 아이들이 우르르 흩어지는 것이었다. 단속원이 뜬 것이다. 그 와중에 애써 준비한 도시락도 통째로 잃어버렸고 신발도 사라져 버렸다. 우리가 자는 동안 다른 꽃제비 아이들이 도시락도 훔쳐가고 내 신발도 벗겨 간 것이다. 저녁 한 끼밖에 먹지 않은 도시락을 잃어버린 뒤라 형과 나는 몹시 마음이 쓰렸다. 다행인 것은 형이 몸에 돈을 보관하고 있어서 돈은 잃어버리지 않았다는 것이다.

형과 나는 역전에서 량표를 사기로 했다. 량표는 열차에서 곽밥이라는 도시락을 살 수 있는 표였는데 원하는 분량별로 나뉘어 있어 선택해 사는 것이 가능했다. 우리는 량표 20일분을 사서 예정대로 움직이기로 했다.

형과 함께 갔던 곳은 평양 입구에 있던 '간리'라는 곳이었다. 장거리 여행인 만큼 기차를 타고 가는 동안 단속원에 걸리지 않게 주의를 해야만 한다. 형과 내가 워낙 옷을 깨끗하게 입고 다녀 꽃제비라는 의심을 받지는 않았지만 아무래도 어린 아이들이다 보니 가끔 단속원이 위아래로 훑어보며 열차표를 내놓아 보라고 하는 경우가 있다. 물론 차표는 있지만 여행증이 없기 때문에 검열이 시작되면 무조건 도망부터 가고 볼 일이다. 그럴 때 가장 빠른 방법은 의자 밑에 들어가 숨는 것이고, 그보다 더 안전한 방법은 역전에 열차가 서 있을 때 잠깐 내렸다가 다시 타는 방법이다. 보통은 열차가 역에 들어오기 전에 열차표 검열을 하는데, 열차가 워낙 자주 지연되다 보니 검열을 하는 동안 열차가 멈춰 있을 때가 많았다.

우리는 그런 식으로 검열을 피해서 간리까지 들어갔다. 간리장마당에 들어섰을 때, 뭔가 그곳에는 내가 이제껏 청진에서 경험했던 것과는 사뭇 다른 느낌의 세상이 들어 있었다. 왁자지껄하고 활기가 있는 청진의 장마당들과는 매우 다른 분위기였다. 너무 조용하고 생기도 없으며 답답하게 막혀 있어 가슴을 옥죄는 느낌이 들 정도였다. 청진의 활기찬 장마당 분위기에만 익숙해 있던 내게 그런 느낌은 매우 낯설었다. 그 지역 색깔을 인정하고 받아들이기에 너무 어린 나이였었나 보다. 장마당자체가 좁고 상인들이 많지 않아 그곳에서 덮치개나 파장 행위를 하기는 불가능했다.

형과 나는 간리에 머무는 동안 줄타기를 했다. 일반 가정집 담을 넘고 들어가 그 집 빨래를 걷어 팔아서 생활을 했다.

그 후 형과 나는 길주로 나올 수밖에 없었다. 우리는 길주 역전장마당을 돌면서 덮치개를 하기로 결정했다. 그때그때 주린 배를 채우기에는 그만한 방법도 없었다. 길주 역전장마당에 우리 같은 덮치개는 많지 않았지만 조용하게 일을 보는 소매치기들이 돌고 있었다. 한번은 소매치기 친구들이 형과 나를 찾아왔다. 그들은 우리에게 덮치는 행위를 하지 말라며 경고를 날렸다. 형과 나 때문에 상인들의 경계가 심해져 자기네가 활동하기가 힘들다는 것이었다. 그 소매치기 아이들이 윽박지르듯이 말하는 바람에 형과 나는 그 아이들과 여러 차례 싸움이 붙을 뻔했다. 꽃제비들이 무리를 형성해 갈 무렵이었기 때문에, 형과 내가 아무리 주먹 좀 쓴다고 해도 함부로 그들과 싸움을 벌이는 것은 위험한 일이었다. 우리는 아이들이 모이기 전에 도망을 쳐야 했다.

평양에 들어가자는 꿈을 안고 평양 입구인 간리까지 왔지만, 그곳에서 꽃제비 활동을 할 수 없어 길주까지 나온 우리는 여비도 떨어지고 꽃제비를 칠 수 있는 공간도 없어 고민에 빠졌다. 게다가 평양 가는 열차는 워낙 통제가 심하고 검열도 엄격히 해서 형과 나는 어떻게 해야 할지 쉽사리 마음을 정하지 못했다. 그래도 어떻게든 결정은 내려야만 했다. 평양에 들어가려던 꿈을 우리는 결국 접어야 했다.

형과 나는 길주에서 마지막으로 딱 한 번만 덮치개를 하고 청진으로 들어가기로 결심을 했다. 그런데 그날 하필 안전원이 뜬 것이다. 형과 나는 정신없이 달렸다. 나보다 앞서 가던 형은 열차에 올랐고 뒤따르던 나는 열차에 오르지 못했다. 형과 떨어져 한동안 홀로 길주에 머물면서 나는 혼자 살아가는 법을 스스로 배워갔다.

형과 나는 이미 어린 시절부터 장사꾼이었다. 팔 수 있는 물건이 생기면 장마당에 가서 상인들과 흥정을 했다. 집에서 훔쳐 온 물건이나 아버지가 외화벌이 사업소에서 가져오신 귀한 물건을 내다가 되거리를 했다.

아버지가 다니던 직장은 531군부대 외화벌이 사업소였다. 사회주의가 붕괴되면서 북한은 교역이 끊겼고 외국에서 필요한 물건들을 사오기 위해서는 달러 같이 국제적으로 가치가 있는 외화가 필요했다. 이 외화를 구하기 위해 전국적으로 외화벌이 사업을 추진하였다. 그중에 아버지가 계셨던 곳은 군부대의 부식물이나 외화에 관련된 교역을 하는 곳이었다. 외화벌이 사업소에서는 일반인이 접근할 수 없는 각종 신기한 물건들을 취급한다.

형은 되거리 장사에 능했다. 어린 나이였지만 나이가 많은 상인들과 능숙하게 흥정을 벌이고는 했는데, 형의 판단은 대개는 정확했다. 옆에서 흥정을 벌이는 것을 보며 애를 태우는 나와 달리 형은 늘 침착하고 여유가 있어 보였다.

1994년 7월 8일, 그날은 형과 내가 횡재를 한 날이었다.

아버지가 외화벌이 사업소에서 명태를 엄청나게 많이 가져오신 적이 있었다. 형과 나는 그중에 명태 두 두름을 훔쳤다. 그게 40마리였다. 한동안 착실하게 집에 붙어 있으면서 옥수수밥만 먹고 있자니 형과 나는 속이 너무 답답해서 견딜 수가 없었다. 명태를 창고에 잘 숨겨 놓았다가 아침에 학교 갈 때 가방 안에 책 대신에 명태를 챙겨 나왔다. 당시에는 시장이 매우 활성화되어 있어서 장사꾼들이 제법 있던 시절이었다.

우리가 그 명태를 들고 간 곳은 수남장마당이었다. 수남장마당에서 장사꾼들과 흥정을 하는데, 그들이 5원 이상은 주지 않겠다는 것이었다. 당시 그만한 크기의 명태는 10원 정도에

거래되고 있었다. 이런 일에 능숙한 형은 9원이 아니면 안 판다
며 고개를 힘차게 가로저었다. 나는 장사꾼과 형 사이에서 아
무 말도 못하고 서 있었다. 시간은 흘러 벌써 정오였다. 배가 너
무 고팠던 나는 싸게라도 빨리 팔아 버리고 주린 배를 채우고
싶었지만, 형은 태연하게 장사꾼과 팽팽한 신경전을 벌이며 꿈
쩍도 하지 않았다. 값을 정하지 못하고 계속 실랑이를 벌이고
있을 때 갑자기 관리원이 나타났다. 이어 장마당 어딘가에서 누
군가의 목소리가 커다랗게 울려왔다.

"위대한 장군님이 서거하셨습니다."

여성 관리원이 당장 집에 들어가 텔레비전을 켜 보라고 했
다. 관리원이 상인들을 쫓아내면서 오늘은 장사를 할 수 없고
바로 장마당을 폐쇄한다는 것이다. 여름이었고 명태가 생물이
라 빨리 팔지 않으면 안 되는 상황이어서 우리는 어찌해야 할
바를 몰랐다. 5원에라도 팔 걸 그랬나, 우리가 너무 실망해서
투덜거리며 걸어 나오는데 조금 전에 우리와 협상에서 실패한
그 아짐이 뛰어왔다. 명태를 9원에 사겠다는 것이다. 형과 나는
뛸 듯이 기뻤지만 표정을 감추고 명태를 9원에 넘겼다. 사람들
은 울고불고 야단이었지만 그들의 슬픔을 이해하지 못한 형과
나는 큰돈을 손에 쥘 수 있어 더없이 신나기만 했다.

역시 장군님은 위대했다. 장군님이 돌아가신 덕에 5원밖에
받을 수 없었던 명태를 9원에 넘겼으니 말이다. 형과 나는 위대
한 장군님께 감사의 기도를 올렸다. 우리는 그 큰돈을 집에 숨
겨놓고 온갖 먹을 것을 사 먹으러 매일 돌아다녔다.

그 당시에는 우리 집도 아버지가 가져오신 명태가 많아서 생활은 그리 어렵지 않았다. 어머니가 장마당에 나가서 명태를 팔아 쌀로 바꿔오기도 했기 때문에 전반적으로 먹을 것을 걱정하지는 않아도 되는 시기였다.

　　장군님의 은혜는 이것 하나로 끝나지 않았다. 그의 사망은 형과 나를 하루가 아닌 보름에 걸쳐 기쁨의 나날로 이끌었다. 봉사사업소에서 나온 사람들이 청년공원에 있는 김일성 동상 앞에 조의를 표하기 위해 나온 수많은 사람들에게 찹쌀떡과 단물을 나눠주고 있었다. 학생들도 밤낮으로 그 동상 앞에 가서 김일성의 죽음을 슬퍼했다. 따로 명단을 적으면서 먹을 것을 주는 것이 아니어서 한 번 받아먹은 사람이 다시 줄을 서도 봉사사업소 사람들은 알아채지 못했다. 특히 어두운 밤에 가면 누구의 눈치도 볼 필요 없이 얼마든지 찹쌀떡과 단물을 받아먹을 수 있었다. 나는 김일성 동상 앞에서 열심히 울면서 억지로 쥐어짜낸 눈물이 채 마르기 전에 얼른 뛰어가서 줄을 선 다음 돌고 또 돌면서 떡과 단물을 먹고 또 먹었다. 그런데 사람들이 우는 모습을 계속 보다 보니 어느 순간부터는 억지로 눈물을 쥐어짜지 않아도 눈물이 절로 나왔다. 분위기가 그랬던 탓인지 나 역시 정말로 슬퍼지는 것도 같았다. 누군가의 죽음이 슬퍼 눈물이 나오는 것이 아니라, 슬퍼하는 사람들의 모습이 슬퍼 눈물이 흘렀다.

　　때론 내가 형에게는 짐이었을 것이다. 내게 형은 몸으로 마음으로 이 세상 그 어디에도 없이 의지가 되는 그런 사람이었다. 같이 다니다가도 단속원에 누군가 잡힐 때면 종종 헤어지기도 했지만, 형과는 약속하지 않아도 어디에선가 반드시 만나게 될 거라는 믿음 같은 것이 있었다. 형 없이 혼자서 다니던 때도 적지 않았기에 갑작스레 형과 헤어지는 일이 있어도 나는 울지 않았다. 씩씩하게 혼자 다니면서 다른 꽃제비 아이들과 어울려 다닐 수 있었던 것도 형과 함께 다니던 시절의 힘 때문이었을 것이다.

형과는 많은 것들을 함께하며 같이 다녔다. 집을 떠나 형과 같이 방랑생활을 하면서 함께 먹고 자던 시절이 내게는 그 누구와 같이 다니던 시절보다 행복한 때였다. 형과 같이 다니면 늘 든든했고 진한 형제애를 느낄 때가 많았다.

당시에는 잘 몰랐지만 형이 나를 얼마나 걱정하고 생각해 주었는지 지나온 시간을 돌아보며 알 수 있었다. 어머니가 생모가 아니라는 것을 알면서도 내가 좀 더 자랄 때까지 조용히 기다려 주었던 형. 그 괴로움을 나눌 사람이 없어 자꾸만 집을 뛰쳐나갔던 형의 마음이 어떠했을까를 생각하면 지금도 마음이 아려오는 듯하다. 내가 받을 충격 때문에 아버지가 돌아가신 사실도 바로 알리지 않았던 형이었다.

우리가 아버지를 만나고 왔던 1996년 그해 가을, 아버지가 굶주리다 거리에서 돌아가신 것을 알고도 형은 내게 그 사실을 알리지 않았다. 아버지의 흔적이라도 찾아보겠다고, 달구지에 시체를 실어갔다는 청암구역병원을 홀로 울며 쫓아가면서도 형은 내게 그 아픔을 주지 않으려 모든 것을 혼자 감내하였다. 그리고 그 무겁고 서러운 마음을 가슴에 혼자 끌어안고서, 내가 아버지의 죽음을 이해하고 받아들일 수 있는 나이가 될 때까지 기다려 주었다.

내가 형이었다면 과연 형처럼 그렇게 할 수 있었을까…….

형과 나는 소년 시절을 건너오는 동안 숱한 이별과 만남을 반복했다. 서로 의지하며 함께 바깥을 떠돌다가도 뜻하지 않은 곳에서 단속원에 걸려 둘 중 한 명이 잡히면 헤어지게 되었고, 집에서 학교에 다니다가도 둘 중 한 명이 먼저 뛰쳐나가면 그대로 이별이 되었다. 그렇게 우리는 만남과 헤어짐을 반복하면서 십대 시절을 건너왔다.

사실, 형은 혼자 다닐 때 더 잘 먹고 더 잘 입고 다녔다. 둘이 함께 다니면 형은 늘 나를 챙겨야 했고 빨리 달리지 못해 단속원에게 붙잡혀 들어가는 내 모습을 지켜봐야 했으니, 형의 입장에서는 내가 오죽이나 답답한 존재였을까. 내가 좀 자란 뒤에, 형에게 내가 짐이 된다는 것을 눈치챈 이후에는 나도 무리해서 형을 따라나서지는 않았던 것 같다.

형이 문차기를 하러 농촌 지역으로 들어가기 전까지 우리는 우연히 만날 때가 있었다. 우리가 알지 못하는 어떤 힘에 이끌려 형과 내가 서로 '만나지는 것'이라고 믿었다. 한번은 청진역에서 우연히 만나 외화벌이를 하는 집에서 함께 문차기를 한 적도 있었다. 같이 먹고 같은 곳에서 잠을 자면서 생활하다가도 다시 누군가 붙잡혀 집으로 강제 복귀되면 또다시 헤어져 지내다가 언젠가 만나게 될 후일을 기약했다. 우리는 지역을 돌 때는 크게 원을 그리며 서로 반대 방향으로 돌면서 머지않아 만나게 될 것이란 믿음을 놓지 않았다. 내가 시계방향으로 돌면 형은 반시계 방향으로 돌면서 마주치게 될 언젠가를 생각하며 힘을 얻었다.

내가 고등중학교에 올라갈 무렵이었으니 열한 살 정도 되던 시기였던 것 같다. 안전원에 쫓기다가 형과 헤어진 이후, 나는 형을 어디에서 만날 수 있을까를 두고 고민한 적이 있었다. 한두 번쯤은 만나게 되지 않을까 싶어 청진역이나 그 주변 장마당을 돌아다녀 봐도 형을 만날 수가 없어 애를 태우기도 했다. 대체, 어디로 가야 형을 만날 수 있단 말인가.

나중에 알고 보니 형과 나는 서로 전혀 다른 지역을 돌고 있었다. 내가 주로 청진에서 활동한 반면 형은 주로 무산 쪽을 돌아다니고 있었다. 형과 함께 다니지 못했던 이유는 형이 문차기 이외의 훔치는 활동을 힘들어했기 때문이다. 게다가 문차기에게 당하는 집들이 늘어나면서 단속을 신경 써서 하는 집들도 많아졌다. 자물쇠를 두세 개씩 걸어 놓는 집들은 자물쇠를 여는 데 시간이 오래 걸려 집 안으로 들어가기가 쉽지 않았다. 그래서 형은 상대적으로 문단속이 허술한 농촌으로 움직일 수밖에 없었는데, 그 지역이 무산이었다. 무산군 같은 농촌에 가면 집단속이 대체로 허술해서 형 같은 문차기가 활동하기가 수월했다. 그래서 형은 다른 곳으로 나오는 것을 꺼려하고 있었다.

일단, 남의 집 안으로 침입을 해야 한다는 자체가 부담스러운 일이라 일반 꽃제비들은 문차기에 쉽게 도전하지 못했지만, 오히려 형은 반대였다. 다른 꽃제비들에게는 힘든 문차기가 형에게는 가장 수월한 행위였고 형은 문차기를 할 수 있는 지역을 벗어나지 못했던 것이다. 반면에, 공격수 활동을 하던 나는 청진을 주로 돌고 있어서 형과 만날 기회 자체가 없었던 것이다.

우리는 잘 잡히는 편은 아니었지만, 어린아이들은 늘 단속원이 주시하는 대상이기 때문에 역이나 장마당에서 종종 이들에게 붙들려 집으로 돌아와 다시 얼마간은 학교에 다니기도 했다. 안전원이 쫓아와도 힘이 좋고 빠르며 날랜 형은 번개 같은 속도로 달아나 쉽게 잡히지 않았다. 형의 뒤에서 힘겹게 형을 쫓아가던 나만 덜미를 잡혀 분주소에 갇혀 있다가 데리러 오신 아버지에 이끌려 집으로 복귀되고는 했다.

어쩌다가 집에 들어와 학교에 다니게 되어도 몸만 학교에 있을 뿐, 마음은 늘 거리를 떠돌고 있었다. 친구를 만들 새도 없이 집을 뛰쳐나와 생활했으니, 간혹 학교에 간다고 해도 모르는 아이들 틈에 섞여 있다는 그 낯선 느낌과 방랑생이 겪어야 하는 온갖 치욕과 괴로움 때문에 형과 나는 더욱 학교에 정을 붙이지 못했다.

2005년에 중국에 갔다가 아는 사람을 통해 형의 소식을 들었다. 살아있다 보면 언젠가 만날 수 있을 것이란 기대를 버리지 않으며 살아왔지만, 형이 잡혀 들어갔다는 소식을 들었을 때는 하늘이 무너지는 듯한 심정이 되고 말았다. 그것도 이미 오래전, 2001년에 내가 연길로 들어가기 하루 전날 형이 도문시의 한 교회에서 다른 사람들과 함께 예배를 보다가 공안에 붙잡혔다는 것이다. 형은 이미 중국에서 오랫동안 지내고 있었던 데다 기독교를 믿은 죄가 너무 커서 대체 어느 정도의 형기를 받았는지 알 수도 없는 노릇이다.

형이 교화소에 들어갔다는 소식을 들은 뒤로 이제껏 형의 생사를 확인하지 못하고 있다. 세상에 없을 가능성이 크지만 형의 죽음을 직접 들은 것이 아니니, 언젠가 만나게 될지도 모른다는 믿음을 나는 앞으로 살아가는 동안에도 저버리지 않으려 한다.

4장 인간은 없다

사람은
자신이 더 이상 피할 수 없는 궁지에 몰렸을 때
일생에서
가장 큰 힘을 낸다

1. 비법월경죄

1999년 3월 24일 나는 비법월경非法越境, 탈북을 뜻함 혐의로 함경북
도 온성의 어느 안전부에 구류되었다. 재판을 받을 때까지 8개
월을 그곳에서 지냈다. 비법월경 1년에 화폐 매매 1년, 밀수 1년
의 죄목으로 재판에서 3년형을 언도받았다. 그리고 대사령으로
풀려날 때까지 1999년 11월 12일부터 2000년 7월 6일까지 함경
북도 회령 전거리 제12교화소에서 다시 8개월을 살았다.

　처음 구류되어 들어왔을 때가 밤 9시경이었다. 계호원이 내
게 밥을 갖다 주었는데 목구멍으로 넘기기 힘든 깔깔한 강낭
이겨밥이었다. 금방 밥을 먹고 난 시각이었는데도 죄수들은 밥
을 먹지 않으려면 각기 제게 넘기라며 내게 달라붙었다. 모두
들 감방 바닥도 기어 다녀야 할 정도로 뼈만 앙상하게 남아 있
었다. 그들을 보면서 차마 밥을 먹을 수가 없었다. 제일 허약해

보이는 사람에게 내 밥을 주었다.

그들의 70~80%가 비법월경죄로 들어왔고 나머지 20~30%는 경제범이나 살인범이었다. 감방은 모두 열 개이고 매 감방에는 보통 10~20명 정도의 사람이 수용되었다.

4월 8일 오후 계호원이 내 이름을 불렀다. 내가 아직 17세밖에 되지 않았으므로 감옥에서 나갈 가능성이 많다는 말을 들었기 때문에 행여나 하는 기대감으로 나는 일어섰다. 그런데 기대와는 달리 가위를 주며 머리를 깎으라는 것이었다. 머리를 깎는다는 것에는 사실 의미가 담겨 있었다. 감옥 안에는 이와 서캐, 벼룩 등이 바글거렸는데 때로는 계호원들의 교정보다 이것들이 주는 고통이 더욱 컸다.

감옥 안에서는 기본적으로 움직임이 허용되지 않았다. 똑바로 앉아 양손을 무릎 밑에 넣고 가만히 있어야 한다. 몸에 마음대로 기어 다니는 벼룩이나 이를 잡는다고 몸을 움직이면 계호원들에게 온 하루 벌을 서고 매까지 맞아야 한다. 겉으로 피가 보이는 것만이 잔인한 고문이 아니란 것을 나는 그곳에 가서야 알았다. 가만히 앉아 움직이지 못한 채로 이런 해충에 시달려야 하는 괴로움이란 겪어보지 않고서는 입에 올릴 수조차 없는 것이다. 이 때문에 사람들은 점점 쇠약해졌고 그 육체적, 심리적 고통 때문에 죽으려는 사람들도 적지 않았다.

그러다 보니 이런 해충들을 떨어내기 위해 누구나 머리를 깎고 싶어 한다. 하지만 머리를 깎인 사람은 '나는 이제는 죄수이며 인권을 박탈당한 사람'이라는 증표이기도 했다. 마음은 침침하고 괴로웠다. 이제는 과연 이런 길을 모면할 수 없단 말인가. 이대로 재판을 받고 저주스러운 산지옥이라 하는 교화소로 가야만 하는 것인가. 머리를 깎은 사람들은 죄가 있으므로 재판을 받아야 하는 사람들이고 이들을 가리켜 교화소로 가는 '탁구알'이라고 했다.

감옥 안의 규정은 매우 엄격했고 무엇 하나 자유롭게 할 수 있는 것이 없었다. 아침 6시에 기상해서 7시에 식사를 마치고 나면 그날의 교정이 시작된다. 특히, 벼룩과 이의 교정은 육신에 심한 고통을 주었다. 저녁 7시경 식사를 마치고 나면 9시 반쯤 취침을 한다. 머리가 절대로 요 안에 들어가서는 안 되고 감방이 제대로 정리되지 않으면 잠을 잘 수 없었다. 그럴 때마다 따뜻한 온돌방과 편안하게 누워 자던 집 생각이 났다. 밤이면 어둠 속에서 혼자 몰래 울기도 했다. 그토록 간절히 부모님 생각이 난 적도 없었다. 괴롭고 힘들 때마다 다가오는 슬픔은 부모님을 생각하면 더욱 커지기만 했다. 때로는 벽 모서리든 쇠살창이든 머리를 들이받고 죽고 싶을 만큼, 그 고통의 끝은 보이지 않는 것만 같았다.

뭔가를 잘못하거나 계호원의 마음에 들지 않으면 바로 처벌을 받는다. 물론 처벌의 중심은 육체적인 고통이다. 계호원들은 소리를 죽이고 감방 벽에 붙어서 누가 눈에 거슬리는 짓을 하는지만 살피다가, 자신의 눈에 띄면 곧바로 일으켜 세워 교정을 준다. 손을 쇠살창으로 내밀게 하고 권총 소재대나 5승5각자라고 불리는 각목을 가져다가 사정없이 내려친다. 그러면

손은 퍼렇게 붓고 피가 흘러나왔다. 이렇듯 계호원들과 수감자들의 사이에는 늘 팽팽한 긴장감이 흐르고는 했다.

우리 감방에 있던 무산 사람은 계호원들에게 항상 구살을 받으며 살았다. 계호원들은 그를 매일 자그마한 흠을 잡아 때리거나 벌을 세웠다. 원래 도도하고 굽힐 줄 모르는 성격이었던 그는 항상 계호원들과 맞서 싸웠다. 계호원이 밥도 주지 않고 괴롭힐수록 그는 더 이악하게 달라붙었다. 그는 쇠살창에 골을 들이받고 피범벅이 되어 쓰러지기까지 하였다.

나도 금지된 행위를 하다가 계호원에게 발각된 적이 몇 번 있다. 한 번은 라이터 철조각으로 칼을 만들다가 제일 악하게 구는 계호원에게 발각되었다. 그는 내 왼팔을 잡아 쇠살창 밖으로 끌어내더니 내가 만든 칼로 나의 왼쪽 팔을 죽 그어 버렸다. 연약한 팔목에서는 붉은 피가 샘솟았다. 또 한 번은 동바늘을 만들었는데 열두 번째 바늘을 만들고 있을 때 계호원에게 들키고 말았다. 계호원은 나의 손등을 바늘로 마구 찔러놓았다. 바늘이 손등을 뚫고 손바닥까지 삐져나왔다. 그는 성이 가라앉을 때까지 내 손을 한참 동안 찍고 나더니 다른 감방으로 가 버렸다. 마구 항의하고 싶은 생각도 들었지만 꾹 참았다. 원 없이 바늘로 찍힌 손을 내려다보노라면 내가 왜 이렇게 시퍼렇게 멍이 들도록 찔려야 하는지, 내가 왜 이런 저주를 받아야 하는지 너무나 억울한 생각이 들었다.

그녀를 처음 만난 것은 1998년 9월경이었다. 내가 지키던 옥수수밭에서 그녀가 옥수수를 훔쳤다. 여자는 눈물을 흘리며 자신의 아이들이 며칠째 굶고 있다고 했다. 그녀 역시 이틀을 굶은 상태였다. 나는 여자를 그냥 보내 주었다. 그런데 그녀가 다시 나를 찾아왔다. 여자는 국경수비대였던 남편이 죽은 뒤 홀로 아이 둘을 데리고 살아가고 있다며 울먹였다. 여자는 내게 잘 곳이 없으면 자기네 집에서 같이 지내자고 했다. 허기에 지친 그녀와 아이들이 무척 안쓰러웠다. 여자는 자신의 집에서 지내는 조건으로 두 가지를 요구했다. 하나는 식량을 구해 달라는 것과 다른 하나는 나무를 해 달라는 것이었다. 삼십 대 중반이던 그녀를 나는 누나라고 불렀다.

나는 당장 그날 저녁부터 농장 강낭이밭에서 도적질을 시작했다. 오랜 굶주림에 바싹 여윈 일곱 살짜리 여자아이와 다섯 살짜리 남자아이는 음식을 먹으면서부터 차츰 얼굴이 피어나기 시작했다. 내게 있어 농장 밭 도적질이란 생명 유지의 마지막 수단이었다. 사람들은 굶어 죽는 사람들을 이전처럼 불쌍히 여기지 않았다. 지금은 오히려 머저리라고 하는 판이지 아무도 동정하지 않았다. 식량 도적질을 해도 사람들은 도적이라고 생각지 않았고 내게도 선택의 여지란 존재하지 않았다. 인간의 원초적 본능이랄 수 있는 굶주림 앞에서 도덕이나 윤리, 심지어 범죄행위조차 아무런 의미를 갖지 못한다는 것을 나도 그즈음에 알아버렸다.

어느덧 가을이 지나고 초겨울이 다가오고 있었다. 날씨는 점점 추워지고 나뭇잎은 다 떨어져 앙상한 대만 남겨 놓았다.

매일 농장에서 어렵게 훔쳐 쌓아 놓은 수백 킬로그램의 강낭
이를 그녀의 빚을 갚는 데 썼다. 힘들게 구한 식량이 그렇게 사
라지는 것이 마음 아팠지만 그녀를 진정으로 돕고 싶었기에 스
스로 마음을 다스리려 애썼다. 여자가 새로운 남편을 만날 때
까지 그녀와 아이들을 굶기고 싶지 않았다. 빚에 시달리게 하고
싶지도 않았다. 아무런 대가도 바라지 않았던 내 순정이 무참
히 짓밟힌 것은, 그리 오래 지나지 않아서였다.

초겨울 어느 날 나는 그녀를 따라 중국으로 넘어갔다. 그곳
에 가면 조선족들이 헌 물건들을 주기도 하고 여기저기 버려진
옷이나 신발 등이 많아서 그런 물건들을 챙겨와 팔면 돈이나
식량을 구할 수 있었다. 그 후 그녀는 삼십 대 초반의 국경수비
대 군관을 사귀었다. 그러던 어느 날 그 군관이 내게 하루벌이
라도 하자며 얼마라도 벌기 전에는 집에 들어오지 말자고 했다.
나가라는 뜻이었다. 굶주림에 시달리는 여자와 아이들을 위해
최선을 다해 식량을 구해주고 나무를 해준 나였는데, 이제 와
서 나가 달라니.

여자의 집을 나서던 날 첫눈이 펑펑 내렸다. 방향도 없이 걸
었다. 나는 가진 것이 아무것도 없었다. 다만, 내게도 유일하게
남은 게 하나 있긴 했다. 그것은 희망이었다.

나는 그 후부터 비법월경을 하며 제법 만족스럽게 살았다.
굶어죽기는커녕 놀랍게 발전하는 내 모습에 그들이 다시 인기를
던지기 시작했다. 하지만 나는 더는 그들을 대상하지 않았다.

1998년 11월의 어느 날이었다. 아침부터 느껴지던 불길한 예감이 오후까지 이어지던 그날, 요동치는 내 심장소리를 타고 보위부 소장과 지도원 130호 요원들이 들이닥쳤다. 중국을 넘나들었던 행위가 혹 적발될까 늘 두려운 마음이 있었지만, 그날은 유독 마음이 안정되지 않고 불안감이 심하게 갈마들던 날이었다.

나는 족쇄에 묶여 거리 중심에 위치하고 있는 보위부에 갇힌 후 무지막지한 폭력에 시달려야 했다. 채찍과 부삽으로 신체 부위를 가리지 않고 마구 때리는 그들 모습이 꼭 미친 사람들 같았다. 함께 온 두 명의 중국인이 누구인지 내게 자백하라는 것이었다. 그들은 정말 순수하게 북한을 구경하고 싶어왔다가 이미 중국으로 넘어간 사람들이라 나는 말할 것이 없었다. 얼굴이 온통 피범벅이 되었고 허리와 종아리, 등 할 것 없이 몸 전체가 퍼렇게 멍이 졌고 밤이면 눕기조차 힘들었다. 극심한 통증으로 몸을 바닥에 댈 수가 없었다. 나무 각자까지 들고 어깨며 허리며 등이며 가리지 않고 사정없이 내려쳐 몹시 참아내기가 힘들었다. 가혹하게 맞아 흉측하게 변해버린 내 몸을 저녁에 바라보고 있자니 눈물이 저절로 흘러나왔다.

그런데 보위부에서 이 사실을 어떻게 알아냈을까?

12월 중순 나는 종성 분주소로 이관되었다. 종성구 분주소(종성구를 관할하는 파출소와 비슷하다) 안전과에서 비법월경에 대한 재조사를 받았다. 보위부에 비하면 때리는 정도의 수위는 낮은 편이었다. 보위부에서 이미 한 달가량을 그렇게 조사

받았고 그 과정에서 영양부족으로 많이 약해져 있던 나는 점점 감옥귀신이 되어가고 있었다. 담당과장이 나를 전담했는데 낮에는 과장 방에서 계속해서 조서를 쓰고 저녁에는 감방에서 잠을 잤다. 무지막지하게 비둘기고문이나, 무릎을 끌리고 허벅지와 장단지 사이에 각목을 끼워내리 밟거나, 각목으로 내려칠 때 그들은 미친 사람 같았다. 밥이라고는 하루에 옥수수 빵 1개를 주었는데 가끔은 옥수수 국수를 이틀에 한 번꼴로 주었다.

조사가 어느 정도 마무리 되자 담당과장은 나에게 분주소 일을 열심히 하면 보내 줄 거라고 했다. 그러면서 분주소 복도 청소부터 시작하여 겨울 난로 불을 피우는데 필요한 나무를 패거나, 물을 긷거나 등 여러 가지 잡일을 시켰다. 거기에는 나 말고 다른 형이 함께 지냈다. 다른 죄수들은 조사과정을 거치고 어디론가 가는데 그 형과 나만이 분주소 잡일을 계속해서 했다. 그렇게 나는 3개월의 시간을 종성구 분주소 감옥에서 보냈다.

그러던 1999년 3월 24일 오후 뜻밖에도 마당에 뜨락또르(트랙터)가 한 대 들어왔다. 분주소 안전원이 나와 형에게 수갑을 채우더니 짐칸에 올라타라는 것이었다. 영문도 모른채 올라타자 안전원 한 명과 계호원 한 명이 함께 올라탔다. 그렇게 우리는 온성군 안전부로 향하고 있었다. 그 위에서 그 형은 나에게 "너는 아닐 거라고 생각했다"고 얘기했다. 즉 나는 나이가 어리고 그러니 군똥굴(군안전부 감옥을 일컫는 말)에는 보내지 않을 거라고 생각했는데 나도 가니 어이가 없다는 눈치였다.

사실 나이가 미성년자에 분주소에 이관되었기 때문에 형을
받기 위해 가는 군안전부감옥에는 해당되지 않아야 하겠지만,
분주소 소장이 범죄적발실적을 채우기 위해 나를 감옥에 잡아
두었다가 해를 넘겨 형을 받을 수 있는 나이가 되자 온성군 안
전부 감옥에 보내는 것이었다. 특히 나와 연관되어 있던 수옥(
당시 수옥은 종성분주소의 추적을 피하기 위해 다른 지역으로
주소지를 옮겼기 때문에 종성에서는 조사권한이 없었다.)을 잡
아들이기 위해 온성군 전체를 담당하는 상부기관에 나를 이
관시킨 것도 재판을 받게 되는 이유이기도 했다. 당시 나를 이
송하던 과장은 군안전부 예심과장을 만나 중국담배 1보루를
뇌물로 주면서 어려서 부담되는 나를 군안전부 구류장에 넣을
수 있었다.

2. 죄수도 인간이다

우리 감방은 10호 감방이었다. 우리 감방엔 12명의 수감자가 있었다. 그중 나와 친하게 지내다 목숨을 잃은 몇몇 사람들에 대한 기억이 지금도 생생하게 살아날 때가 있다.

먹을 것을 찾아 헤매다 소를 잡아먹은 죄로 들어온 철남이 형은 몹시 끔찍한 방법으로 스스로 목숨을 끊었다. 물론, 그도 처음부터 죽음을 계획하고 있었던 것은 아니었던 것 같다. 병보가 떨어지기를 은근히 기대하고 있었으니 말이다. 그리운 어머니와 동생을 그렇게라도 보고 오고 싶다고 했다. 병보는 병든 몸을 사회에서 치료하고 다시 돌아와 남은 형을 마저 사는 제도였다. 그가 삶의 의지를 언제 꺾었는지는 알 수 없지만 그는 14대의 못을 삼킨 후 채 한 달을 채우지 못하고 숨겼다. 어느 날 새벽 기상 소리에 일어난 나는 목석처럼 하얗게 굳어있는 그를 보면서 '나도 곧 저렇게 되겠구나'하는 생각에 마음이 진정되질 않았다. 병든 어머니와 허약한 동생을 향한 미련을 품고 그는 싸늘한 주검이 되어 감방을 나갔다.

우리 감방에 장학범이라고 하는 조국반역범이 있었다. 그는 중국을 다니며 밀수도 하고 인신매매도 하고 남한 사람에게 국가 비밀을 알려 준 죄로 들어온, 적어도 겉보기에는 온성군 안전부에서 가장 큰 범죄를 저지른 죄수였다. 그는 생에 대한 애착이 매우 강렬한 사람이었다. 그는 자신이 살아온 지난날에 후회는 없다고 했다. 다만, 아쉬운 게 있다면 24년이라는 생이 너무나도 짧아 아까운 심정이 드는 것뿐이라고 했다. 스물넷의 애총각인 그가 원한 것은 그저 자유였다. 그의 반역의 길은 배고픔에서 비롯되었다. 조국은 그의 주린 배를 채워주지 못했다. 굶지 않으려고 시작했다가 어느 정도 돈을 벌어 놓고 손을 떼려 결심했지만 그는 자신의 목표에 도달하기도 전에 붙잡혀 버렸다. 그는 그의 동범과 함께 청진시에서 총살을 당했다.

내가 목격한 죽음 중에 가장 안타까운 죽음이 있었다. 폐결핵에 걸린 사람이 있었는데 아무도 그를 돌봐주는 이가 없었다. 그는 밥도 먹지 못할 만큼 몸 상태가 몹시 좋지 않았다. 나는 그가 밥 한술이라도 뜰 수 있게 해보려 애를 썼지만 그는 도저히 못 먹겠다며 자신의 밥그릇을 내게 내밀었다. 죽어가는 이의 밥을 차마 먹을 수가 없어 나는 번번이 주저했다. '그래, 내가 먹든 안 먹든 어차피 다른 감방으로 넘어갈 밥이다.' 죽어가는 이의 밥도 결국 나는 거절하지 않았다. 그가 삶에 대한 희망의 끈을 놓지 않도록 지난날 행복했던 시절을 돌이켜보게 하거나 떨고 있는 그에게 옷을 덮어주며 죽지 말라고 애원도 해봤지만, 나는 끝내 그의 죽음을 막지 못했다. 그는 내 등에 고요히 기댄 채 식어갔다…….

함께 밥을 먹고 잠을 자고 몇 마디 이야기라도 나누며 친하게 지내던 이들이 하나, 둘 그렇게 떠나가자 내 몸과 마음도 점점 쇠약해져 갔다. 그들을 생각하다 잠이 들면 어김없이 꿈속에서 그들의 눈물을 보고는 했다. 악몽은 오랫동안 지속되었다. 내 몸은 쇠약해질 대로 쇠약해진 데다 폐렴이 겹쳤다. 방 안에서도 두 발로 걸어 다니기 힘들 정도가 됐다. 기어서 화장실에 들어갔고 식사 시간에도 누가 내 밥을 옆에서 덮쳐 가져가도 그를 밀어낼 힘도, 욕할 힘도 없어 그저 그릇에 붙어 있는 밥그릇을 긁고는 했다.

하지만 그런 일이 잦아지면서 오히려 나는 단단해지는 내 자신을 느낄 수 있었다. 어느 지점에서부터 내게는 생에 대한 강렬함이 꿈틀대기 시작했다. 반드시 살아 나가야 한다는 절박함, 너무나도 살고 싶다는 생각이 간절해졌다. 열일곱 나이에 죽는다는 것이 억울했다. 살아서 들어왔으니 나갈 때도 살아 나가야 한다. 단지 국경을 넘었다는 이유로 이대로 죽는다면 저승에서 부모님을 만난 영혼이라 해도 떳떳할 것 같지 않았다. 이렇게 허무하게 죽을 수는 없다는 생각이 나를 붙잡아 주었다. 내 유일한 피붙이인 형이 아직 세상에 남아 있다. 그래, 형을 생각하자. 내가 살아 나가면 형을 만날 수 있다. 알 수 없는 자신감으로 나는 다시 일어서기 시작했다.

산지옥이라는 말은 사람이 살아 있긴 하되 지옥 같은 곳이라는 데서 나온 표현이고 탁구알이란 형기를 받은 사람들을 속되게 일컫는 말이다. 그런데 어찌하여 죄수들이 그 죽음의 곳이나 다름이 없는 산지옥을 희망하는 것일까?

일단 감옥에 넉 달만 들어가 있으면 보통 사람의 경우 그대로 죽어버린다. 허약자가 되어 죽는 것이다. 먹지 못해 배가 고프고 허기가 지다 못해 배가 등까비에 붙는 판이다. 통강낭이 껍질을 벗겨 찐 것을 밥으로 먹으며 하루를 때우기란 정말 힘겨운 일이다.

그러한 것은 또 괜찮은 축이다. 일광욕을 시키지 않아 해를 보지 못하니 얼굴이 하얗게 죽은 사람처럼 보인다. 게다가 워낙 무섭고 힘든 곳에 있다 보니 눈은 매서울 정도로 정기를 내뿜는다. 물이 잘 나오지 않아 다른 곳은 고사하고 세면도 하기 힘들어 몸에서는 구역질이 날 정도로 고약한 냄새가 났다. 기름기 없는 몸에서는 비듬 같은 마른 살이 하루에 한 줌씩 떨어진다. 그 모습은 마치 털갈이를 하는 개나 허물을 벗는 뱀을 연상시킨다. 이와 벼룩이 득실거리고 종처라는 병이 엉덩이에 나서 제대로 앉아 있기도 불편했다. 아무리 좋은 약이라고 해도 써봤자 소용없었다.

변을 봐도 물이 없어 나무 막대기로 배설물을 구멍에 밀어놓고 만다. 여름이면 변기 냄새가 코를 찔러 정신까지 흐릿하게 만들었다. 그러다가 변이 넘치면 심지어 강제로 손을 넣어 뚫게 한다. 막힌 변기를 손으로 뚫는 것은 불가능했지만 뚫지 못하면 계호원의 몰매를 받아야 했다. 스스로 인간이란 것을 의식하면 하루도 견딜 수 없는 것이 감옥 생활이다.

결핵, 폐렴, 설사, 감기 등의 무서운 병이 돌았지만 약이 없어 죽는 이들도 많았다. 죽어가는 사람들의 한결 같은 소원은 죽더라도 밖에 나가서 죽는 것이었다. 5평방미터도 채 안 되는 감방에서 햇빛도 제대로 보지 못하고 대여섯 달씩 있는 것은 차마 말할 수 없는 괴로움이 따르는 일이다. 그러니 재판이라도 받으러 가는 날에라야 비로소 밖을 볼 수 있는 것이다. 그래서 감옥 안 사람들은 재판 날을 기다리고 교화소에 가는 날을 기다리는 것이다. 그때가 되면 혹시라도 그리운 이를 만날까 싶어 교화소가 어떤 곳인지도 모른 채 옛날 교화소를 생각하며 교화소도 서슴없이 가겠다는 범죄인들. 감옥에서 생활하는 이들에게 먼 미래는 그저 사치일 뿐이다. 그저 한 치 앞, 내일의 먹을 것을 생각하며 오늘을 산다. 어떻게든 내일 죽지 않아야 한다는 생각부터 한다. 나도 그렇게 사는 한 사람이었다. 재판을 받으러 가는 날까지 하루하루를 버티어내고 있던 내게 폐렴이라는 무서운 병이 찾아왔다.

3. 함경북도 회령 전거리 제12교화소

살고 싶다

1999년 11월부터 교화소 생활이 시작되었다. 내가 있었던 곳은 함경북도 회령 전거리 제12교화소였다. '이제 여길 들어가면 내가 과연 살아나올 수 있을까'하는 생각이 들었다.

회령 전거리 교화소는 산새가 묘한 골짜기에 자리 잡고 있었다. 그곳에 한 번 들어간 사람들은 절대로 빠져나올 수 없다고 했다. 몰래 도망쳐 나와 혼신의 힘을 다해 온밤을 뛰고 달리고 나서 새벽빛이 밝아올 무렵 그곳이 어디인가 살펴보면 교화소 입구에 와 있다는 것이다. 방향도 알 수 없어 헤매다 잡히면 6개월 뒤에는 사형을 당한다. 회령 전거리 교화소에서 이제껏 도주에 성공한 사람은 없다고 했다.

사실, 내게 예정된 교화소 생활은 그해 9월부터였다. 교화소에서는 힘겨운 노동을 해야 하지만 그래도 햇빛이라도 볼 수 있어 어쩌면 일반 감옥보다는 낫다고, 살아날 가능성도 있다며 의지를 불태우던 때였다. 신체검사에서 폐렴과 허약 판정을 받아 다시 되돌아왔을 때, 살고자 간신히 다잡았던 마음이 흔들리기도 했다.

온성군 안전부에서 출발한 일행 일곱 명 중 다섯 명이 허약자로 판정을 받고 다시 온성군으로 돌아와야 했다. 객차가 없어 화물차를 타고 돌아오는 동안 허기와 추위로 지친 두 명이 얼어 죽었다. 나를 제외한 나머지 두 명 중 한 명은 온성군 감옥 안에서 며칠 지나지 않아 폐결핵으로 죽었고 다른 한 명은 병보로 집으로 보내졌다가 음식조절을 잘못해 사망했다는 소식을 들었다. 온성에서 간신히 몸을 추서고 난 1999년 11월 12일, 나는 또다시 추운 겨울바람을 맞으며 교화소로 향했다.

입소한 지 이틀 만에 폐렴이 재발되었는데 밥을 삼키지 못할 정도로 상태가 악화되었다. 교화소 안은 불을 때도 온돌이 뜨겁지 않았고 냉기가 많아 아침이면 또다시 열병 환자가 생기고는 했다. 교화소에서 제일 무서운 병이 열병과 설사병, 폐렴, 결핵 등이었다. 이런 병에 걸리면 며칠 지나지 않아 앙상하게 뼈만 남는다. 죽음은 내 가까이 있었다. 약이 없다 보니 몸은 날로 쇠약해졌다.

입맛을 완전히 잃고 밥을 삼키지 못하자 삶에 대한 미련마저도 떠나버리는 느낌이었다. 아무 맛도 느낄 수 없던 그때 유일하게 생각나는 게 당가루였다. 신입반 조장이 내 밥과 바꿔 먹자며 가져온 강낭 튀김가루와 바꾸어 먹으니 조금 나아지는 듯했다. 열병이 떨어지고 폐렴만 남았는데 밥이 조금씩 당기는 감을 느꼈다.

나는 다시 밥을 먹기 시작한 지 사흘 만에 교화반에 입소했다. 우리는 두 명의 조장에게 몸수색을 당했다. 반장은 제대 군인으로 규율을 세우는 자여서 헐치 않게 생겼다. 그중 조장 한 명은 얼굴 자체가 무서워 보였고 허약자들을 잘 때리고 압박하는 데 이골이 난 사람이었다. 나는 허약2도에 들어섰다.

담당선생은 나를 보고 감방에 남아서 절까치편집자 주: '젓가락'의 방언를 만들라고 했다. 하루에 절까치를 500대씩 깎는 일이란 그리 힘든 일은 아니었다. 교화반에서 분비 나무를 한 뼘 정도씩 토막을 내서 적당히 쪼개 들여보내 준 것을 재료로 사용하였다. 잿무지에서 철조각을 주워 갈아서 손잡이를 천으로 감아 만든 칼로 나무를 깎아야 했다. 교화소 내에서는 칼을 사용할 수 없었기 때문이다. 금방 병을 앓고 난지라 몸을 겨우 움직이는 정도였다.

그런데 또다시 설사병을 앓게 되었다. 그때 삶과 죽음의 경계를 경험했다. 병이 심해지자 나는 3호 병반으로 옮겨졌다. 병반은 1~3호 감방으로 나뉘어 있다. 3호 감방은 병세가 나타난 정도의 사람들이 가는 곳이고 2호 감방은 약을 쓰지 않으면 죽을 수 있는 위험한 환자들의 방이었으며 1호 감방은 약을 써도 살 수 없어 오늘이라도 당장 죽을 환자들이 가는 곳이다. 1호 감방은 마지막으로 죽기 직전에 머무는 시체실이나 다름없는 방이었다.

내 병은 갈수록 더 악화되었고 아무리 밥을 먹어도 소용이 없었다. 일어서기조차 힘든 상황에 처하자 병반에 온 지 사흘 만에 나는 2호 감방으로 넘어갔다. 2호 감방에 온 지 일주일이 되면서부터는 혼을 빼앗기는 느낌이었다. 눈을 뜨면 낮이고 눈을 뜨면 밤이었다. 음식 맛을 잃은 지는 오래되었고 힘이 없어 변이 옷으로 그대로 새 나갔다. 맥박이 뛰는 게 느껴지지 않을 정도로 미약했고, 혈관을 찾지 못해 주사를 놓을 수도 없을 만큼 나는 뼈만 남았다. 아무리 먹는 약을 써 봐도 소용이 없었다. 죽음의 날짜가 다가오고 있었다.

변을 병반 조장이 받아주다가 나는 결국 1호 병반으로 옮겨졌다. 1호 병반에는 돌봐주는 사람이 없었다. 이 방에 들어온 사람은 이제껏 살아나간 사람이 없었기 때문에 굳이 간병원이 붙어 있을 필요가 없었다. 단지 하루 세 번 머리맡에 미음을 놓고 나갈 뿐 한낮에 드나드는 사람은 없었다. 들어온다고 해봤자 새벽 5시 반쯤에 병반 조장이 들어와서 환자가 죽었는지 확인하고 가는 것뿐이다. 나는 병반에 온 지 열흘 만에 죽게 된 것이다.

1호 병반에 들어와서 새 아침이 밝아왔다. 혼수상태에서 깨어나 보니 어제 함께 있던 환자가 사라졌다. 시체실로 내간 것이다. 1호 병반에는 불도 없었다. 초저녁부터 캄캄한 곳에 외로

이 누워있어야 했다. 그러던 그날 저녁 두 명의 환자가 들어왔다. 그들 역시 죽음을 앞둔 사람들이었다. 그들은 각각 내 양옆에 누웠다. 다음 날 아침 눈을 떠보니 둘 다 살아 있었다. 하지만 우리는 곧 죽게 되겠지……. 밥 한 끼 먹지 못하고 또다시 저녁을 맞이했다. 오늘 밤은 정말 죽을까 하는 생각밖에는 아무 생각도 들지 않았다. 나는 죽기 전에 마지막으로 무언가 남기고 싶었다. 나는 간신히 몸을 들고 땅바닥에 엎디어 숯구이로 '살고 싶다'라는 자그마한 네 글자를 남겼다.

삶과 죽음의 문턱, 내가 어디까지 왔는지도 모르는 상태에서 몇 구의 시체를 더 떠나보냈다. 나흘째 되는 날 시체를 치우러 온 병반 선생에게 먹을 것을 달라고 했다. 선생은 매우 놀라워했다. ……나는 죽지 않았다.

어느 정도 몸을 회복하자, 담당선생이 내게 절까치를 깎으라고 했다. 병반에서 금시 나왔기에 좀 쉬며 하라고 했다. 그런데 죽음의 문턱에서 살아 나온 나를 기다리고 있는 또 다른 고통이 있을 줄이야. 감방 조장 중 한 명이 지독스럽게 교화반 허약자들을 압박하는 사람이었다. 몸이 쇠약해질 대로 약해진 허약자들은 약간의 구박에도 마음이 무너지고 심지어 살고 싶은 생각마저 없어진다는 사실을 조장은 모르고 있었다. 자신이 허약자들을 먹여 살리는 것처럼 말할 뿐만 아니라 제 요구를 들어주지 않는다고 때리고 억압하던 그는, 승냥이였다.

나와 같이 입소한 사람 중에 두 명이 조장의 압박과 몰매를 견디지 못하고 목숨을 잃었다. 그들은 아내와 아이가 있는 한 집안의 가장들이었다. 한날한시에 입소한 24명 중 나와 다른 한 명만이 살아남았고 나머지 22명이 그리운 가족을 생각하며 억울한 세상을 떠나갔다.

유독 허약자들을 괴롭히는 그 승냥이 같은 조장에게 걷어차이고 매를 맞는 사람들은 한둘이 아니었다. 나 역시 그에게 허리며 다리를 심하게 짓밟혀 정신을 몇 번이나 잃은 적이 있다. 한번은 피범벅이 되어 기절해 있는 나를 발견한 우리 감방 담당선생이 어찌된 일인지를 물었다. 대개의 허약자들은 조장에게 아무리 구박을 받고 매질을 당해도 보복이 두려워 숨기고는 했는데, 나는 그때 엉엉 울면서 그동안 쌓아왔던 아픔과 슬픔을 선생에게 털어놓았다. 허약자들이 언제 어떻게 당했는지 이유와 시간, 맞은 방법까지 모두 말했다.

교화소 안에 열일곱 살짜리는 많지 않아서 선생은 나를 자주 감싸주고는 했다. 조장은 선생에게 바로 불려가 얼마나 맞았는지 눈이 퉁퉁 부어 돌아왔다. 그리고 그날 저녁 선생이 퇴근한 뒤에 나는 그에게 보복을 당했다. 얼마나 걷어차이고 매를 맞는지 정신이 혼미해지는 것을 느끼다가 눈을 떠보니 아침이었다.

나는 담당선생에게 지난밤에 보복당한 것을 낱낱이 고발한 후 나도 일을 하게 해달라고 했다. 일도 안 하는 주제에 먹기만 한다는 말은 듣고 싶지 않았다. 나는 그 다음 날부터 다른 사람들과 함께 산에 올라가 일을 시작했다. 부식을 먹으려고 일하려 한다며 조장이 내게 욕지거리를 했지만 나는 선생이 허락한 일이라며 당당히 맞섰다.

가족이 그리워 우는 것이 아니라
나무가 끌리지 않아 운다

교화소 안에서는 여러 얘기들이 떠돈다. 부모 자식이 그리워서 우는 것이 아니라 나무가 끌리지 않아 운다는 것이다. 반쪽이 된 몸으로 나무를 끌다가 그 통나무를 부둥켜안고 우는 죄수의 모습이란 참으로 비참하고 불쌍하다.

과연, 나무를 끄는 일은 말처럼 쉽지 않았다. 평평한 길도 500미터를 걸으니 다리가 비틀어졌고 머리가 아찔해졌다. 45도의 경사가 시작되자 나는 발을 내딛지도 못해 뒤에 떨어지기 시작했다. 나는 눈 속으로 푹푹 빠지며 손까지 짚어가며 기어 올라갔다. 선생은 허약자 7명에게 산마루에서 나무를 하도록 시키고 계호원 두 명을 붙여준 다음 나머지 인원을 이끌고 산마루를 넘어갔다. 우리는 불타거나 마른 통나무를 잘라 조제해서 끌바를 달고 산으로 내려오기 시작했다. 나만 보면 괴롭히는 조장이란 자가 내게 밥벌레라는 말을 하지 못하도록 이를 악물고 일했다.

내가 이를 악물며 일을 하자 조장도 섣불리 시비를 걸어오지는 못했다. 한동안 그의 괴롭힘을 받지 않고 버티었는데, 그가 아침 청소를 제대로 하지 않는다고 감방 안의 허약자들을 때리다가 내게도 발길질을 해대기 시작했다. 내가 비서 선생에게 다 말하겠다고 하자 그는 다 말하라며 더 세게 때렸다. 그 광경을 본 선생이 때마침 달려와서는 몽둥이로 조장을 사정없이 때렸다. 누가 같은 죄수에게 다른 죄수를 때릴 권리를 주었느냐고 화를 내며 가형을 받게 하겠다고 몽둥이질을 했다. 조장은 일어서지 못할 정도로 매를 맞았다.

그 다음 날부터 선생은 내게 '감시'라는 권력을 주었다. 일단 감시라고 하면 선생에게 신임을 얻은 때만이 이뤄질 수 있는 것이었다. 감시는 바깥에서 일하는 도중 도주자를 잡아내는 일과 교화반 사람들이 휴식 시간이나 점심시간에 범칙하거나 다치지 못하도록 통제하는 일을 하는 것이었다.

감방 안에서는 조장에게 눌려 살지만 일단 일하러 나갈 때부터 저녁에 입감하기 전까지는 내가 조장을 다스릴 수 있는 것이다. 허약자들과 나를 괴롭히던 그 조장은 자주 범칙을 하러 다니므로 나에게 쪼들릴 수밖에 없었다. 범칙이라 하면 자신의 물건이나 담배 같은 것을 갖고 다니며 다른 교화반 사람들과 바꿔치기를 하는 것이다. 교화소 내에서는 그런 금지대상을 범칙이라고 했다. 나는 이런 권력을 갖고 허약자들의 원을 풀어주기로 결심했다. 역전에 나갈 때 나는 이름 점검을 하고 산에 올라갈 때는 번호 점검을 했다.

승냥이 같은 조장은 나를 증오했고 나 역시도 그에게 굽히려 들지 않았다. 나는 감시라는 권력을 쥐고 늘 그를 주시했다. 점심시간에 문 앞을 지키며 자유주의를 단속했는데 나는 허약자들의 경우 종종 눈감아 주기도 했지만 절대 조장은 봐주지 않았다. 그와 나는 늘 신경전을 벌이며 서로의 자그마한 흠이라도 놓칠세라 서로 감시하는 판이 되었지만 자존심 때문에 화해하려는 시도는 하지 않았다.

그러던 어느 날 조장이 보이지 않았다. 눈이 발목까지 올라오던, 유독 나무하기가 힘든 날이었다. 불러도 대답도 없었고 아무리 찾아도 보이질 않았다. 담당선생이 무조건 그를 찾으라고 했다. 도주 사고가 일어났나 싶어 모두가 긴장하고 있었다. 다행히, 십 분 만에 골짜기에서 그를 찾았다. 이어 선생이 나와 조장을 세워놓고 매질을 시작했다. 조장은 몽둥이로 사정없이 맞았고 이어 나를 때리려던 선생이 몽둥이를 내던지고 싸리나무로 바꿔 때렸다. 짧은 순간이었지만 선생이 나를 얼마나 아끼시는지 알 수 있었다. 어린 나이인 나를 살려 내보내시고자 하는 선생의 마음을 읽자, 매 맞은 자리는 전혀 아프지 않았고 오히려 마음이 기쁘기만 했다.

이렇듯 감시라는 권력이 좋기만 한 것은 아니었다. 남보다 일을 적게 할지 모르겠지만 항상 위험성이 있었다. 도주가 생기면 감시병이 예심을 받고 가형과 독감방에 갇힐 수도 있는 것이다. 또한 번호가 제대로 맞지 않고 점검이 실현되지 않으면 내가 욕을 먹고 매까지 맞을 때도 많았다. 그런 것이 없다면 사실 교화소가 아닌 것이다.

교화소 안에서는 남이 죽든 말든 상관하지 않는다. 남을 생각하다가는 자신이 죽기 때문이다. 그래서 누구 하나 도와줄 사람도 걱정해 줄 사람도 없다. 오직 물질로만 통하는 것이 교화소 죄수들의 생활방식이었다.

일명 교화소 돈이라면 담배를 말한다. 담배는 교화소 안에서 허약자들에게 아편처럼 흥분제 역할을 한다. 담배는 교화소 안에서 밥이나 면식 가루, 옷, 무엇과도 바꿀 수 있는 교화소의 돈이었다. 하지만 교화소 준칙에는 담배와 술을 금지하고 있었고 약도 외국 약을 쓰지 못하게 했다.

그러면 금지된 담배는 어데서 얻는가. 그것은 아주 간단했다. 본소 정문을 나서면서부터 길을 지나가면서 꽁초를 줍는 것이었다. 두 명의 계호원과 담당 선생이 뒤따라오며 감시하기 때문에 들키는 날에는 뼈가 부서지도록 매를 맞는다. 그래서 교화소 내 사람들은 그들의 눈을 속일 갖가지 묘한 방법을 생각해 내기도 했다. 신발 앞코와 밑바닥을 짼 다음 꽁초를 조준해 발을 차서 꽁초가 신발 안으로 들어오게 하는 방법이 있었다. 다른 한 가지는 도끼나 삽의 나무자루 끝에 있는 동그란 면에 침을 발라 재빠른 동작으로 꽁초를 찍어 올리는 방법이었다. 들키면 도끼자루나 삽자루에 또다시 죽도록 매를 맞지만 들키지만 않으면 밥 한 덩이를 얻은 것이나 다름없었다.

교화소의 몸 약한 죄수들에게 담배는 귀한 흥분제와 같아서 우리는 쉽사리 담배를 포기할 수 없었다. 항상 눈은 길바닥을 휩쓸었고 뒤따라오는 계호원의 눈을 피해 여념 없이 꽁초를 주워 올리는 것이었다. 밥을 굶는 한이 있더라도 담배는 꼭 피우고자 하는 이들도 있었다. 나무하러 가는 길에 주운 가랑잎을 말려 종이에 말아서 담배라고 속여 파는 협잡을 당하더라도 이들은 담배를 쉽게 포기하지 않는다.

매서운 추위가 살 속을 파고들던 2월의 어느 날, 교화소에 희소식이 날아들었다. 도 교화부장이 내려와서 대사 발령이 떨어졌다는 소식을 전해 주었다. 대사 발령이 떨어지면 대개 6개월 후에는 대사가 떨어지는 것이다. 김정일의 혜택, 당 창건 55주년 기념, 8·15해방 55주년을 기회로 떨어진 대사라고 했다. 하지만 몇 년짜리 대사가 떨어질지는 누구도 장담할 수 없는 상황이었다. 전부 나가게 된다고 말하는 교화부장의 말은 온전히 믿을 수는 없었다.

어떤 죄를 지었는가에 따라 감형이 되거나 나가는 경우가 사람마다 달라서 남들이 그렇게 나가는 것을 보면서 부러워하다가 도주 기도나 자살 기도를 일으키는 경우도 있었다.

2000년 3월에서 6월까지 본소에서만 무려 70여 명의 죄수가 정신적 충격으로 죽어나갔고 도주 기도가 4건이나 발생했다. 도주 사건이 일어나면 온 교화소가 작업을 중지하고 사람들을 감금한 후 도주자를 잡을 때까지 밖에 절대 내보내지 않았다. 도주 기도를 하다가 붙잡히면 말뚝감을 면치 못하게 된다. 산새가 묘한 이곳에서 이제껏 탈출에 성공한 도주자는 없었다고 한다. 오늘 죽을까, 내일 죽을까를 생각하는 이곳에서 6개월은 생명을 보장해 줄 수 없는 참으로 길고 긴 시간이었다.

사실, 우리 교화반에는 47명의 사람들이 있었는데 그중 몇명만 빼면 다 허약자들이었다. 40명 정도가 허약1도였고 거의 절반은 허약2도였다. 허약2도인 사람들이 일하는 것을 보면 정말 거북이처럼 느리다. 너무나 힘들어한다. 일을 하면서 힘을 다 빼고 나면 폭삭 주저앉기 일쑤인데, 시름시름 앓다가 병반으로 옮겨지면 그대로 죽어가는 것이다. 반쪽이 된 몸과 초점이 풀린 그들의 눈을 바라보면 그렇게 초라하고 안쓰러워 보일 수가 없었다.

그들이 죽으면 조그만 나무 창고로 옮겨진다. 그 시체들은 창고에 20~30구씩 모아 놓았다가 한꺼번에 트럭이나 차에 실어 내간다. 한여름에는 시체를 들어낼 때마다 썩은 살덩어리가 뚝뚝 떨어져 어쩔 수 없이 뼈를 잡고 간신히 싣는다. 시체가 흔들릴 때마다 뭉크러져 떨어지는 살 속을 구데기가 헤집고 나왔고 그 고약한 냄새는 본소 마당을 질색할 정도로 휩쓸었다.

산새가 묘하나 짐승은 그림자도 볼 수 없는 그곳에 오로지 존재하는 것이 있었다. 까마귀였다. 시체를 내가기 시작할 때부터 그 시체가 불망산으로 옮겨져 화로 안에 들어갈 때까지 까마귀는 계속 운다. 난데없이 까마귀 소리가 들리면 누군가 면회를 오거나 운수 좋은 일이 생길 때가 많았다. 하지만 까마귀 무리가 교화소 본소에 날아들 때에는 영혼이 떠나간 시체를 꺼내 산으로 가져간다는 신호나 같았다. 시체들은 불망산에서 재가 되고 연기가 되어 날아가는 것이다.

배고픔에 시달리는 교화소 사람들은 못 먹는 것만 빼면 무엇이든 거리낌 없이 먹는다. 교화소 내의 쥐와 산속의 뱀은 그야말로 특식이었다. 도마뱀, 도롱뇽, 붉은배개구리까지 모두 불에 구워 먹었다. 나 역시도 쥐와 뱀은 물론 뱀 알까지 먹었다.

그렇게라도 먹을 것이 없으면 오염된 물이라도 마신다. 그리고 병을 앓는다. 병을 앓으면 죽기 직전에 병보라는 것을 받기도 하지만 그것은 마지막 위험한 모험이나 기회였다. 병보는 집에서 치료를 하고 다시 남은 형기를 마치게 하는 제도이기는 하지만 결국 마지막이란 것은 죽음의 문턱에서 이뤄지는 것이라, 대부분의 사람들은 그대로 죽는 경우가 많았다.

봄은 힘들고 고달픔을 주는 계절이다. 풀이야 또 자라겠지만 사람이 풀만 먹어서는 살 수가 없는 것이다. 풀이 생기는 대신 식량이 제일 박해질 때인지라, 오히려 봄이면 배 채우기는 좋아도 육체적으로는 더욱 쇠약해지는 계절이다. 허기에 시달리던 사람들은 풀이 자라 뾰족뾰족 싹이 돋기 무섭게 그 풀들을 뜯어먹는다. 그것이 잔디풀이든 민들레든 무슨 풀이든 상관없이 일단 뜯어먹고 본다. 조금이라도 몸과 마음에 여유가 있다면 먹을 수 있는 풀만 골라 먹겠지만 허약자들에게는 그런 것을 생각할 겨를이 없다. 쓴 풀이든 시크러운 풀이든 매운 풀이든 손에 잡히는 대로 뜯어먹는 것이다. 그러다가 풀 중독에 걸려 얼굴과 다리가 붓고 심지어 눈도 안 보이게 될 지경에까지 이르는 사람들도 있다.

부정이 너무 심해 죽는 사람들도 많았다. 먹을 것이 너무 없다보니 어떻게 하든 배를 채우려고 설사약으로 사용하는 솔잎 가루까지 먹기도 했다. 그런가 하면 썩은 감자를 먹고 눈이 멀거나 부종이 와서 우습게 목숨을 잃는 사람들도 많았다. 아무리 먹지 말라고 당부를 해도 너무 배가 고프다 보니 몰래몰래 훔쳐 먹다가 목숨까지 버리게 되는 것이다.

허약자들은 누구나 밥을 빨리 먹으려고 하지 않는다. 주먹떼보다 작은 밥덩이를 게 눈 감추듯 먹어버리고 나면 너무나도 아쉬웠기 때문이다. 그런데 이렇게 천천히 먹는 모습을 반장이나 승냥이 같은 조장이 보면 궁상에 빠진다며 달려와 밥을 마구 빼앗아 남에게 주거나 회수하기까지 했다. 하도 연약한 허약자인지라 그 작은 밥덩이마저 빼앗기고 나면 그 마음속에 고통이란 하늘에 닿을 듯이 컸다.

어떤 사람들은 먹은 음식을 도로 게워 먹는 사람들도 있었다. 이런 것을 두고 일명 '되새김질'이라고 했다. 소나 염소처럼 먹은 음식을 위에서 입안까지 끌어내서 다시 씹어 넘기는 것이다. 배는 너무 고픈데 음식을 너무나도 값없이 씹어 삼킨 것 같아 그렇게 빨리 먹은 것이 후회가 되기도 하는 것이다. 그런데 이런 되새김질을 하다가 교화반에서 떼살 좀 붙은 자들에게 들키면 엄청난 매를 맞아야 했다. 겉으로는 허약자들에게 궁상을 떤다면서 메스꺼운 놈들이라고 때리지만 사실은 오로지 질투와 시기 때문이다. 자신들은 하고 싶어도 그렇게 할 줄을 모르니 부러운 마음 앞에 우리의 씹는 꼴이 사나워 보였던 것이다. 이런 교화소 생활을 하루 이틀도 아니고 몇 년씩 해야 하니 기가 막힐 노릇이었다. 전혀 희망이 보이지 않았다.

교화소에 처음 들어오던 날을 생각하며 멍청히 정문을 바라보던 날도 많았다. 머릿속은 언제쯤 교화소 정문을 나설 수 있을까에 대한 생각으로 늘 가득했지만, 그렇다고 살아 나갈 수 있을 것이란 기대를 하는 것은 아니었다. 앙상하게 뼈만 남은 몸을 내려다보며 죽을 날이 머지않았다는 생각이 들기도 했다. 파리는 날개라도 있어 날아서라도 다니련만, 날개도 힘도 없는 우리는 파리보다 못한 목숨을 안고 언제 어떻게 될지 모르는 오늘을 견디어 내야만 하는 것이다.

그때만 해도 2년 뒤에 내가 살아 나갈 수 있을 것이란 생각은 해보지 못했다. 생활력 강하고 가족이 면식을 넣어주는 사람들도 마구 죽어 나가는 판에, 면회 올 사람이나 힘이 돼줄 사람 하나 없는 내가 살아 나갈 가능성은 거의 없었기 때문이다.

숱한 사람들이 죽어가고 있었지만, 교화소 내에서 신경 쓰는 이는 아무도 없었다.

4. 다시는 되돌아올 수 없는 강

"라-136, 퇴소!"

2000년 7월 6일, 나이가 어린 나는 대사령을 받고 퇴소하게 되었다. 그때 나를 데리러 온 사람은 작업반 창고장과 사로청 위원장이었다. 그들이 나를 보며 놀라는 눈치였다. 회령 전거리 교화소에서 살아 나오는 사람은 거의 반죽음 상태로 나오기 때문에 내가 걷지 못할 것이라 생각했기 때문이다. 퇴소할 당시 허약3도이긴 했지만 쉬면서 느릿느릿 걸음을 걸을 정도는 되었다. 길가를 지나면서 보초소를 보게 되자, 내가 살아 있다는 생각에 가슴이 뭉클했다. 꿈인가 생시인가? 이것이 꿈이라면 영원히 깨지 말았으면 좋겠다 싶었다. 이게 정말 생시라면, 내가 정말 살아남은 것이라면……. 감격스러움에 머릿속이 어지러웠다. 교화소를 나와서 맨 처음 하고 싶었던 것이 담배였다. 교화소 내에서 담배는 엄격히 금지되고 있었기 때문에 제대로 피워 본 적이 거의 없었다. 창고장이 건넨 마라초를 받아 불을 댕겨 한 모금 빨았다가 그만 그 자리에서 쓰러지고 말았다. 허약한 몸이 담배의 독한 기운을 이기지 못한 탓이었다. 휘청대면서도 하늘을 날 것 같은 기분이 들었다.

종성으로 가기 위해 셋이 외부로 나왔다. 내가 3킬로그램이 나 되는 밥을 먹는 것을 본 창고장과 사로청위원장의 눈이 휘둥그레졌다. 위에 기름기가 없으면 먹는 대로 위가 늘어나기 때문에 한꺼번에 밥을 먹을 경우 매우 위험한 상황이 올 수도 있다. 교화소에 있다가 사회에 나온 사람 중에 음식 조절을 잘 못해서 죽는 사람들이 무척이나 많았다.

그 길로 우리는 회령 차단봉 초소까지 걸어갔다. 걷기가 힘들어 백보를 걷고 쉬다 다시 백보를 걷고 쉬는 식으로 걸어 가 까스로 차단봉 초소에 도착했다. 교화소에서 오늘 퇴소하는 사람들이 있다는 소식을 듣고 남편이나 자식, 손주를 마중 나온 사람들도 있었다. 그토록 보고 싶었던 가족이 그날 교화소에서 나올 것으로 기대하고 왔다가 결국 얼굴도 보지 못하고 그대로 발길을 돌리는 사람들도 있었다. 교화소 쪽에서 착오를 일으켜 가족에게 정확히 전달해 주지 못한 탓이었다. 면식만 간신히 전해 주고 자식의 얼굴도 보지 못한 아주머니가 아쉬운 마음에 차마 발길을 돌리지 못하고 계셨다. 그리고 그날 퇴소한 나를 보며 몇몇 분들이 감격스럽다는 듯이 말했다.

"살아 나온 자네가 영웅이네."

그들의 눈빛에 자신의 남편, 아들이나 손주가 꼭 살아 돌아오기를 바라는 간절한 마음이 담겨 있는 것 같았다. 내가 처음 교화소에 들어갈 때만 하더라도 교화소에 들어가는 사람들을 바라보는 사회 사람들의 눈길은 매우 싸늘했다. 죄질이 매우 나쁜 범죄자들만 교화소에 들어가는 것이라 생각한 탓이다. 그런데 교화소에서 나올 때쯤 보니, 사회 사람들의 인식이 달라져 있다는 것을 느꼈다. 먹고살기 위해 어쩔 수 없이 죄인 아닌 죄인이 될 수도 있다는 것을 알게 된 것 같았다. 그렇게 말해 주는 그들이 참으로 고마웠다. 반갑게 손이라도 잡아줄 가족 하나 없는 내 처지를 생각하니 다시금 깊은 슬픔이 가슴 밑바닥에서부터 차오르는 것 같았다. 나는 고개를 가로저으며 이를 악물었다. 살아 나왔으니 언젠가 아버지 소식도 들을 것이고 반드시 형도 만나게 될 것이다…….

차단봉 초소에는 우리의 목적지인 종성으로 올라가는 차들이 많았다. 다행히 군부대 차가 우리를 태워 주겠다고 해서 우리 일행은 다른 몇몇 분들과 함께 적재함을 얻어 타고 종성 분주소로 향했다. 차를 타고 가면서 세상을 바라보니 사회 사람들이 참으로 희한하고 멋져 보였다. 죽지 않고 살아 있으니 내게도 이런 날이 오는구나.

종성분주소에 도착한 후 퇴소해서 돌아왔다는 신고를 하고 나는 사로청위원과 함께 림업부 본사로 갔다. 그곳에서 당세포비서와 지배인이 나를 기다리고 있었다. 지배인은 몸이 회복만 되면 잘할 수 있느냐고 물었고 나는 힘없이 그렇다고 대답했다.

내가 가야 할 곳은 지옥 같은 산지작업장이었다. 설비나 장비가 온전하지 못해 이런저런 사고가 자주 발생하고 통나무에 사람이 깔려 죽는 사건도 일어나는 곳이었다. 어떻게 해야 할지 한참을 고민하다 당비서에게 부탁해 보기로 했다. 아는 분의 집에서 요양을 하고 돌아올 테니, 내게 10일치 식량을 줄 수 있느냐고 물었다. 의외로 그가 쾌히 승낙을 해주었다. 어차피 바로 일을 할 수 있는 몸이 아니어서 그들도 내 몸이 회복될 때까지는 기다려야 하는 입장이었다.

식량을 받은 후 나는 예전에 친하게 지내던 형님 댁으로 갔다. 감옥에 들어오기 전 중국을 넘나들 때 그 집에서 머물다 두만강을 건너는 경우가 많았다. 그 인연으로 형님은 나를 흔쾌히 받아 주었다. 형님 댁에서 머무는 동안 나는 빠른 속도로 건강을 회복해 갔다. 기운을 찾은 후 다시 산지작업반으로 돌아갈 생각을 하자 정신이 번쩍 들었다. 그대로 산지작업반으로 들어가는 것은 죽으러 가는 것이나 다름없다는 생각에 나는 중국으로 넘어가기로 결심했다. 주인집 형님만 아는 상태에서 아무도 모르게 우리는 차근차근 계획을 준비했다. 원래 계획 날짜는 내가 어느 정도 몸을 회복할 수 있는 9월로 잡았지만, 빨리 내려오라는 산지작업장 지배인의 독촉 때문에 8월 11일로 날짜를 당겨 잡았다. 교화소에서 나온 지 한 달밖에 되지 않아 몸에 부정이 올라있던 상태였고 기운도 그다지 차리지 못한 상태였다. 장마철이라 강물도 많이 불어 있었다.

8월 11일 6시 30분경, 식사 시간이라 초소마다 군인이 한 명 정도밖에 없었고 순찰대가 없어 강을 건너기 가장 좋은 시간대였다. 다행히도 나는 두만강 둑까지 아무런 저항 없이 올라설 수 있었다. 천천히 걸음을 옮기면서 나는 두만강에 뛰어들 때까지 어떤 행동을 취해야 할지 머릿속으로 그려 보았다. 지리 탐색을 하면서 주위를 살펴보며 숨죽여 걷고 있을 때, 별안간 누군가의 목소리가 들려왔다. 내가 깜짝 놀라 뒤돌아보자, 군인 하나가 '이리 오라'며 고함을 질렀다. 조심스럽게 걷던 나는 더 이상 생각하고 말 것도 없이 두만강을 향해 냅다 뛰었다.

"저 새끼 잡아라!"

곧이어 경비초소에 있던 대원 한 명이 나에게로 쏜살같이 달려왔다. 그와 나의 거리는 100미터 정도가 될까 말까. 강물까지는 100미터 남짓. 조금만 더 달리면 된다, 조금만 더. 강기슭이라 모래가 많아 발이 푹푹 빠지는 바람에 달리는 일이 여간 벅찬 게 아니었다. 쇠약한 몸이라 경비대와 나의 거리는 점점 가까워졌고 잡힐 수도 있는 아슬아슬한 순간까지 왔다. 멈춰서는 안 된다, 달려야 한다. 조금만 더, 조금만 더. 죽을힘을 다해 뛰어 그들과 불과 15미터 거리를 남겨두고 두만강에 몸을 던졌다.

물이 엄청나게 불어있는 상태라 강물 깊이는 내 키를 훨씬 넘고도 남았다. 나는 그대로 물속에 잠겨버렸고 물속을 가르며 무조건 앞으로, 앞으로 헤엄쳐 나갔다. 물살이 빠른 탓에 빠른 속도로 밀려 내려가 겨우 중국 쪽 땅에 발을 붙일 수 있

었다. 경비대원들은 강 건너에서 닭 쫓던 개처럼 물끄러미 쳐다
보고만 있었다.

물에 잠긴 채로 계속 밀리며 잠수헤엄으로 무려 100여 미터
나 되는 거리를 순식간에 흘러내려왔다. 겨우 중국 쪽에 발이
닿아서 살았던 것이지, 조금만 더 내려갔으면 물살이 세차게 맴
도는 곳으로 흘러들 수도 있는 상황이었다. 경비대는 나를 쳐
다보고 있다가 뭐라고 고래고래 소리를 질렀는데 뭐라고 하는
지 알아들을 수는 없었다. 아마도 돌아올 때 잡히기만 하면
가만두지 않겠다고 위협하는 말이었던 것 같다.

숲 속에 쓰러진 나는 한동안 가쁜 숨을 몰아쉬었다.

중국 개산툰 지역 내 동신구 광소촌에는 예전에 내가 거래
를 하며 알고 지내던 사람들이 많았다. 나는 한동안 그곳에
숨어 지내며 몸보신을 할 수 있었다. 내가 숨어 지내던 집의 형
님은 요즘 중국에서도 단속이 심해 공안이 들이닥치는 경우가
있다며 내가 지내는 방의 절반을 곡식으로 채워 놓았다. 외부
에서 방을 열어 보아도 나를 쉽게 발견할 수 없도록 하기 위해
서였다.

몸이 어느 정도 회복이 되고 나서 나는 그해 10월 초 다시
북한으로 넘어갈 결심을 했다. 형님이 챙겨준 갖가지 물건까지
챙긴 후, 다시 두만강을 건너 돌아왔다. 예전에 알고 지내던 의
사 선생님 댁에서 하루를 묵은 뒤 감옥에 있을 때 친하게 지내
던 형님을 찾아갔다. 꼭 만나보고 싶은 분이었다. 우리는 서로

진심으로 반가워했고, 술잔을 기울이며 온성군 구류장에 있을 때의 이야기를 주고받았다.

나는 그 후에도 여러 번의 죽을 고비를 넘기며 중국을 넘나들었다. 그렇게 여러 번 중국을 다녀올 수 있었던 것은 의사 선생을 좋아하던 경비대 분대장의 도움이 있었기 때문이었다. 남편 없이 아들을 키우며 사는 의사 선생은 미인이었다. 경비대 분대장은 그분의 집에 가끔 들러 나무를 패주거나 창고를 수리해 주고 가고는 했다. 분대장이 오히려 내게 의사의 친척들이 중국에 살고 있으니 그들에게서 돈이나 물건들을 가져다가 의사 선생을 도와주라는 부탁을 했다. 그의 도움을 받기는 했지만 중국을 넘나들면서 경비대에 걸려 수없이 구타를 당하고 기절도 했으며 분대장과 약속이 틀어진 날에는 위험천만한 상황을 겪기도 했다. 여러 차례 잡힐 위기를 겪으면서도 내 몸은 자꾸만 두만강을 다시 넘어 고향 땅으로 향했다. 강물이 너무 차가워 살이 찢어질 듯 아픈 고통의 시간을 견뎌야 하는 자체로도 충분히 힘겨운 일이었지만 나는 멈추지 않고 되돌아왔다.

다시 붙잡힌다면, 이젠 정말 얼마의 형기를 받을지 모르는 매우 위험한 상황이었다. 그럼에도 불구하고 나는 다시 두만강을 건너 자꾸만 되돌아왔다. 내가 나서 자란 땅, 내 가족의 숨결이 남아 있는 땅, 한 번 가면 언제 돌아올지 알 수 없다는 미련이 자꾸만 내 발길을 되돌려놓고는 했다.

고향 땅을 쉽게 떠나지 못하고 나는 자꾸만, 자꾸만 두만강을 건넜다……

그러던 내가 정말 두 번 다시 두만강을 건너지 않으리라 결심을 한 것은, 중국을 넘나들면서 그토록 그리워하던 형을 만났기 때문이었다. 교화소에서 살아만 나오면 반드시 만날 거라 굳게 믿었던 형을 정말 기적처럼 중국에서 만난 것이었다. 아는 형님 댁에서 몸보신하며 지내고 있을 때 형이 내 소식을 듣고 나를 찾아왔다. 11월 초였다. 1998년 여름, 형이 나를 보러 고아원에 찾아왔던 이후로는 형의 소식을 전혀 알지 못하고 지내던 때였다. 그곳에서 나는 아버지가 이미 오래전에 돌아가셨다는 사실을 처음 알았고, 형은 내가 교화소에 있었다는 사실을 처음 알았다. 우리는 오랜 시간 서로 참아왔던 눈물을 터뜨렸다.

형은 중국 도문시에 있는 교회에 다니면서 기독교 공부를 하고 있었다. 형이 내게 교회에 같이 다니자고 했을 때 나는 덜컥 겁부터 났다. 성경을 공부하고 종교를 믿는 행위는 물론 남한 사람을 만나는 것조차 조국반역죄로 사형감이었다. 하지만 늘 목숨을 걸고 살아왔던 내게 그런 것쯤은 그리 오랜 고민거리가 되지 못했다. 형의 말에 따르기로 했다. 연변 지역에 가면 북한 사람들을 만나고 싶어 찾아오는 남한 사람들이 많았다. 교회에 가는 일이나 남한 사람을 만나는 일이나 두려운 일이었지만, 선택에 목숨을 거는 일쯤은 이제 내게 예삿일이 되어버렸다.

12월 24일 밤 9시쯤 중국으로 넘어온 것을 끝으로 나는 다시 두만강을 건너지 않았다.

도문 쪽에서 전도사 사업을 하시는 분을 만나 그분 사역장에서 한동안 형과 함께 지냈다. 깊은 산골짜기에 있는 사역장에서 지내는 동안은 마음 졸이지 않고 생활할 수 있었다. 먹고 싶을 때 먹고 자고 싶을 때 자는 일이 과연 내게도 가능한 일이었던가. 이제껏 경험해 보지 못한 꿈같은 생활이었다. 정말 오랜만에 느끼는 자유로움이었다.

그러던 어느 날, 형이 연길로 들어가겠다고 했다. 둘이 같이 움직이면 잡힐 수 있으니 형이 먼저 들어가 자리를 잡은 후 나를 부르겠다고 했다. 그날이 형과 함께한 마지막 날이었다…….

형이 떠난 후에 나도 곧 그곳을 빠져나왔다. 내가 머물고 있는 사역장이 중국 공안에 많이 노출된 곳이라 위험하니 다른 곳으로 이동하라는 전도사의 권고를 받아들였다. 그 후 나는 동신이라는 곳으로 가서 기독교를 공부한 북한 사람들을 만나 한동안 편안한 마음으로 지내다가 다시 심양으로 이동을 했다. 그곳에서 다시 여러 사람들을 만났고 기독교 공부를 했으며 그렇게 인연이 된 사람들의 도움을 받아 중국 연길에서 몽골까지 목숨을 건 탈출을 시도했다.

5장 퍼플맨

꿈은 꾸기 위해 존재하고
목표는 이루기 위해 존재한다

잘 먹고 잘산다고 생각하며 내가 그토록 동경하던 중국 사람들이 정작 가고 싶어 하는 곳이 남한이라고 했다. 한 해 동안 힘들게 농사 지어 번 돈을 남한에 가기 위해 기꺼이 쓴다 했다. 비행기 값은 말할 것도 없고 불법으로 가짜 여권을 만드는 과정에서 들어가는 엄청난 비용의 돈을 한국에 가기 위해 사용한다는 말을 들었을 때 나는 몹시 흔들렸다. 중국인들이 그 정도의 동경심을 가진 곳이 대한민국이라니.

나는 남한을 마음에 품기 시작했다.

남한행을 결심한 것은 감옥 안에 있을 때였다. 1998년도에 보위부를 지나 안전부로 들어갈 때, 내가 만약 여기에서 살아나간다면 무얼 할 수 있겠는지를 고민했다. 부모도 없고 집도 없는 내가 목숨을 건져 나간다 한들 누구를 의지해 살아갈 수 있을 것인가. 형의 생사조차 알 수 없어 더욱 혼란스럽기만 한 시기에 나는 남한행을 결심했다. 제삼국을 생각해 본 적은 없었다.

감옥에서 살아 나간다면 내가 선택할 수 있는 길은 두 가지뿐이라고 생각했다. 통계에도 잡히지 않을 중국 오지에 들어가 평생을 숨어 살든지 남한행을 택하든지 두 가지 길밖에는 없었다. 감옥에서 나오면 어디로 가든 북한에서 일단 빠져나와야만 살 수 있다는 절박한 심정이었다.

단속이 주기적으로 계속 심해지고 있었기 때문에 그렇다면 남한행을 한 번쯤 시도는 해봐야겠다고 생각했다. 가다가 조금 일찍 죽거나, 조금 늦게 죽거나 그 차이일 뿐이었다. 중국에 몰래 숨어 살다가 잡혀 북송이 된다면 이미 전력이 있는 나로서는 다시 얼마의 형기를 받을지 알 수 없는 상황이었다. 다만, 확실한 건 다시 붙잡힌다면 살아나올 가능성은 없다는 것이었다. 일찍 잡히거나 늦게 잡히거나. 늘 그래왔듯 목숨을 걸어버리니 대한민국행을 시도하지 않을 이유가 없었다. 성공하면 사는 것이고 실패하면 죽는 것이다.

감옥에 들어앉아 있으면 머릿속은 늘 두 가지 생각으로 가득했다. 조사받을 때 그동안 내 행적의 시간적 오차를 어떻게 하면 줄일 수 있을까를 끊임없이 생각했다. 또 다른 하나는 감옥에서 살아 나간다면 어떤 경로를 통해 북한을 벗어날 것인가에 대한 생각이었다. 내 머릿속에는 오로지 그 두 가지 생각밖에는 아무것도 없었다.

교화소에서 나오자마자 온통 머릿속에 대한민국뿐이던 마음부터 잠시 내려놓기로 했다. 대한민국의 이름을 당분간 머릿속에서 지우고 몸을 추스르는 일에 전념하기로 했다. 탈출하기 위해서는 일단 몸부터 추서야 한다. 혹시라도 몸이 회복되기도 전에 누군가에게 그 생각을 나도 모르게 발설하게 된다면 매우 위험한 상황이 올 수도 있기 때문이었다.

2000년 10월에 중국으로 넘어가면서 다시는 고향 땅에 발을 들이지 말자고 결심했지만 고향 땅에 대한 미련은 번번이 내 발목을 붙잡고는 했다. 누구에게나 그렇듯이, 고향을 완전히 등져야 한다는 사실은 쉬운 일이 아니다. 중국에서 형을 만

낳고 형을 따라 나간 교회에서 남한 사람들을 만나면서 확신을 가졌다. 결심을 굳힌 후 주변 어른들께 인사를 다니며 작별을 준비했다.

두 번 다시 돌아오지 않을 두만강을 마지막으로 건너온 날이 2000년 12월 24일이었다.

몽골을 거쳐 서울에 들어온 때가 2001년 9월이었다.

조사기관에서 조사를 마치고 나서 남한 생활을 위한 교육을 몇 달간 받은 직후에 내가 맨 처음 한 것은 여행을 다니는 일이었다. 석 달간 제주도 등을 미친 듯 여행 다니며 정착지원금의 절반을 날렸다. 그제야 이곳에서의 돈의 가치를 알게 되었고 이것은 결과적으로 내게 큰 공부가 되었다. 이곳에 들어와 한동안 떠돌며 여행을 다닌 것도 내 안에 늘 꿈틀거리고 있는 꽃제비 본능 때문인지도 모르겠다.

여행비로 날린 돈을 벌겠다고 단단히 각오한 나의 일과는 새벽 4시에 일어나는 것으로 시작되었다. 새벽에 출근해 아이스크림 유통업체에서 아이스박스 창고를 관리하는 일을 하고 저녁 6시에 퇴근한 뒤 컴퓨터 학원에 가서 한 시간 남짓 공부를 했다. 그리고 다시 마트에서 박스 접는 아르바이트를 하고 마지막으로 피시방에 가서 두 시간 정도 일하는 것을 끝으로 하루 일과를 마쳤다. 모든 일을 마치고 나면 자정이었다. 아무것도 못하고 그대로 쓰러져 자다가 새벽 4시에 알람소리에 맞춰 일어났다. 4시 반에 자전거를 타고 출근하는 강행군이 8개월 동안

이어졌다.

그런데 내 머릿속이 다시 혼란스러워졌다. 그렇게 힘들게 일하고 내가 받는 돈이 나와 똑같은 일을 하는 사람의 절반밖에 되지 않는다는 사실을 알았을 때였다. 몹시 착잡했다. '내가 과연 누구인가'라는 물음을 스스로에게 던져 보았지만 답은 나오지 않았다.

인간답게 살아보겠다고 고향도 등진 채 목숨을 걸고 넘어온 이곳에서도 나는 이방인이었다. 내 고향 땅에서 이미 나는 반역죄를 지은 조국반역범이었으니 나는 그 어디에도 소속될 수 없는 존재란 말인가. 북쪽의 붉은빛에도 물들지 못하고 남쪽의 푸른빛에도 녹아들지 못하는, 나는 그 두 가지 사이에 어중간하게 위치한 보랏빛 정도 되는 사람이란 말인가……. 그래, 내가 꼭 붉은빛이거나 푸른빛의 사람일 필요는 없는 것이다. 주린 배를 채울 수 있고 누군가에게 속박되지 않는 삶을 살 수만 있다면 그게 어떤 빛깔이든 무슨 상관이랴.

제대로 먹지도 못하고 잠 한번 편하게 자지 못한 채 한동안 고된 생활을 이어오던 내 몸에 결국 이상 신호가 왔다. 기침을 하니 목에서 피가 나왔다. 너무 지치고 힘들어 영양부족이 왔다고 했다. 한동안 병원에 입원해 치료를 받아야 했다.

그만한 돈을 벌기 위해서는 얼마만큼 힘들게 일해야 하는지를 알았고, 남한에서도 누군가에게 속거나 사기를 당할 수 있다는 것을 알았다.

퇴원 후 자동차 관련 자격증을 따고 정비 일을 하면서 알게 된 형을 만난 후 내 인생은 많이 달라졌다. 형의 가족은 이곳에서 내 가족이나 마찬가지였다. 어리고 아무것도 가진 게 없는 나를 친동생처럼 아껴준 형에게서 많은 것을 배웠다. 무조건 착한 사람들일 거라 생각했던 남한 사람들에게 무시당하고 상처 받아 힘들어하던 나를 잡아준 사람이 형이었다. 독기를 품고 때로는 주먹질까지 하던 내 마음의 벽을 허물고 나를 바꿔 준 사람이다. 형을 만난 이후로 나는 누구와도 싸우지 않았고 상처로 얼룩진 마음도 빠르게 치유해 갔다.

세상 모든 것은 생각하기 나름이고 돌이켜보면 내 삶에 도움이 되지 않은 일은 없었다고 생각한다. 나쁜 사람을 만나면 인생을 배울 수 있고 좋은 사람을 만나면 영혼을 치유할 수 있다. 나는 형을 만나면서 남한 사회와 이곳 사람들에게 가졌던 마음의 경계를 풀고 그에게서 많은 것들을 보고 배우며 주먹도 쓰지 않게 되었다.

내가 공부를 해야겠다고 생각한 것은 그저 이쪽 사람들의 언어를 이해하고 문화를 알고 싶다는 생각 때문이었다. 말을 알아들을 수 없어 대화가 통하지 않았고 그럴수록 자꾸만 위축되고 작아져가는 나를 발견할 수 있었다. 이들의 말을 이해하고 이들의 문화를 마음으로 느낄 수만 있다면 더는 바랄 게 없다고 생각했을 때, 나는 책을 집어 들었다.

언어와 문학을 공부하고 싶었지만, 2차로 지망했던 국사학을 전공하게 되면서 내 인생에 다시 전환점을 맞았다. 이런 것을 전화위복이라고 하는 것일까. 역사를 공부하게 된 것을 하

늘이 주신 기회라고 생각하고 있다. 좋은 선생님들을 만나 지
도를 받으며 공부하는 즐거움이 어떤 것인지도 알았다.

살아오는 동안 내가 생각하는 것들은 맞을 수도 있고 맞
지 않을 수도 있다. 하지만 하늘이 내게 준 과제가 있다면 나
는 그러한 과제를 수행하기 위해 가끔은 멀리 돌기도 하고, 또
가끔은 바로 이어지기도 하면서 내가 가야 할 길에 조금씩 다
가가고 있는 것이라 생각한다.

나는 운이 참으로 좋은 편에 속하는 사람이라고 생각한다.
간절히 살고 싶은 마음으로 이곳까지 왔지만 그런 간절함만으
로 모든 사람들이 다 이곳에서 살 수 있는 것은 아니기 때문이
다. 내게 이곳은 기회의 땅이다. 최소한 선택의 여지가 있고 자
신이 하고 싶은 일을 찾아 할 수 있는 가능성이 열려 있는 곳
이기 때문이다.

최선을 다했다고 생각하고도 이루지 못하는 일들이 많아
좌절하는 사람들도 있지만 선택을 할 수 있다는 그 자체만으
로도 이곳은 절망하거나 포기할 필요가 없는 곳이라 생각한
다. 물론, 이 땅도 경기 불황에 실업 문제로 많은 사람들이 먹
고살기 힘들어졌다고 한다. 하지만 먹을 게 없어 쥐를 잡아먹거
나 독풀을 뜯어먹는 환경에 있던 내 과거를 떠올려보면 이곳은
그래도 살 만한 곳이라는 생각이다. 지옥을 봤기에 나는 감히
이곳을 천국이라 말할 수 있다. 자신이 하고 싶은 일을 찾아낼
수만 있다면, 그 누구도 하지 못하게 하는 사람이 있는 게 아

니라면, 무슨 일에든 도전해 볼 만하다고 생각한다.

이곳에 와서 여행이 꿈이라고 말하는 사람들을 많이 만났다. 저녁 식사 후 와인 한 잔을 마시는 것이 사치라고 생각하는 사람들도 적지 않게 보았다. 당장 집에서 가까운 마트라는 곳에만 가더라도 값싼 포도주를 얼마든지 살 수 있고 약간의 시간을 낸다면 지금 충분히 가능한 것들이다. 너무 낭만적인 것이어서 그건 꿈에 불과하다고 생각할지 모르겠지만 그건 꿈이 아니고 오늘 당장 실천할 수 있는 사소한 것들이다.

꿈은 꾸는 것이고 목표는 이루는 것이다. 구체적으로 이룰 수 있는 일을 먼 미래의 꿈으로 돌려버리는 순간, 목표는 영원히 이룰 수 없는 꿈으로 남게 되는 것이다. 사소한 꿈을 당장 실천하는 순간부터 꿈은 생활이 되고 그 생활의 끝에는 내가 이루고자 하는 목표가 기다리고 있는 것이다.

세상을 살아 나가기 위해서는 처해 있는 환경에 따라 때로 목숨을 걸 만한 용기가 필요하기도 하지만, 의외로 우리의 삶은 약간의 용기만으로도 쉽게 풀릴 때가 많다. 모든 문은 생각보다 가까이에 있는 경우가 많으니 두드릴 문을 찾아 너무 멀리 갈 필요는 없다. 물질적인 것들에 집착하지만 않는다면 어쩌면 생각보다 가까운 곳에서 자신의 길을 찾을 수 있을지 모른다.

사람마다 가치관이 다르고 저마다 사는 방식 또한 다른 법이니 어떤 것에 비중을 둔 삶을 선택하든 그것은 개인의 자유이고 자신의 몫인 것은 분명하다. 하지만 지금 당장 내 입에 들어갈 먹을 것을 구하느라 그 어떤 생각도 할 수 없는 북녘 땅을 생각하면, 돈을 적게 벌든 많이 벌든 그것이 그리도 중요한 일일까 싶기도 하다. 누구도 내 생각과 신체를 구속하지 않으며 자신의 일을 스스로 선택할 수 있는 자유가 있는 곳이라면 누구에게든 얼마든 행복해질 수 있는 열린 땅이 되는 게 아닐까.

흔한 말이지만 나 역시도 세상사 모든 것은 마음먹기에 달린 것이라고 여기며 살고 있다. 남과 나를 비교하면 스스로 못났다는 생각에 힘들어질 때도 있겠지만, 다른 사람이 아닌 10년 전의 나와 지금의 나를 비교해 본다면 얘기가 달라진다. 10년 전의 나는 이곳 말을 알아들을 수가 없어 사람들과 대화가 잘 되지 않았다. 직업도 없었으며 아는 사람도 의지할 곳도 없던 외톨이였다. 하지만 지금의 나는 사람들과 아무렇지도 않게 농담을 주고받을 수 있을 정도로 언어와 문화에도 익숙해졌고 내가 하고 싶은 게 무엇인지를 찾았으며 나를 가족처럼 여겨주는 고마운 분들도 만났다.

여전히, 가진 것도 없고 앞으로도 대단한 돈을 벌게 될 것 같지는 않지만 충분히 행복한 삶을 꾸려 나갈 수 있으리란 생각으로 살고자 한다. 열심히 한 분야를 따라가다 보면 언젠가는 자신에게도 반드시 기회가 올 것이다. 시간이 많이 걸리고 힘든 길이 될지라도 자신이 하고 싶은 일을 선택해 즐기며 꾸준히 걷다 보면 언젠가는 자신의 진가를 알아보는 사람이 나타날 것이다. 아무리 똑똑한 사람도, 아무리 노력하는 사람도,

즐기는 사람을 뛰어넘지는 못하는 법이라 했다.

　나는 아직 나의 길을 찾아가는 여정에 있다. 이제껏 이룬 일보다 앞으로 이뤄야 할 일이 훨씬 많은 나는 앞으로도 쉬지 않고 내 길을 따라 묵묵히 걸어갈 것이다. 구체적으로 어떤 일을 하며 어떻게 살아야 할지는 내가 선택한 길을 따라 천천히 걸으며 내 자신에게 끊임없이 질문해 볼 것이다. 그 이후의 삶에 대해서는 언젠가 다시 한 번 정리할 기회가 있을 것이라 생각하며 글을 맺으려 한다.

2부

북한의 꽃제비 연구

1장 왜 꽃제비인가

1. 꽃제비 연구의 목적

1) 꽃제비를 연구한 목적

꽃제비는 북한 사회 내에서 국가의 통제로부터 벗어나 있는 존재이다. 이러한 꽃제비가 어떤 배경을 가지고 생겨났는지, 어떤 행위유형과 특징을 갖고 있으며 어떠한 변화를 거쳐 왔는지의 과정을 살펴봄으로써 이들이 이다음에 북한 사회의 변화에 미칠 영향을 전망하는 데 이 연구의 목적이 있다. 이들 꽃제비와 북한 당국 사이에서 발생하는 역동적인 변화과정 또한 살펴보게 될 것이다.

따라서 "꽃제비란 누구이며, 어떠한 성향을 지녔는가? 이들은 북한 사회에서 언제부터 존재했으며 확산된 계기는 무엇인가? 북한 당국에 미치는 영향은 무엇이며 앞으로 어떻게 변화할 것인가?"라는 문제의식에서 출발하여 살펴볼 것이다.

일반적으로 북한은 폐쇄적인 사회로서 당 관료부터 노동자에 이르기까지 이중, 삼중의 강력한 통제하에서 작동되는 사회로 알려져 있다. 이러한 북한 사회는 기본적으로 통제기제와 통제공간이 함께 존재하는 곳이다.

북한 당국에서는 크게 세 가지 방법으로 주민들을 통제한다.

철저한 배급을 통해 물질로써 사람을 통제하는 물질통제의 방법이 그 하나이고 경찰의 철저한 감시와 처벌을 내세워 주민들을 통제하는 경찰통제, 그리고 기본적으로 유일지도체제의 당위성을 주입시켜 통제하는 이념통제가 있다. 이는 북한 사회 내 모든 주민들에게 예외 없이 적용된다.[1] 이러한 통제기제가 사용되는 곳이 바로 통제공간이다.

물질통제 측면에서 살펴보면, 북한에서는 계획경제 구조상 생산된 상품을 최소한의 생계에 필요한 양만 제한적으로 지급하는 배급제를 실시한다. 이 외의 비공식적인 경제활동에는 법적 제한을 두어 공적인 생산 활동에 참여해야만 생계를 유지할 수 있도록 했다. 때문에 노동 가능한 연령의 주민은 공적인 생산 활동에 반드시 참여해야 한다. 학생의 경우는 교육공간이, 노동자의 경우는 공장·기업소가 그 생산 활동의 현장이 된다.

그런가 하면 주민들은 공적인 생산 활동 현장에서 반드시 다양한 사회단체조직에 가입하여 조직생활을 검증받으며 이념통제를 받는다. 이 조직을 통해 주민들은 끊임없이 유일지도체계와 사상, 이념적 당위성에 대해 교육을 받는다. 조직의 존재는 9세에 가입하는 소년단 조직에서부터 60세 정년퇴직 이전까지 참여하는 정당과 사회단체가 있으며 반드시 이념과 사상 등 당의 유일사상체계를 옹호하는 교육과 그 결과를 점검

....

1 북한 사회의 통제는 사상통제, 물질통제, 제도적 통제로 구분이 된다. 사상통제는 당을 통해 이루어지며, 물질통제는 분배와 경쟁, 제도적 통제는 조직생활과 법을 기준으로 이루어진다(정영철, 1997: 56~63).

받아야 한다. 때문에 정당 가입 연령의 모든 주민들은 공적 생산 활동을 매개로 조직생활을 강요당하는 것이다. 정당으로는 로동당이 있으며 이를 중심으로 각종 사회단체조직이 운영된다. 대표적인 사회단체로는 소년단, 사로청, 여맹, 직맹, 농근맹 등이 있다.

제도적 통제는 경찰통제를 말한다. 경찰통제는 비사회주의적 현상에 대한 형법적 통제로 물질적 통제와 이념적 통제로부터 이탈하는 행위를 범죄행위로 간주하여 처벌하거나 경고함으로써 주민들이 통제구조 안에서 벗어날 수 없도록 하는 강제적 통제이다. 이러한 제도적 통제는 이동, 결사, 표현 등에 대한 자유를 구속하는 역할을 한다.

노동현장이 생계에 필요한 생필품의 분배를 조건으로 조직적 통제의 역할을 수행하는 공간이라면, 인민반은 주거를 전제로 한 조직적 통제를 하는 공간이다. 인민반은 '인민반회의'를 통해 당국이 필요로 하는 물질적 지원사업, 노력동원사업, 사상사업에 참여하도록 하여 마을단위에서 주민들을 통제하는 역할을 수행한다.채경희, 2007: 46-69 인민반에서도 매주 생활총화를 통해 가정혁명, 여성혁명, 자녀교양에 대한 실태를 점검받으며 상호 감시하는 관계를 유지하고 있다. 생활총화는 자신과 다른 사람의 업무수행 과정이나 사생활 등에서 나타난 잘못을 비판하는 자아비판 및 상호 비판회의를 말한다. 이러한 상호 감시하는 관계에는 다섯 가구가 하나의 그룹을 형성하여 상호 감시하는 '5호담당제'도 존재한다.

이렇게 통제공간을 통해 북한 당국은 물질통제, 경찰통제제도적, 조직통제를 행사할 수 있으며, 주민은 누구나 생계를 위해 원하든 원하지 않든 통제구조 속에서 생활할 수밖에 없다.

그러나 이러한 강력한 통제체제에서도 이를 벗어나 있는 이들이 있다. 이들은 해방 이후부터 존재했으며, 1960년대에 잠시 활동이 시들었다가 1980년대에는 사회의 수면 위로 등장하기 시작한다. 국가적 통제와 처벌이 강화되었음에도 그들은 여전히 그 사회 속에서 살아남았고 확산되어 왔다. 사실, 북한 당국에서 이들에 대한 통제를 하지 않았던 것은 아니지만 효과를 보지 못한 결과였다.

그 결과는 1990년대에 들어서 이들의 존재가 대규모 확산되는 것으로 나타난다. 사회통제에서 벗어나 있는 이들을 가리켜 바로 '꽃제비'라고 부른다. 꽃제비라는 특수한 존재가 그토록 강력한 북한의 통제사회에서도 시들기보다 오히려 확산되어 왔다는 것에 주목할 필요가 있다.

특히, 북한 당국의 강력한 통제조치에도 불구하고 계속 진화하면서 조직화, 정보화되어가는 현실은 철저하게 폐쇄사회를 유지하고자 하는 북한 당국의 입장에서는 매우 당혹스러운 일이 아닐 수 없다. 당국이 현 체제를 유지하기 위해서는 모든 주민들에 대한 통제가 가능해야 하지만, 이들 꽃제비들은 통제공간을 벗어나 조직화됨으로써 체제유지에 위협적인 요소로 작용할 수 있기 때문이다. 꽃제비는 사회주의 체제에 위협적인 요소로 작용할 수 있는 가능성을 갖고 있는 존재이다.

반면, 일반 주민의 경우는 그들이 어떤 반사회적 행위를 했다고 하더라도 통제가 가능하다. 이는 일반 주민들이 꽃제비와 달리 통제가 이루어지는 공간에서 벗어나지 못했기 때문이다. 어떤 식으로든 통제가 미치는 장소에서 벗어나지 못한 일반인은 당국의 체제에 대해 저항성을 갖고 있다고 해도 이것이 현실적으로 나타나기는 어렵다고 할 수 있다.

꽃제비가 북한체제에서 위협적인 존재가 되는 가장 큰 이유는 이들이 배급에 의존하지 않고도 스스로 살아갈 수 있는 생존능력이 있다는 점에 있다. 그들은 여러 가지 규제와 규범에 근거한 통제에 대해 깊은 회의를 품고 있어 폐쇄사회에서 가장 저항적인 세력인 동시에 북한체제에 불안정성을 더하는 존재인 것이다.

본 연구에서는 북한 당국이 오랜 시간을 들여 통제노력을 해 왔음에도 불구하고 여전히 통제하지 못하고 있는 꽃제비의 기원과 그들의 유형, 특징에 대해 밝혀낼 것이다. 또한 최근 점조직에서 집단적 조직화로 확산되고 있는 꽃제비 현상과 이들이 앞으로 어떻게 변해 갈 것인가에 대해 전망해 보고자 한다.

2) 꽃제비에 관한 기존 연구

1990년대 들어 냉전이 종식되면서 장막에 가려 있던 사회주의권에 대한 연구가 활발해졌다. 그에 따라 북한에 대한 연구도 크게 늘어났다. 그동안 남한에서의 북한연구는 정치, 경제, 문화 등 여러 방면에 걸쳐 폭넓게 연구되어 왔고 1950년대 이후에는 여러 방면에서 의미 있는 연구들이 진행되면서 북한을 이해할 수 있는 학문적 기반이 마련되었다. 2000년대에 들어 북한에 관한 연구가 한층 더 강화되면서 북한을 전체로 파악하려 하기보다 분야에 따라 개별적으로 파악하고 분석하는 쪽으로 연구 방법에도 변화가 일어났다.

최근에는 북한 사회의 일상에 대한 연구도 많은 주목을 받고 있다. 그동안의 연구가 북한의 정치, 경제, 문화, 사회에 대해 주로 이루어져 왔다면, 이제는 북한의 일상사에 대한 연구가 본격화되면서 북한 사회를 좀 더 깊이 이해할 수 있는 환경이 조성되기 시작한 것이다. 특히 주목할 부분은 북한 사회에서 새로운 계층이 발생하고 있다는 점이다.

그동안 북한의 계층이 권력, 지위, 성분, 토대를 중심으로 한 정치적 기준으로 존재했다면, 1990년대 이후에는 '시장'을 통해 부를 축적한 새로운 계층이 형성되고 있다는 점에 주목할 필요가 있다. 이러한 사실은 매우 놀라운 변화라고 할 수 있다. 1990년대 경제위기 이후 북한 사회에서 자연발생적으로 새로운 계층이 형성되고 있다는 것이 최근 북한계층

연구의 일반적 추세이다. 특히 하위계층에 관한 연구가 활기를 띠고 있는 이유도 정치적 기준이 아니라, 경제적 부를 기준으로 한 계층이 발생되고 있다는 데에 학자공동체가 동의하고 있기 때문이다.

북한 사회 변화에 대한 연구들은 사회통제와 불평등, 계층 및 계급 갈등, 상징체계, 시장과 주민의식 등 사회체제를 유지시켜 주는 다양한 매개체를 중심으로 활발히 진행되고 있다. 북한의 정치, 경제적인 측면에 초점을 맞추던 기존연구의 경향과 달리 1990년대의 사회통제, 불평등, 계층 및 계급, 시장, 주민의식 변화 등에 대한 연구가 주를 이루면서 북한 사회를 들여다볼 수 있는 초석이 마련되었다.[2]

꽃제비에 대한 국내외의 관심이 집중되기 시작한 것은 1997년경부터라고 볼 수 있다. 그러나 이에 대한 연구가 2012년 현재까지도 별다르게 진척되지 않고 있는데, 이는 꽃제비에 대한 연구가 그 어느 분야보다 상대적으로 접근이 어렵기 때문이다. 대상에 대한 접근 자체가 매우 어렵다보니 '꽃제비'에 관한 연구가 거의 이루어질 수가 없었던 것이다. 유일하게 존재하는 학위논문으로는 중국 연변지역에 체류하는 북한꽃제비에 관한 김창배2006의 연구가 전부인 실정이다. 이마저도 연구대상이 중국지역에 체류하는 꽃제비를 대상으로 한다는 점에서 북한내부의 꽃제비 연구는 아니다.

이와 같이 꽃제비와 관련된 연구는 사실상 전무한 상태라고 할 수 있다. 학술지에 간혹 등장하는 꽃제비의 근황이나 간단한 소개, 간간이 언론 및 사회단체에서 소개되는 꽃제비의 생활상과 증언 자료[3]로 만들

....

2 북한의 사회통제와 불평등구조에 대한 연구는 이우영의 『전환기의 북한 사회통제체제』, 정영철의 『북한 사회통제 메카니즘의 변화와 특징』, 김병로·김성철의 『북한 사회의 불평등 구조와 정치사회적 함의』 등이 있다(정영철, 1997; 김병로·김성철, 1998).

3 꽃제비 관련 단행본으로는 이철원의 『평꼬』, 정성산·조일환, 『장백산』 등이 있으며 월간에 소개된 이충실의 『꽃제비의 설움』이 있다(이철원, 1995; 정성산·조일환, 1999; 이충실, 2008).

어진 단행본이 전부이다.

국내 언론에 처음 꽃제비가 소개된 것은 1992년 매일경제신문6월 20일 9면에서이다. 신문에 의하면 북한체제에 불만이 만연하여 은어들이 급증하고 있으며 그중 "꽃제비"가 새로운 은어로 등장했다고 한다. 이후 나타나지 않다가 1995년 경향신문10월 23일 6면에 꽃제비 실화소설 『평꼬』를 소개하면서 다시 나타났다. 약간의 시간이 지난 1997년부터 꽃제비에 대한 기사들이 급격하게 증가한다. 그중 1997년 5월 한겨레는 '북녘에서 온 편지'를 소개하면서 북한 사회에 꽃제비가 만연하여 사회불안정성을 가중시키고 있다고 실었다. 이때부터 북한의 꽃제비에 대한 관심이 나타나면서 기사들이 쏟아져 나오기 시작했다.

이렇게 꽃제비에 관한 연구가 그동안 없었던 가장 큰 이유는 무엇보다도 연구에 필요한 축적된 자료, 증언사례, 전문자료가 부족하기 때문이다. 용어가 통일되어 있지 않은 것도 문제가 된다. 먼저, 북한이 공식적으로 '꽃제비'란 용어 자체를 인정하지 않고 우회해서 사용하기 때문에 용어에서부터 혼돈이 일어나는 것이다. 북한은 대외적으로 널리 알려진 꽃제비 자체를 부정하면서 이들을 불량청소년, 비사회주의적 행위자 등과 같이 우회적인 방법으로 표현을 한다.

자료가 부족한 다른 이유로는 북한소식통을 통해 흘러나오는 정보이 외에 꽃제비 경험을 한 탈북자들을 찾기가 어렵다는 점을 들 수 있다. 또한 어렵게 꽃제비 경험자를 찾았다고 하더라도 꽃제비 경험자들이 증언을 회피하기 때문에 사례를 수집하기가 어렵다. 그들이 증언을 회피하는 이유는 북한에서 어렵게 살았다는 사실 외에도 꽃제비생활을 하면서 자신들이 폭력적이거나 사회질서와 규범에 반하는 반윤리적 행위를 했다는 수치심이나 죄책감을 갖고 있기 때문이다. 이들은 타인이 가질 선입견을 의식하기 때문에 증언을 꺼리게 되는 것이다. 이는 북한 사회에서 이탈한 일반 탈북자들이 타인의 시선을 별다르게 의식하지 않고 자유롭게 증언하는 것과 사뭇 다르다. 일반 탈북자들의 경우에는 그곳에서의 굶주림과 북한 정권의 탄압에 대한 반작용으로 타인의 동정심을 유발하여 별다른 윤리적 문제를 생각하지 않아도 된다. 하지만 꽃제비 경험자들은 생존 자체의 문제를 상대적으로 의식할 수밖에 없는 것이다.

뿐만 아니라, 꽃제비 경험자들이 증언을 기피하는 이유는 탈북자 내부에서 심심치 않게 돌고 있는 북한의 테러 가능성에 대한 염려 때문이기도 하다. 남한으로 넘어와 어떤 식으로든 자주 노출이 될 경우, 북한에 남은 가족문제에 앞서 이곳에 넘어온 해당자를 대상으로 북한으로부터 테러를 당할 수 있다는 점이 이들의 증언을 꺼리게 만드는 결정적인 이유이다.

앞서 말한 이러한 문제들로 인해 꽃제비 관련 자료들이 다른 분야에 비해 상대적으로 부족하고 이 때문에 전문적인 연구로 접근하기가 어렵다. 한마디로 꽃제비에 관한 연구는 사실상 자료의 한계가 가장 큰 문제가 된다고 할 수 있다.

북한의 꽃제비에 관한 연구가, 비록 이러한 여러 가지 문제점들을 안고 있기는 하지만 이러한 한계를 최대한 극복하면서 꽃제비들의 연속성과 지속성을 심도 있게 분석하고 이를 토대로 꽃제비의 변화 가능성에 대해 전망을 해 보고자 한다. 꽃제비들의 연속성이라고 하면 계속해서 반복하고자 하는 성격의 속성을 이르며, 지속성은 사회에서 꽃제비들이 계속적으로 나타나는 현상을 가리킨다. 이러한 연속성과 지속성은 꽃제비를 살펴볼 때에 북한의 체제 속에서 어떠한 대책이나 정책으로도 차단할 수 없음을 보여주는 기준이 된다.

2. 꽃제비의 연구 범위

꽃제비의 역사는 해방공간과 그 역사를 함께한다. 당시의 꽃제비가 지금의 꽃제비와 같이 지칭되지는 않았다 하더라도, 연속성과 지속성이라는 꽃제비 특유의 속성 때문에 오늘날의 그것과 유사한 형태로 상당히 오래전부터 존재해 왔다고 할 수 있다. 북한의 꽃제비는 겉으로 드러나지 않았을 뿐, 이미 오래전부터 북한 사회의 어두운 내면에 존재해 왔으며 1990년대 식량위기가 발생함에 따라 더욱 확산되어 사회의 수면 위로 떠오르기 시작한 것이다.

본 연구도 해방공간부터 2000년대까지의 꽃제비를 연구 대상으로 한다. 해방공간의 무질서 상황과 1950년대 전쟁고아 문제, 1960년대까지의 정치적 갈등 문제로 인해 나타난 꽃제비의 발생과 지속화 경향을 역사적 맥락에서 살펴볼 것이다. 특히 꽃제비가 급속도로 확산되기 시작한 경제위기 시기에 주목함으로써 1990년대부터 2000년대를 중점적으로 살펴보고자 한다.

일반적으로 탈북자 증언 등에 따르면 꽃제비가 1990년대 초에 처음 등장한 것으로 알려져 있다. 1990년대 초에 먹고살기 어려워지면서 방랑생활을 하는 학생들로부터 이 꽃제비가 비롯되었다는 것이다. 하지만 꽃제비라는 존재는 경제위기에 직면했던 1990년대 초에 사회의 수면 위로 등장한 것일 뿐 꽃제비는 사실 이보다 훨씬 이전인 1970년대에도 존재했다. 북한도 1980년대까지는 사회 및 조직생활이 어느 정도 정상적이고 안정적이었다. 이 안정적인 시기에 북한에서 거주했던 탈북자들의 입장에서는 꽃제비의 등장 시기를 1990년대 초로 보는 것이 당연하다. 그러나 북한 최고의 장편소설로 일컬어지는 『불멸의 역사』에서는 꽃제비라는 용어가 이미 해방공간에서부터 존재했음을 보여준다. 장편소설 "불멸의 력사" 총서는 김일성의 연대기에서 있었던 일들을 소설화하여 만들어진 것으로 일정 정도 사실화되어 있는 부분이 상당히 존재한다. 이러한 차후 언어적 의미에서 다루겠지만, "불멸의 력사" 총서 중 열병광장에서는 꽃제비가 해방공간에서 쏘련 사람들이 부랑아를 지칭하여 부르던 용어로 해석하여 당시 꽃제비가 존재했음을 보여 주었다.정기종, 2001: 95~97 이는 지금의 꽃제비라는 용어 자체가 소련식이든 북한식이든 해방공간에서부터 존재했음을 말해 주고 있으며, 이것이 오랜 기간을 거치면서 재해석되었을 가능성이 높다.

앞으로 펼쳐질 꽃제비에 관한 내용은 해방공간에서의 꽃제비 존재를 파악하는 것에서부터 시작할 것이다. 우선 역사적 흐름 속에서 시대별 상황에 따른 꽃제비의 발생 요인이 무엇인지 알아볼 것이고 이어 꽃제비를 유형화하고 세분화하면서 그 특징을 짚으며 살펴볼 것이다. 그 다음은 이러한 유형과 특성을 가진 꽃제비의 발생이 역사적인 흐름 속에서 북한 당국에 어떠한 영향을 미치고 있는가에 대해 생각해 볼 것이다. 또한 북한체제가 이들을 통제하는 데 갖는 한계가 무엇인지를 파악함으로써 이다음에 꽃제비 존재가 어떤 식으로 변화해 갈지 그 가능성에 대해 전망해 보고자 한다. 특히 이 부분은 꽃제비의 수가 급속도로 증가하는 1990년대에 초점을 맞추어 살펴보고자 한다.

꽃제비를 연구하기 위해 문헌적인 접근과 더불어 꽃제비 출신 탈북자들의 증언을 최대한 활용하고자 했다. 문헌 연구는 북한의 1차 문헌 중 가장 기본적이고 중요한 단서를 제공해 주는 『김일성 저작집』1979~1998, 『김정일 저작집』1992~2005과 이들의 행보를 소설화한 『불멸의 력사』 총서, 『불멸의 향도』 총서 등을 최대한 활용하였다. "불멸의 력사"와 "불멸의 향도"는 김일성과 김정일의 연대기를 각각 소설화한 내용으로 최고 권력자의 찬양부분을 제외하면 당시 사회상을 들여다볼 수 있다는 점에서 중요한 문헌 자료이다. 이 시리즈 중 2001년에 출판된 정기종의 "불멸의 력사" 『열병광장』과 2002년에 출판된 리신현의 "불멸의 향도" 『강계정신』을 참고하고자 한다. 『김일성 저작집』과 『김정일 저작집』은 북한의 정치사에서 최고의 권력자의 인식과 정책 반영을 그대로 보여주고 있다는 데에 요점이 있다. 특히 문헌의 특성상 절대 권력자의 당시 정세에 대한 주장과 정책 방향들에 대한 내용들이 그대로 수록되어 있어 쉽게 고치거나 수정할 수 없기 때문에 여타의 자료들에 비해 상대적으로 신뢰성이 매우 높다. 따라서 북한의 주요 정책과 입안, 현 정세에 대한 판단 등을 파악하는 데 기본적인 자료로 활용되는 것이다. 『김일성 저작집』은 1979년부터 1998년까지 50권으로 구성되어 있다. 『김정일 저작집』은 1992년부터 2005년까지 15권으로 구성되어 있으며, 현재 증보판으로 15권까지 나온 상태이다. "불멸의 력사"와 "불멸의 향도"는 각각 김일성과 김정일의 연대기를 소설화한 내용으로 최고 권력자의 찬양 부분을 제외하면 당시 사회상을 들여다볼 수 있다는 점에서 중요한 문헌 자료이다. 이 시리즈 중 2001년에 출판된 정기종의 "불멸의 력사" 『열병광장』과 2002년에 출판된 리신현의 "불멸의 향도" 『강계정신』을 참고하고자 한다.

이 밖에 1차 문헌으로 『조선말사전』[4] 등을 참고하여 꽃제비에 대한 인식의 흐름을 파악해 볼 것이다. 1차 문헌은 역사적인 맥락을 파악하는 데 중요한 역할을 하기 때문에 최대한 활용하기로 했다.

이 책의 후반부에 나오는 내용은 꽃제비 출신들의 증언 자료 및 증언들을 토대로 접근한 것들이다. 이 탈북자들은 실제로 꽃제비 활동을 직접 체험한 직접 경험자와 직접경험은 없으나 꽃제비를 가까이에서 목격한 간접 경험자들이다. 경험자와 비경험자로 나누어 직접 꽃제비를 경

....

4 조선말 사전은 북한의 용어에 대한 이해와 해석을 파악하기 위해 2004년에 과학백과사전출판사에서 출판된 사전을 활용하고자 한다.

험한 사람들의 경험담과, 직접경험은 없지만 꽃제비를 목격한 비경험자들의 경험자에 대한 인식을 통해 객관성을 최대한 높이고자 노력했다. 이외 계속적으로 북한 사회의 소식을 전해 주고 있는 다양한 정보기관들의 자료들을 활용해서 꽃제비에 대한 완성도를 높이려고 했다.

탈북 증언자들의 인터뷰는, 직접 꽃제비 경험을 했던 구술자와 경험은 없으나 꽃제비 현상에 대해 알고 있는 구술자를 대상으로 진행하였다. 이들이 제공하는 인터뷰자료는 인용의 편의를 위해 탈북자 A에서 G까지 알파벳으로 구분하였다. 이들의 요구 사항에 따라 가족사항, 실명등은 거론하지 않기로 했음을 밝혀 둔다.

표 1. 면접 대상자 인적 사항

구술자	탈북자 A	탈북자 B	탈북자 C	탈북자 D	탈북자 E	탈북자 F	탈북자G
성별	남	남	남	여	남	여	여
생활 경험	O	O	O	X	X	X	X
탈북 연도	2006	2002	2000	2011	2005	2011	2003
입국 연도	2006	2003	2001	2011	2006	2011	2004
출생지	무산군	무산군	청진시	대홍단	무산군	청진시	무산군
북한 학력	고(중퇴)	고(졸)	고(졸)	고(졸)	고(졸)	고(졸)	고(졸)
북한 직업	학생	무직	무직	농장원	노동자	승무원	장사
경험 기간	1997~2006	1997~2000	1992~1997	2011	2005	2011	2003
경험 지역	길주, 무산, 청진	무산, 청진	청진, 온성, 함흥	대홍단역 시장	무산역 시장	청진역 시장	무산 시장 청진
현재 나이	22세	30세	31세	24세	33세	30세	31세

2장 꽃제비란 무엇인가

1. 꽃제비의 개념

1) 꽃제비 발생과 관련한 기존의 이론들

(1) 꽃제비 발생과 관련한 유사 이론들

꽃제비가 생겨난 원인과 유사한 이론들을 살펴보면 일반적으로 비행소년은 하류층의 결손가정, 불량한 주거지역 환경에 의한 사회적 일탈이나 범죄에 쉽게 노출됨으로써 발생한다고 보는 하위문화론이 있다.홍두승·구해근, 2004: 129 하위문화론에 따르면 비행소년은 하류층의 결손가정에서 주로 발생하며 불량한 주거지역에서 대거 나타난다는 것이다.

한편 앤서니 기든스Anthony Giddens에 따르면 사회 내에서 구조적인 긴장과 도덕적 규제가 부족함에 따라 개인 또는 집단이 갖는 열망이 실제 사용할 수 있는 자원과 일치하지 않을 때 욕망과 충족의 불일치로 구성원들이 일탈하게 된다는 것이다.기든스 지음, 김미숙 외 6명 역, 2011: 797 이것은 일종의 아노미 상태로 규정할 수 있는데, 사회학에서 규정한 아노미는 행위를 규제하는 공통 가치나 도덕 기준이 없는 혼돈 상태를 말한다. 즉 아노미 상태는 행위자가 자신이 가야 할 방향을 잃고 행위 결정을 포기하는 상태를 말하는 것이다.

이 외에도 통제이론에서 말하는 일탈 행위는 행위자가 취할 수 있는 이익을 기준으로 범죄와 위험요소를 저울질하는 과정에서 발생하는데, 이는 사회화가 잘 이루어지지 못한 데 따른 결과라고 보는 것이다.기든스 지음, 김미숙 외 6명 역, 2011: 806 또 다른 이론에서도 사회적 성공과 높은 지위를 얻는 활동에 적극 참여할 때 비행의 여지가 사라지며, 사회에 대한 지배적인 가치와 규범에 대한 신뢰의 정도에 따라 사회화에 실패하거나 성공한다고 보고 있다.원석조, 2002: 92~94 이는 모두 사회화에 실패할 경우 일탈이 일어난다고 보는 것이다.

전체적으로 종합해 보면 일탈의 발생 원인은 사회화의 성공 여부와 지역 환경, 사회 내의 구조적 긴장과 도덕의 규제 약화에 따른 것이라고 보는 것이다. 또한 사회생활에서 패배했거나 건설적인 인생계획에 실패했을 경우 발생하는 요소라고 요약할 수 있다.

(2) 꽃제비 발생 원인과 기존 이론의 차이

일반적인 기존 이론에서 나타나는 일탈의 발생 원인을 꽃제비의 발생 원인과 비교해 보면 다소 차이가 있다는 것을 알 수 있다.

첫째로 비행청소년 문제를 북한의 꽃제비에 적용시킬 경우 '비행'이라는 측면에서 바라보면 유사한 점이 있기는 해도 불량한 주거지역 환경문제가 꽃제비 발생에 영향을 미치지는 않는다는 점이다. 북한의 꽃제비는 어느 특정한 불량 지역에서만 나타나고 있는 것이 아니라, 비교적 좋은 환경을 가진 지역에서도 나타나고 있다. 다시 말해, 전국적인 범위에서 하류층뿐만 아니라 중상류층에서도 나타나고 있다는 점에 주목해야 한다.

이론적으로 본다면 북한의 지역적 특성상 좋은 환경이랄 수 있는 평양에서는 비행소년이 나타나지 않아야 하는 것이 맞겠지만, 실제로는 이미 오래전부터 평양에서도 꽃제비 현상이 나타나고 있다. 평양뿐만 아니라 특별한 지역에서 사는 하류층 이상의 계층에서도 꽃제비가 발생하고 있다.

이론과 맞지 않는 부분은 이뿐만이 아니다. 꽃제비의 범주에는 성인도 상당히 많이 포함되어 있기 때문에 이들을 청소년층으로 한정할 수 없는 문제점도 발생한다.

둘째로 구조적 긴장과 도덕 규제의 약화에 따른 발생 요인으로 보자면 북한 사회와 비교해 놓고 볼 때 정반대의 양상이 나타난다. 즉 북한은 구조적인 측면이나 도덕적 규제가 그 어느 국가보다도 강한 사회이다. 북한 사회를 한마디로 규정한다면 개인의 사소한 자유조차 허용하지 않는 강력한 통제사회라고 할 수 있을 만큼 구조적인 긴장을 갖추고 있다. 또한 도덕적 규제를 넘어서 법적 처벌까지 용인되고 있다는 점에서 오히려 이러한 기존 이론의 입장과는 상반되는 결과를 보여 주고 있다.

셋째는 사회화의 실패에 따른 일탈의 발생으로 보는 부분인데 이러한 사회화를 행위자의 사회적응 문제만을 놓고 본다는 것에는 다소 무리가 따른다. 개인의 입장에서 볼 때 불가항력적인 요소인 사회적인 통제나 남다른 개인의 환경, 그리고 국가의 정치적 탄압 등에 대한 부분은 고려하지 않았다는 점이 문제가 된다. 단편적인 행위자의 문제만 살펴보고 있다는 점에서 꽃제비가 발생할 수밖에 없는 구조적인 문제와는 다소 거리가 있다.

(3) 꽃제비 행위에 대한 해석

그렇다면, 꽃제비의 행위 문제를 두고는 어떻게 해석할 것인가. 먼저 꽃제비들의 행위를 범죄론에 입각해 해석하려는 문제이다. 북한은 기본적으로 모든 것이 국가의 소유이므로 개인이 합법적으로 소유할 수 있는 것은 극히 제한되어 있다. 허용되는 것은 가족단위 내 집안의 기물이 전부이며, 그 이상의 가치가 발생할 때에는 반드시 국가에 신고를 해야 하며 그에 합당한 대답을 내놓아야 한다.

예컨대 북한 사회에서 주말을 이용해 친한 동료의 일을 도와주고 그에 따른 대가로 돈을 받았다고 했을 때, 은행에 그 돈을 저금하려면 일정 정도 이상의 금액에 대한 출처를 밝혀야만 한다.

북한 사회에서 국가는 사실상 한 개인의 모든 것을 통제할 수 있다. 가족단위가 소유한 제한된 물질 이외의 개인 소유는 불법적인 소유로 간주하며 개인의 행위 활동에서 국가가 정해 준 시간, 일자리, 조직으로부터 벗어나는 행동은 불법으로 규정할 수 있다. 달리 말하면, 가정에서의 활동을 제외한 북한주민들의 모든 생활과 행위는 '공적'이라고 볼 수 있다.

생산 활동 이후와 가족으로 복귀하는 사이의 행위 활동은 공적인 활동 시간이 아님에도 불구하고 처벌 대상이 될 수 있다. 예를 들어, 한 노동자가 먹고살기 어려워 공장에서 생산 활동 이후 시장에 나가 장사를 하는 등의 상행위를 했다고 한다면 곧 불법이기 때문에 처벌의 대상이 되는 것이다. 처벌의 대상이 된다는 것은 곧 북한 사회에서 범죄를 의미한다. 공적인 것의 의미를 통해 본다면, 북한체제는 한 개인의 삶에 대하여 국가가 자율성을 제약하고 통제하는 강력한 통제사회라는 점에서 꽃제비의 행위를 단순 범죄라고 규정하기에는 무리가 따른다.

또한 꽃제비의 행위에는 범죄로 규정할 수 없는 행위들이 존재한다. 예컨대 장기 자랑이나, 구걸행위, 주워 먹는 행위, 산에서 나물을 채취해서 생계를 유지하는 꽃제비들이 상당수 존재하는데 이들을 범죄 행위자로 규정할 수는 없는 것이다.

2) 꽃제비의 요건

(1) 꽃제비와 노숙자

꽃제비를 노숙자라고 생각하는 경우도 있을 수 있다. 하지만 노숙자나 걸인의 경우는 꽃제비와 달리 법적인 보호를 받을 수 있으며 애초에 생계를 위한 행위의 맥락이 꽃제비와는 사뭇 다르다. 노숙자는 구걸을 통해 대부분 생계를 유지하는 데 비해, 꽃제비는 생계 행위가 매우 다양하며 노숙자와 달리 사회에 직접적으로 영향을 미치고 있다는 점이다. 노숙자는 노숙자 보호시설이 따로 존재한다. 길거리에서 노숙생활을 하는 사람들은 단순히 이 보호시설을 거부한 사람들일 뿐이다. 노숙자들은 기본적으로 정부에 저항하려는 의지를 갖고 있는 것이 아니다.

반면 꽃제비는 보호 대상이 아니다. 이들은 보호시설이 아닌, 이들의 행위를 억제하고 통제하기 위한 시설로 가게 되며 강제 노동에도 동원이 된다. 특히 노숙자의 경우 사회에 어떤 영향을 미치지는 못하지만 꽃제비는 국가의 규범과 통제로부터 장기간 이탈한 상태에서의 행위로 폐쇄 체제 유지를 약화시키는 역할을 한다는 점이 다르다. 또한 노숙자와 거지는 조직화가 되어 있지 않지만 꽃제비들은 조직화되고 있다는 점과 꽃제비 스스로 그러한 조직에 소속되는 것을 원하고 있다는 점에서 큰 차이가 있다. 노숙자는 대부분 경제적인 문제로 발생하지만 꽃제비는 경제적인 문제뿐만 아니라 정치적인 탄압 문제로 인해 발생하기도 한다.

(2) 규범과 규범 사이

이러한 문제들을 해결하기 위해 일부에서는 공식 규범과 일탈 규범, 형법상 규범으로 구분하여 접근하기도 한다. 즉 공식 규범과 일탈 규범이 있으며 이 위에 형법상 범죄행위가 존재한다고 규정하고 이를 구분해서 보는 것이다.

표 2. 북한의 공식규범과 가치관 그리고 일탈과 범죄행위

공식규범의 가치관	일탈규범과 가치관	형법상 범죄행위
• 착취제도 반대	• 개인주의, 이기주의	• 반국가 및 반민족 범죄
• 집단주의 의식 강조	• 사회노동 불참	• 사회주의경제 침해죄
• 노동의무, 공동노동 요구	• 조직생활불참	• 사회주의문화 침해죄
• 단체생활강화	• 행위준칙 위반	• 사회주의행정관리질서 침해죄
• 공동재단 애호	• 정권, 제도, 정책 불만	• 사회주의공동생활질서 침해죄
• 조국사랑, 체제수호	• 수령 및 지도부 불충	• 생명재산 침해죄

출처: 최대석, 박희진, 2011: 74, 재인용

이러한 구분은 북한 사회에서 일어나는 행위의 기준을 자세히 나누어 보여 주고 있다는 점에서 의의가 있다. 그러나 여기에서 문제는 북한이 일탈 규범 문제와 형법 문제의 차이를 여전히 극복하지 못하고 있다는 점이다. 낮은 수준의 일탈이라 하더라도 이것이 되풀이되면 결국 범죄로 간주되어 실제로 형사적 처벌을 받기 때문이다. 예컨대 어느 북한 주민이 조직생활에 자주 빠진다고 했을 때 조직적인 비판이 따르며 이에 더하여 낙후한 사람으로 낙인이 붙는다. 이 낙인은 조직 차원의 형사적 처벌 요청으로 이어지고 해당 주민은 그에 따라 재판을 받게 되는 것이다.

이러한 규범의 분류는 공식 규범 및 일탈 규범, 그리고 형법상 처벌로 이어지는 범죄행위에 대한 구분을 두었으되 이것이 절대적으로 지켜지지는 않는다는 점에서 한계를 갖고 있기도 하다. 이러한 이론의 문제점들을 보완하기 위해 먼저 꽃제비의 발생 요인에 영향을 미치는 부분들을 좀 더 살펴볼 필요가 있다.

(3) 꽃제비 발생의 여러 측면

정치적 측면

먼저 정치적 측면에서 꽃제비의 출신 배경부터 살펴보도록 하겠다. 북한
은 1958년부터 1970년 사이에 북한주민을 3계층 51개 부류로 분류해
관리해 오다가 1990년대 이후 3계층 45개 부류로 재분류하였다. 여기서
핵심계층은 약 28%, 동요계층은 45%, 적대계층은 27%정도를 차지했다.
성분 분류상 핵심계층에는 혁명가와 유가족, 영예군인, 접견자, 영웅 및
공로자, 제대군인 등이 포함되어 있으며, 적대계층은 정치적으로 복잡한
문제가 있는 계층으로 지주와 자본가 및 그 가족, 부농, 월남자, 친일파
등이 포함된다.통일연구원, 2009: 331~332 중간계층동요계층은 순수 노동자, 농
민, 인텔리로 정치적인 문제가 없으나 핵심계층에 속하지 않는 주민들이
그 대상이 된다. 이러한 출신성분 구분에 따라 그동안 북한에 대한 계
층 구분 연구가 이루어졌다.

　　하지만 이러한 연구 방법은 북한의 계층 구분을 그대로 따라하는
것에 지나지 않아 오히려 오류를 유발하고 있다. 예컨대 흔히 알려져 있
는 당원은 정치적으로 전혀 문제가 없는 핵심계층에 포함되며 당원 수
는 1980년 제6차 당대회에서 320만 명으로 추정됐다.통일연구원, 2009: 49
핵심계층이 당원이기 때문에 그에 해당하는 정치, 사회, 경제, 문화적 인
센티브가 지불됨에 따라 중간계층과 구분되어 경제위기가 발생할 때 영
향을 받지 않았다는 추론이 가능하다.

　　하지만 실제로 1990년대 북한에 경제위기가 왔을 때, 이 핵심계층에
해당하는 당원들 중 상당수가 굶주림에 시달리다가 사망을 했다. 이들
당원들은 당에 대한 도덕적 충성심이 매우 높은 사람들로 차마 비사회
적인 행위를 하지 못하고 차라리 굶어 죽는 길을 택한 것이다. 당시 굶
주림으로 사망한 당원들의 수를 추정하기는 어려우나 일반 주민들과

달리 상대적으로 비율이 높다는 점을 들 수 있다. 이 실제 사례를 앞서 말한 계층 구분에 그대로 적용시킨다면 핵심계층인 이들은 절대 굶어 죽어서는 안 되지만 오히려 이들이 더 많이 죽었다는 점에서 기존의 계층 구분을 뒤집어 볼 필요가 있다.

북한의 계층 구분에 따른 연구 결과는 당원이면 누구나 잘사는 상위계층으로 인식할 수밖에 없는 한계를 가지고 있다. 당원이면 상위계층이어서 권력을 가지고 있다는 차원에서 접근하다 보니 당원이면서 노동자 또는 낮은 관리일군인 경우에는 굶어 죽는 현상에 대하여 설명하기가 어려워진다. 1990년대 중반 당원들의 사망률을 짐작하기는 어렵지만 정치적 생명을 잃지 않기 위해 굶주림을 견디다가 사망한 경우가 일반 주민들에 비해 높았다. 예컨대 1990년대 경제위기 당시 굶어 죽는 사람이 바보라는 이야기가 나올 정도로 당에 충실하고 조직생활에 잘 참여한 사람들은 배급이 끊기고 당적 통제로 시장에 나가지 못하게 되면서 굶어 죽는 바보에 해당된 것이다. 따라서 상위계층을 권력과 연관시켜 볼 수는 있으나, 당원과 연관시키기에는 문제가 있다.

일반 주민들 사이에서의 신분 구분을 살펴보면 토대라고 불리는 핵심계층을 크게 두 가지로 분류하고 있다.

첫 번째는 빨치산 줄기로 김일성과 함께 항일운동을 했던 사람들의 자녀와 유가족을 말하며 두 번째는 낙동강 줄기라고 하여 6.25전쟁 영웅의 자녀와 유가족을 일컫는 말이다. 이들은 철저하게 정치적, 물질적 인센티브를 제공받고 있는 사람들로 1990년대 경제위기에서도 크게 영향을 받지 않았다. 이들은 당, 군, 내각에서 사실상 주요 핵심권력을 세습하고 있기 때문에 경제위기에 영향을 받지 않았던 것이다.

이들 두 줄기 핵심계층 외에도 일반 당원들이 사실상 핵심계층으로 분류되기는 했지만, 권력을 가지고 있지 않은 사람들은 사실상 경제위기의 영향을 받아 굶어 죽기에 이른다. 실제로 권력은 없으나 겉으로는 핵심계층으로 분류되어 있던 사람들의 자녀와 가족들이 꽃제비로 전락한다는 점에서 꽃제비는 하위계층, 즉 적대계층에서만 나타난다고 보기 어렵다. 꽃제비는 핵심계층뿐 아니라 중간계층에서도 나타나고 있으며, 이는 곧 꽃제비가 하위계층에서만 나오는 것이 아니라 다양한 계층에서 발생하고 있음을 의미하는 것이다.

따라서 본 연구에서 계층 구분은 기존의 계층 구분과의 혼동을 최소화하기 위해 상위계층에서의 꽃제비 발생을 1990년대 이전으로 제한하기로 한다.

경제적 측면

꽃제비의 발생을 경제적 측면에서 봤을 때, 물질이란 것이 반드시 꽃제비의 발생 요인으로 작용하지는 않는다. 1990년대 경제위기가 오기 이전의 북한은 배급제의 정상화로 인해 사실상 빈부의 차이를 크게 느끼지 못한 시기였다고 할 수 있다. 주민들 사이에서 이질감을 느낄 정도의 빈부 차이가 크지 않았다는 점에서 꽃제비의 발생을 빈부 차에서 오는 것이라 규정하기는 어렵다.

오히려 경제적으로 여유가 있었던 사람들 중에서 꽃제비가 나왔다는 사실에 주목할 필요가 있다. 북한의 교포들 중에는 일본이나 중국에 살고 있는 친척이 지속적으로 지원을 해 주어 일정 정도의 부를 가지고 있었던 이들이 있는데, 바로 이들 교포들 중에 꽃제비가 나오는 현상이 나타난다. 예컨대 1990년대 이전의 꽃제비들 중에는 대표적으로 '째포'라고 불리는 재일 교포의 자녀가 상당수 나타나는데 이들의 가족은 매우 호화스러운 생활을 하고 있는 경우가 많았다. 이 때문에 북한 주민들 사이에서는 일본이나 중국에 친척이 있는 주민들을 부러워하며 그 주민들은 선망의 대상으로 자리 잡고 있다. 그런데 이렇게 경제적으로 좋은 환경을 가지고 있는 재일 교포의 자녀가 꽃제비생활을 한다는 것에는 경제적인 요인 이외의 다른 요인이 있다는 의미가 될 것이다. 이는 곧 정치적인 측면에서 나타나는 사회통제와 이들에 대한 감시가 주된 요인이 되었을 것이란 뜻이기도 하다.

한편, 1990년대 경제위기를 거치면서 꽃제비의 발생은 수면 위로 떠오른다. 이 시기는 이들 꽃제비가 확산되는 시기이기도 하다. 이 시기에 꽃제비가 나타난 가장 큰 이유는 경제적인 어려움 때문인 것으로 볼 수 있다. 경제위기 이전의 꽃제비가 물질적인 어려움이 아닌 정치적인 차별과 탄압에서 나타나는 현상이었다고 한다면, 이들 꽃제비의 발생 원인이 시대별로 서로 다르게 나타나고 있다는 점을 확인할 수 있다.

사회통제적 측면

사회통제적 측면에서 보면 꽃제비 발생은 통제와 일탈 사이에서 나타나는 경향이 있다. 다시 말해 꽃제비가 처음부터 꽃제비가 되는 것이 아니라, 지나친 사회적 통제와 규제 등으로 인한 압박에 못 이겨 일탈하게 되고 이러한 일탈이 곧 꽃제비생활로 확산된다는 점이다.

예컨대, 학교 안에서 이뤄지는 조직적인 통제는 학교 사업에 참여하는 정도나 학업 수준에 따라 그 강도가 달라진다. 공부를 잘하지 못하는 학생의 경우 생활총화에서 비판을 받고 귀가 시간에도 교실에 남아 나머지 공부를 해야 한다. 또한 학교 지원 사업에 필요한 물품을 바치지 못한 학생의 경우에도 과제 수행을 위해 늦은 밤까지 거리를 헤매야 한다. 학교에서 행하는 이런 조직적인 통제가 학생에게 강한 압박감에 시달리게 하여 결국 일탈로 이어지게 만든다.

생활 형편이 좋지 않은 가정의 학생들은, 집에서는 부모님과 갈등을 겪고 학교에서는 선생님과 갈등관계를 형성하며 결과적으로 집과 학교 등에 가지 않고 꽃제비생활을 시작하게 된다. 이런 점에 비춰 볼 때 조직의 통제적 측면이 꽃제비 발생으로 이어진다고 할 수 있다.

이러한 통제적 측면에서 바라봤을 때 꽃제비는 저항적인 요소를 가지고 있으며, 따라서 국가적 보호대상이 아닌 통제대상이 되는 것이다. 이는 다양한 통제구조가 오히려 꽃제비를 통해 부메랑이 되어 통제를 약화시키고 있다는 점에서 중요한 요소를 지니고 있다.

3) 꽃제비의 대상

(1) 꽃제비는 어떤 존재인가

북한의 꽃제비가 어떠한 존재인가에 대해서는 다음과 같이 요약할 수 있다.

우선, 꽃제비는 극빈층으로 한정해서 생각할 수 없을 만큼 다양한 원인을 통해 발생한다. 꽃제비 중에는 일반 주민들의 경제력을 능가하는 상위계층에 가까운 생활을 영위하는 경우도 있다.

두 번째로 꽃제비는 다른 어떠한 집단보다 국가가 가장 통제하고 싶어 하는 대상이지만, 사실상은 통제하기가 가장 어려운 집단이다. 그들은 일반 주민과 달리 통제의 기제와 공간에서 벗어나 있는 존재이기 때문이다.

세 번째는 노숙자 등의 극빈층은 제도적으로 보호받을 수 있는 권리가 있지만, 꽃제비는 보호가 아닌 수감의 대상으로서 반사회적 집단으로 분류된다는 점이다.

네 번째로 꽃제비는 북한이 규정하는 신분의 계층 구분과 관계없이 다양한 계층에서 나온 점을 들 수 있다. 이는 북한이 규정해 놓은 계층 구분에 따라 경제적 환경을 추정하는 데에 오류가 있다는 것이고 이는 앞에서 확인해 보았다.

북한 사회에서 이들 꽃제비의 존재를 규명하기 위해 사회통제와 일탈이라는 측면에 접근하기 위해서는, 먼저 무엇이 북한 사회를 통제하는 힘을 발휘하고 있는가에 대해 알아야 한다. 일탈이라는 측면을 이해하기 위해서는 북한의 핵심적인 통제장치의 이해가 선행되어야 하는 것이 당연하다. 그것은 앞서 말한 바 있는 사회통제기제와 공간에 대한 이해를 필요로 한다. 이것이 매우 중요한 이유는, 그러한 통제장치로부터 벗어나 있는지 없는지가 결국 사회통제로부터 일탈 여부를 결정지을 수 있기 때문이다.

(2) 북한의 핵심적인 통제장치

생명줄을 틀어쥔 배급통제

북한 사회를 통제하는 가장 핵심적인 요소는 물질분배원칙을 통한 배급통제이다. 인간이 기본적으로 생명을 이어가기 위해서는 무엇인가를 먹지 않으면 안 된다. 한마디로 이 통제는 인간 생명 유지의 바탕이 되는 먹을거리를 대상으로 통제를 한다는 것이다. 한 가족단위가 먹고 살기 위해서는 일을 해야 하며, 그 일의 대가로 성인 1일 650g을 기준으로 지급을 받는다. 북한은 이미 전후복구 건설시기부터 농업의 협동화를 통해 노동력을 확보하고 협동화를 통해 얻어진 식량을 산업도시 노동자들에게 배급해 줌으로써 개인적으로 벌이는 경제활동을 억제하는 정책을 진행시켜 왔다. 차문석, 2002: 129-132 특히, 배급에 대한 의존성을 확대시키기 위해 법적인 통제를 뒷받침으로 활용하면서 사적 활동을 반사회적, 불법적인 활동으로 간주하여 탄압하여 왔다. 이러한 오랜 과정을 거쳐 북한주민들은 배급 의존성이 극에 달했고 경제위기가 발생함에 따라 대량으로 굶어 사망하는 사태에까지 이르게 된 것이다.

감시와 감시를 통한 조직생활통제

사회주의 원칙에 의거한 북한의 조직생활통제는 조직생활에 대한 참여도를 기준으로 한 통제장치이다. 사회구성원들 사이에서 서로를 비판하게 하고 감시하게 하며 강제적으로 조직 활동을 하게 함으로써 개인이 사적으로 하는 활동을 억제한다. 조직생활을 하기 위해서는 생활총화를 통해 자기 스스로를 비판하거나 서로가 상대방을 비판하도록 진행하면서 조직 앞에서 검증을 받아야 한다. 자아비판은 자신의 잘못을 스스로 반성하는 의미라고 한다면 호상비판은 자신의 생활에 대한 타인의 감시에서 나온다. 따라서 자신의 일거수일투족이 타인에게 감시를 당하게 되며 그 스스로도 타인을 감시하는 역할을 수행하게 되는 것이다.

공포의 경찰통제

사회주의 수호라는 원칙을 내세워 만들어진 경찰제도는 일반경찰과 비밀경찰을 통해 정치·사상적으로 통제를 하는 방법이다. 기본적으로 주민들 스스로 서로가 서로를 감시하게 하고 법을 어긴 사람 중에서 범죄를 감면해 주겠다고 회유를 하여 다른 사람의 범죄 사실을 털어놓게 만드는 것이다. 이 장치는 사회구성원을 감시하고 처벌하는 것을 핵심으로 하는 통제장치이다. 일반경찰과 비밀경찰은 주민들 사이에서 나타나는 정치적, 사회적 의식 변화를 차단하는 한편, 강력한 처벌을 통해 공포의 통제를 시행해 왔다. 경찰통제는 한 범죄자를 활용하여 면책 기회를 제공하는 대가로 타인의 범죄 사실을 고발하도록 유도하기 때문에 매우 핵심적인 감시 및 통제장치라고 할 수 있다.

전체적으로 북한 사회통제는 배급제를 통한 생계통제와 조직생활을 이용한 사적 활동 억제, 경찰통제를 활용한 공포통제로 규정할 수 있다. 생계를 당국이 관리하고 통제함으로써 집단주의로 귀속시키는 역할을 배급제가 수행한다면, 조직통제는 그 속에서 집단의 종속성을 극대화하며 처벌을 통한 공포의 확산을 통해 여타의 주민변화 가능성을 사전에 차단하는 역할을 수행한다.

[그림 1]에서 보는 것처럼 북한 사회는 큰 틀에서 모두가 합법적이든, 비합법적이든 당국의 통제를 받고 있다. 북한 사회에 어떠한 불만이나 갈등, 저항의식이 있다 하더라도 이런 광범위하고 체계화된 이중, 삼중의 통제구조를 벗어나기는 어렵다. 이러한 강력한 사회통제구조 속에서 나타나는 주민들의 일탈 행위는 소극적이거나 암묵적인 저항으로 볼 수 있는 정도이다. 반면 꽃제비의 행위는 탈북자, 정치범 등과 함께 적극적인 저항의 형태로 볼 수 있다. 이런 강력한 통제구조로부터 이탈한 꽃제비는 그 통제구조에 순응하기보다는 그로부터 벗어나고자 하는 의식을 갖고 있기 때문이다.

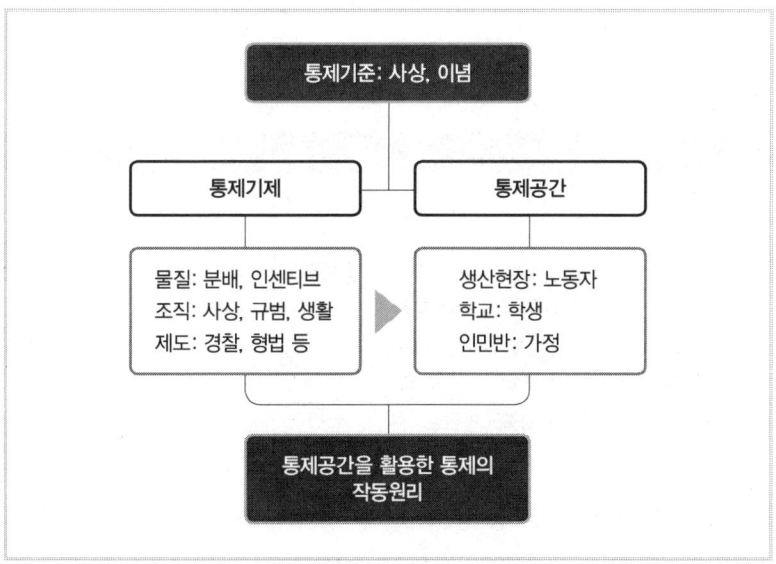

출처: 정영철(2005: 24-40)과 탈북자 A—G 면접을 참조하여 작성

그림 1. 통제의 작동형태

북한주민은 누구나 당국의 통제로부터 벗어날 수 없는 환경과 조건을 갖고 있기 때문에 자율성을 가질 수가 없다. 따라서 북한체제의 붕괴 가능성에 대한 연구에서 북한 당국의 통제구조가 '체제붕괴불가론'적인 결과가 나올 수밖에 없는 한계를 갖고 있다. 즉, 북한 사회가 워낙 강력한 통제사회이다 보니 그들의 체제는 결코 무너질 수 없다는 것이다.

북한에서 복지제도는 사실상 이미 붕괴된 상태이며 사회의 시장화 경향이 더욱 강해지고 있다는 인식이 새롭게 등장하고 있는 상황에서도, 여전히 북한체제가 건재하다는 입장이 설득력을 얻고 있는 이유가 여기에 있다. 기타 비사회주의적, 또는 반체제적 저항요소가 주민들 속에서 나타나고 있다고 하더라도, 주민들이 생각하는 국가관과 저항의식이 여전히 통제시스템에 의해 관리되는 한 이로부터 벗어나기는 어려워 보인다.

이런 것들을 종합해 봤을 때, 이렇게 강력한 통제시스템의 제약에서 상대적으로 벗어나 있는 존재인 꽃제비에 대해 주목할 필요가 있는 것이다.

표 3. 꽃제비의 통제공간 이탈과 사적 영역

통제공간 영역범위			사적 영역의 범위		
학교 (학생)	사로청, 소년단	생활총화	통제공간으로부터 이탈	자율성 획득	의식 변화와 불안정성 증가
직장 (직장인)	직맹, 여맹, 농근맹, 당	해당 조직 생활총화			
집 (가족: 학생과 부모)	인민반, 동사무소	인민반회의, 생활총화			

출처: 탈북자 A—G의 증언을 참조하여 작성

[표 3]에 나타난 것처럼 통제공간을 벗어난 꽃제비는 국가의 보호대상이 아니라 통제와 관리의 대상이다. 때문에 이들 꽃제비들은 항상 불안정한 생활을 할 수밖에 없다. 이렇게 공적 공간을 떠나서는 생활할 수

가 없는 북한체제에서 공적 공간을 벗어나 사적 행위를 통해 살아가는 꽃제비가 존재한다는 것은 그 사회의 변화 가능성에 중요한 실마리가 될 수도 있다는 것을 의미한다.

4) 꽃제비와 관련한 용어

(1) 꼬체브니크, 꼬체비예, 꼬체보이, 그리고 류랑자와 방랑자

꽃제비의 사전적 의미는 공식적인 용어 사전에는 존재하지 않는다. 그동안 꽃제비에 대한 어원은 소련의 "꼬체비예"кОчЕВЬЕ에서 왔다는 설과 중국의 "화자"에서 비롯되었다는 설이 지배적이었다. 먼저 소련 어원설은 북한의 소설을 제외하고는 어디에서도 그 흔적을 찾아보기 어려웠다. 꽃제비라는 용어를 직접적으로 언급한 북한의 실화소설 『불멸의 력사』 시리즈 『열병광장』에서는 소련 사람들의 용어를 주민들이 제멋대로 해석한 것이라고 주장하고 있다.

> "……넝마같은 옷차림에 사람들이 짓밟고 다니던 헐어 빠진 맥고모를 얻어쓰고 창이 떨어져 너덜거리는 지하족을 발에 꿰고 있는 그를 보고 조무래기들이 쫓아다니며 '야 꽃제비다!~' 하고 소리치기까지 했다. 삼거웃 같은 머리에 때국물이 흐르는데다가 정기 없는 두눈을 디룩거리는 그 얼빠진듯한 모습을 두고 '꽃제비'라는 전혀 가당치도 않은 서정적이고 앙증스러운 이름으로 소리쳐 부르는 것이야말로 얼마나 천진한 야유였으랴. 사실 그 애녀석들은 쏘련 사람들이 류랑자, 혹은 류랑자들이 거처하는 곳을 가리켜 말하는 '꼬체브니크', '꼬체보이', '꼬체비예'라는 말을 제멋대로 해석하고 옮긴것인데 한종삼은 그러건 말건 종일 정처 없이 돌아치기만 했다……"(정기종, 2001: 95~97)

이 소설은 2001년에 출판된 책으로 해방 직후의 사회상을 배경으로 하는 내용을 담고 있다. 이 소설에 따르면 꽃제비라는 용어는 소련의 '꼬체비예'를 마음대로 꽃제비로 해석하여 부르기 시작하면서 생겨났다는 것이다. 그렇다면 꽃제비라는 용어는 이미 해방공간에서부터 시작되었을 가능성이 높다. 류랑자를 꽃제비로 표현하였다면 그러한 꽃제비의 용어는 이후 북한 사회에 계속해서 존재해 왔던 것이다. 이 소설에서 '꽃 제비'라는 표현은 전혀 가당치도 않은 서정적이고 앙증스러운 이름이라면서 강하게 부정하고 있다. 류랑자를 '꼬체비예' 또는 잘못 해석된 꽃제 비라고 한다면 '류랑자'를 북한 사전에서 어떻게 표현하고 있는지 살펴볼 필요가 있다. 북한 사회과학원 어학연구소에서 출판한 『조선말사전』 2004: 452에 따르면 류랑자를 '낡은 사회에서 정처 없이 떠돌아다니는 사람', 류랑아를 '낡은 사회에서 의지가지없이 여기저기 떠돌아다니는 아이'로 표현하고 있다. 즉 꽃제비는 낡은 사회에서 의지가지없이 떠돌아다니는 사람으로 현재 북한 내에서 류랑자와 동일한 의미를 갖고 있다.

꽃제비와 유사한 또 다른 용어로는 '방랑자'가 있다. 방랑자란 북한에서 90년대를 전후하여 일반적으로 북한 사회에서 많이 통용된 단어이며 2002년에 출판된 『불멸의 향도』시리즈 중 『강계정신』리신현, 2002에서 잘 나타나고 있다.

"……얼마전 서포에서 방랑아들이 돌아다닌다는 보고를 받고 문성을 보내여 알아보도록 하셨던 일이 떠올랐다……. 그런데 오늘 밤은 왜 주저하는가. 그 소녀와 이 아이들이 무엇이 다른가? 소녀애한테는 집과 부모가 있지만 이 방랑아들은 집도 부모도 없는 불쌍한 아이라는것밖에 구별되는게 아무것도 없었다……."(리신현, 2002: 20-21)

위 내용에 나타난 방랑아들은 집도 부모도 없이 방랑생활을 하는 아이들이다. 여기서 방랑아나 방랑자의 사전적 의미를 살펴보면 '낡은 사회에서 방랑생활을 하는 사람'을 일컫는 말로 꽃제비와 동일한 의미로 해석하고 있다.조선말사전, 2004: 609 즉 꽃제비는 방랑자이며 류랑자라고 설명할 수 있다. 이를 사전적 의미로 종합해 보면 『열병광장』정기종, 2001의 꽃제비는 류랑자 또는 리신현의 글에 나타난 방랑자를 의미하는 것이다.

"······지난 전쟁 때에도 우리 인민은 놈들의 야만적인 폭격에 집과 가산을 다 잃고 막심한 고생을 했다. 그래도 그때엔 형제국가 인민들이 물심량면으로 보내준 지원이 있었고 부모 잃은 아이들도 데려다 길러주었지만 지금은 그런 지원을 바랄수가 없게 되었다······."(리신현, 2002: 23)

따라서 꽃제비를 공식적인 차원에서는 방랑자라고 표현한다면, 사회에서는 방랑자를 꽃제비라고 부르고 있는 것이다. 물론 방랑자나 류랑자가 나타내는 의미는 사전적 의미에서 유사성을 갖고 있으나 현실적으로는 그동안의 꽃제비 변화가 이와 다른 특징들도 보여 주기 때문에 동일한 표현으로 사용하기에는 한계가 있다.

특히 꽃제비가 이 당시의 잘못 해석된 소련의 발음이 어원이 되었다는 의미는 '제비'라는 용어로 사용되다가 1990년대를 전후하여 '꽃제비'라고 불렸으며 이때의 해석도 완전히 다르다. 때문에 현재 북한 사회에서 통용하고 있는 '꽃제비'의 어원을 재정립하여 어원을 밝히고 사용하는 것이 적합하다.

이 밖에 중국의 '화자'설을 살펴보면 꽃제비의 '꽃'은 거지를 뜻하는 것이며 이를 '화자'花子라고 해석한다는 것이다. 또한 '제비'는 '낚아채다'의 의미로 '잡이'나 '잽이', 또는 '챞이'라고 해석하기도 한다. 그러나 발음이나 의미가 꽃제비와는 전혀 달라서 이러한 주장은 신빙성이 떨어진다. 꽃花이 거지를 의미한다고 했으나 거지는 화자花子라고 할 때만 거지로 인식되며, 발음도 '화즈'huāzi이다. 제비를 '잡이, 잽이, 챞이'라고 해석하는 것도 발음이나 한자의 의미가 전혀 달라서 무리가 있다.

이러한 주장은 일반적으로 생소한 이름에 대한 어원을 밝히기 어려울 때, 외국의 용어에서 유사성을 찾고자 하는 경향 때문으로 보인다.

(2) 북한에서 꽃제비가 왜 부정되는가

한편, 소설에서 왜 꽃제비를 강하게 부정하는지에 대한 의문이 생긴다.

그 이유는 1990년대 북한의 식량위기가 발생하고, 먹고살기 어려워진 방랑 청소년들의 수가 급증함에 따라 이들에 대한 국제사회의 관심이 높아졌기 때문인 것으로 보인다. 북한 인권문제, 특히 '청소년 인권문제'가 제기됨에 따라 북한은 명목상 사회주의 사회에서는 있을 수 없는 꽃제비를 당연히 부정할 수밖에 없었던 것으로 보인다. 1997년 8월 21일 유엔 인권위 산하 인권소위원회에서 '북한인권결의안'을 처음으로 채택하여 통과시킨다. 그 내용에는 1)강제 송환된 탈북자 처우 개선, 2)북한인권 정기보고서 제출, 3)식량난으로 인한 피해복구 지원 등이 있다. 유엔 인권소위원회 결의안 채택에 대하여 북한은 8월 28일 성명을 통해 "첫째 50개국도 마찬가지로 정기보고를 하지 않았는데 북한만 지적하는 것은 부당한 것, 둘째 북한의 인권 위반에 대한 증거를 제시할 것을 요구, 셋째 이러한 결의는 북한과 적대국들이 북한의 인권문제를 정치화하려는 책동, 넷째 국가의 주권 및 존엄성을 지키기 위한 대항조치로 ICCPR자유권규약 1981년 9월 14일 가입에서 탈퇴하고 아동권리협약CRC 1990년 9월 21일 가입의 시행에 관한 보고1997년 9월 30일 제출일를 연기할 것, 규약을 탈퇴하더라도 종전과 같이 동 규약 상 모든 권리를 공화국 인민에게 보장할 것"이라고 주장했다고 한다.북한인권시민연합, 1997: 44-46

차후 다루겠지만, 북한은 1997년 '아동의 권리에 관한 협약' 시행에 관한 보고서 제출일을 연기한 직후 '9.27상무조'를 조직하여 꽃제비에 대한 대대적인 단속을 실시하였다. 1998년 12월 21일자 한겨레신문에 따르면 1997년 9월 27일에 9.27상무조가 만들어지면서 늘어나는 꽃제비들을 위한 '9.27상무수용소'를 함께 설치했다고 한다. 이 외에도 1997년부터 꽃제비에 대한 기사들이 여러 언론 매체를 통해 보도되었다.

즉, 당시 국제사회에서 제기된 아동의 인권침해에 대한 시정 요구는 북한 내부에서 발생하고 있는 사회주의 우월성 훼손이라는 상황과 연관된 것이다. 북한은 자국 내 꽃제비 문제가 외부로 드러나지 않게 하기 위해 집중단속을 강화하였던 것이다.

(3) 꽃 피는 봄이 오면 찾아오는 제비

사전적 의미와 달리 사회 꽃제비들 사이에서 의미는 의외로 간단하다. '꽃제비'라는 용어 자체는 해방 직후부터 존재했던 것으로 보이지만 일반 사회에 많이 알려지기 시작한 것은 1990년대 초부터이다. '꽃제비'는 그들 사이에서 '꽃피는 봄이 오면 찾아오는 제비'라는 의미로 해석되기도 한다. 탈북자 B의 증언에 의하면 꽃제비는 '꽃피는 봄이 오면 날아드는 제비'라고 하여 추운 겨울에는 줄어들었다가 따뜻한 봄이 되면 급증하는 현상 때문이라고 한다. 한편 탈북자 C의 주장에 따르면 꽃제비란 이름은 추하게 느껴지기 때문에 역설적으로 예쁜 이름을 붙였다는 것이다.

즉 따뜻해지는 봄이 되면 그 수가 급증하고 겨울이면 줄어드는 제비에 비유해 꽃제비의 의미가 통용되었다는 주장과 다른 하나는 꽃제비의 생활형태가 불안정하고 초기 구걸로 연명하는 형태를 아름다운 용어로 표현하기 위해 사용했다는 주장이 있는 것이다.

위의 두 가지 꽃제비에 대한 해석 중에서도 계절을 가지고 주장한 의미가 훨씬 더 꽃제비의 의미로 적합할 것으로 보인다. 다시 말해 꽃제비는 그 특성상 거처할 곳이 딱히 정해져 있지 않기 때문에 떠돌이 생활에 의존할 수밖에 없는데 4계절 중 추운 겨울이 가장 어려운 시기로 동사로 목숨을 잃을 위험성이 매우 높다. 때문에 꽃제비들은 겨울에는 따뜻한 역전으로 많이 모여들게 된다. 그런데 이때 당국에서 역전 단속을 강화하면 이들이 '꽃제비 구호소'로 잡혀가는 일이 많고 당국의 단속을 피했다고 하더라도 막상 추위를 피하지 못해 사망하는 꽃제비들이 많다. 따라서 겨울에는 꽃제비의 숫자가 현저히 줄어드는 것으로 보인다.

그러나 따뜻한 봄이 오면 구호소를 대거 이탈하거나 동사를 당할 위험이 사라지기 때문에, 상대적으로 잠잘 수 있는 곳이 많아지므로 꽃제비 수는 현저히 증가하는 것이다.

꽃제비가 가진 이러한 특성 때문에 일반 주민뿐만 아니라, 꽃제비 스스로도 '꽃 피는 봄이 오면 날아오는 제비'라고 부르게 된 것이다.

한편, 꽃제비들 중에는 일정한 공간에서 주거생활을 하는 꽃제비도 상당수 나타나고 있다. 때문에 집 없이 떠도는 사람들만을 꽃제비라고 한정짓는 데에도 한계가 있다.

꽃제비를 다시 한 번 정의하면, 북한 사회에서 마땅한 거처가 없이 역전, 식당 보일러실, 아파트 지하의 온수구멍 등에서 잠을 자거나, 또는 통제받지 않는 거처를 통해 주거를 해결하며 불안정한 행위 활동반사회주의적, 비사회주의적, 생존범죄 등으로 생계를 이어가는 사람을 말한다. 꽃제비의 범위는 북한의 통제공간에서 벗어난 사람으로서 법적 보호를 받지 못하는 상태의 조건을 가지고 있는 사람이다. 통제공간은 정당 및 사회단체 조직, 인민반, 생산현장을 모두 아우른다. 방랑자, 부랑자, 유랑자, 변형된 꽃제비노제비, 군인제비, 청제비 등로 불리는 사람들을 통칭하여 '꽃제비'라고 정의한다.

2. 꽃제비의 발생 배경

1) 1950~1980년대: 정치적 계층 구분에 의한 발생

(1) 해방 후~1960년대

무정부 상태의 혼란

1945년 해방과 함께 사회에는 부랑자들이 매우 많았다. 부랑자들은 성인도 많았지만 청소년 중에서도 많이 발생되었는데 그 이유는 무정부 상태의 환경 때문이었다. 이런 무정부 상태의 공간에서는 질서, 규범, 원칙 등이 존재하지 않기 마련이다. 청소년 범죄가 사회에 만연할 수밖에 없었던 이유는 바로 이러한 당시의 사회적 환경으로 인한 것이었다.

1946년 동아일보 사설에 나타난 현상을 보면 청소년 범죄는 당시 꽃제비로 분류될 수 있는 부랑아들과 결합되어 사회질서를 어지럽힐 만큼 중요한 사안이었음을 확인할 수 있다.

> "少年犯罪는 大體로 環境犯罪가 만타. 卽, 家庭事情의 不幸, 交友의 不幸, 映畵館, 茶店, 카페 等의 誘惑이 原因이 된 바로서 이러한 誘惑의實行的手段으로 强窃盜 等 犯罪를 敢行하게 되는 것과 또 이를 浮浪少年을 슴하야 一定한本據를 두고 이들을 操從하야 犯罪를 示唆實行케 하는 惡德輩가 背後에 있는 것도 決코 看過치 못할 現象이라는 것이다. 이와 같이 一般的原因 以外의 特殊한 原因으로는 家庭에 따라서는 父兄의 監督力이 薄弱한데 그 原因이 있는 것…"(동아일보 사설, 1946)

위의 사설 내용을 살펴보면 소년범죄의 원인으로 가정불화, 교우의 불행뿐만 아니라 영화관, 카페, 다점과 같은 당시의 발전된 문화 침투도 지적되고 있다. 가정불화, 교우의 불행 문제로 인해 발생된 문제 청소년들은 당시 꽃제비인 부랑아들과 결합하여 일정한 거처지에서 생활하며 부랑아들의 조종을 받아 각종 강도, 절도 행위에 동원되었던 것을 알 수 있다.

이러한 사회의 부랑자 문제는 북한의 경우도 마찬가지였다. 북한은 해방 이후 노동능력을 상실한 사람에 대해 사회적 보험제를 적용하여 보호와 관리를 하였다. 이는 당시 부랑자라고 하는 '집과 가정을 떠나 일정한 거처가 없이 떠돌아다니는 사람'이 상당수 존재했으며, 이들이 사회질서를 혼란시킬 수 있다는 인식에서 비롯된 것이다.

"지금 평양시에는 직업이 없이 떠돌아다니는 사람들과 의지할 데 없는 고아들과 로인들이 적지 않습니다. 만일 우리가 이런 사람들을 돌봐주지 않고 그냥 내버려둔다면 그들이 안착된 생활을 할 수 없을 뿐아니라 사회질서를 문란시킬 수 있습니다. 그러므로 동무들은 정권기관과의 련계 밑에 직업이 없이 떠돌아다니는 사람들을 조사장악하여 그들에게 직업을 알선하여주며 의지할 데 없는 고아들과 로인들도 안착된 생활을 할 수 있도록 대책을 세워주어야 합니다."(김일성, 『김일성 저작집 2』, 1979: 83~84)

"우리는 조국해방전쟁의 그 어려운 때에도 사회질서를 문란시키던 고아들을 교양개조하였는데"(김일성, 『김일성 저작집 24』, 1983: 404)

위 내용에서 나타나는 것처럼 북한은 의지할 곳 없이 떠돌아다니는 노인, 고아 등이 사회질서에 악영향을 미칠 것이라 우려했다. 따라서 당시 보안기관의 임무는 고아와 노인이 안정된 생활을 할 수 있도록 대책을 세우고 근로가 가능한 노동인력에게는 직업을 알선해 주는 것이었다. 특히 고아 문제의 경우 혁명학원을 통해 혁명가 유자녀에게만 관심을 두었기 때문에 일반 고아에 대한 대책은 마련되지 않았던 것으로 보인다.

한편 해방공간의 이러한 부랑자 문제를 해결하기 위해 북한은 1948년 헌법 17조에 사회보험제도를 적용하여 노쇠하고 근로능력을 상실한 경우 물리적인 도움을 받도록 하였다. 1948년 헌법 제17조에는 "사회보험제의 적용을 받을 수 있는 공민이 로쇠 질병 또는 로동력을 상실한 경우에는 물질적 방조를 받을 수 있다. 이 권리는 국가가 실시하는 사회보험제에 의한 의료상 또는 물질적 보호로 보장한다."고 규정하고 있다.북한자료센터, 1948년 「조선민주주의인민공화국 헌법」 제17조

그리고 1972년 사회주의 헌법에는 노동근로능력 상실자 이 외에 돌볼 사람이 없는 노인과 고아를 사회보험과 보장제도에 의해 물질적으로 도움을 받을 권리가 있다고 하면서 고아를 보호하는 조항을 추가하였다. 1972년 헌법 제58조에는 "공민은 무상으로 치료받을 권리를 가지며

나이 많거나 병 또는 불구로 로동능력을 잃은 사람들, 돌볼 사람이 없는 늙은이들과 어린이들은 물질적 방조를 받을 권리를 가진다. 이 권리는 무상치료제, 계속 늘어나는 병원, 료양소를 비롯한 의료시설, 국가사회보험 및 사회보장제에 의하여 보장된다"고 규정하였다.북한자료센터, 1972년 「조선민주주의인민공화국 사회주의 헌법」 제 58조

이는 전쟁발발 이후 고아의 숫자가 급격하게 증가하면서, 그동안의 헌법에는 없었던 고아 문제를 법적 문구에 추가로 넣어야 할 필요성을 느꼈기 때문이다. 해방 후, 북한은 사회 질서 유지를 위해 부랑자를 관리해야 하는 대상으로 보고 있었음을 알 수 있다. 부랑자 문제는 남북한 모두 심각한 문제로 받아들이고 있었으며, 이 문제를 해결하기 위해 북한은 보안원들을 통해 관리하고 헌법에 사회보장제도를 첨가하는 등의 조치를 취해 왔던 것이다.

1950년 6.25전쟁은 북한에서 전쟁고아, 전재민전쟁으로 재난을 입은 주민, 근로능력상실자 등을 발생시킨 주요 원인이었다. 그 수를 짐작할 수는 없지만 전쟁으로 인해 확산된 고아와 노인 문제, 근로능력상실자에 대한 대책으로 나온 것이 다른 사회주의 국가들에 위탁을 보내 양육하는 것과 고아원 건설, 전재민 수용소 건설 등이었다.

북한은 1952년부터 1959년까지 사회주의 국가들의 위탁교육 및 양육에 대한 제의를 받아들여 루마니아의 경우 3천 명의 고아를 보내 위탁교육을 받도록 했으며, 중국에는 2만여 명의 고아들을 보내 위탁양육을 받도록 했다. 2004년에 방영되었던 KBS 기획방송 "나의 남편은 조정호입니다."에 따르면 북한은 1952년부터 1959년까지 3만여 명의 전쟁고아들을 루마니아를 비롯한 동구권 사회주의국가들에 위탁교육을 보낸 것으로 나타났다.

"전체 중국인민이 싸우는 조선인민을 물심량면으로 원조하기 위하여 항미원조운동에 적극 참가하였다. 중국인민은 막대한 량의 식량과 구호물자를 조선인민에게 보내주었으며 2만여명 우리 전쟁고아들을 친자식과 같이 양육하여주었다." (김일성, 「김일성 저작집 13」, 1981: 393)

북한은 전후 복구 건설에 필요한 막대한 재정 수요 문제로 인해 고아 양육에 대한 부담이 늘자 중국과 동구권 사회주의 국가들의 양육제의를 받아들인 것이다.

고아원 정책

고아원 정책으로는 1947년에 평양만경대혁명학원을, 1951년에는 현 새날혁명학원동림학원과 강반석유자녀대학과거 남포혁명학원 등을 각각 설립했다. 이 학원들의 공통점은 혁명가 유자녀와 전사자 유자녀들을 교육하는 기관으로서 엘리트 유자녀만을 대상으로 하는 제도적 장치라는 점이다. 특히 이 고아원의 양육 대상이 되는 아이들은 일반 전쟁고아들과 달리 신분적으로 우월한 지위를 갖고 있어서 국가적인 관리나 통제보다는 보호차원의 지원이 이루어졌다.

"만경대혁명학원이 갓 창립되였을 때 짚신에 누데기옷을 입고 학원에 왔던 동무들이 우리 당의 골간으로, 나라의 어엿한 민족간부로 자라날 수 있은것은 전적으로 수령님의 은덕과 배려의 결과입니다. 수령님께서는 해방후 나라 사정이 그토록 어려운 조건에서도 만경대혁명학원부터 세우시고 항일혁명투쟁에서 희생된 렬사들의 유자녀들을 한사람 한사람 찾아내여 학원에 데려다 공부를 시켜주시였습니다." (김정일, 「김정일선집, 1」, 1992: 315)

일반학원은 고아들을 대상으로 하는 교육기관으로 초등학원과 중등학원으로 구분되었으며 각각 도별로 설치되었다. 만경대혁명학원이 건설되던 시기와 달리 일반학원은 조금 더 늦게 1950년대에 들어서야 건설되기 시작했다. 일반인 자녀를 대상으로 한 초등학원은 6~9세로 소학교 과정이며 중등학원은 10~15세의 중학교 과정을 담당한다.

표 4. 학원구분 및 수감대상

학원 및 교양시설	성격	교육과정		대상
혁명학원 (설립: 1947년)	엘리트 신분	초, 중등교육 (혼합 또는 구분)		혁명가, 전사자, 영웅, 당·정 간부 유자녀
일반학원 (설립: 1951년)	일반 주민	초등교육	중등교육	일반 고아
계모학원 (설립: 1974년)	일반층 가족문제	초, 중등교육(혼합)		부모 이혼, 계부, 계모
육아, 애육원	엘리트 신분 별도	탁아소 및 유치원 과정		버려지거나 또는 부모의 보호를 받지 못함
	일반계층			
소년교양소 (추정: 1972년 추정)	비사회적 활동	강제학습 및 처벌노동		소년 (17세 이하) 사회적 교양처분
노동교양소				성인 (17세 이상)
교화소		강제 처벌노동		성인 (17세 이상)

출처: 통일교육원(2011: 202), 북한보건의료 네트워크
탈북자 A, C의 증언을 참조하여 작성

[표 4]에 분류된 것처럼 북한의 고아원은 혁명학원과 일반학원으로 구분할 수 있다. 혁명학원계열은 정권의 핵심 엘리트 양성기관으로서 1947년 만경대 혁명학원을 시작으로 새날혁명학원, 남포혁명학원으로 확산되었다. 이곳에 대한 김일성의 관심은 매우 높았으며, 이에 대한 대우도 다른 일반학원에 비해 차별화되어 있다. 김일성은 만경대혁명학원에 대한 물질적 지원과 당적 관심도 높일 것을 주문하기도 했다.

> "학생들의 부모들은 모두다 나에게 앞으로 조국이 해방되면 자기의 아들딸들을 공부시켜 훌륭한 혁명가로 키워달라는 유언을 남겼습니다. 나는 이 유언을 언제나 잊지 않고 오래전부터 혁명가들의 아들딸들을 공부시키기 위한 학원을 세울것을 생각하여왔습니다. 오늘 우리 당과 공화국정부의 극진한 배려와 우리 인민의 지성으로 여기 만경대에 혁명자유가족학원을 훌륭히 지어놓았습니다. 그리하여 동무들의 부모가 남겨놓은 유언이 드디어 실현되게 되었습니다."(김일성, 『김일성 저작집 4』, 1979: 506)

1948년 만경대혁명학원 건립에 대한 김일성의 관심은 높았다. 앞서 나온 내용에서 보는 것처럼 혁명가 유자녀들의 엘리트 교육 기반을 형성하고 당국가체제를 유지해 나가는 2세대 구축의 전략적 판단에 따른 것으로 보인다. 이러한 차별적인 모습은 그 다음 해인 1949년 1월 북조선로동당 중앙위원회 정치위원회의에서 그대로 드러나고 있다.

"혁명자유자녀들을 교육교양하는 사업에 당적관심을 돌려야 하겠습니다. 혁명자유자녀들은 금싸래기와 같이 귀중한 우리의 후대들입니다. 혁명자유자녀들을 위하여서는 그 무엇도 아낄것이 없습니다. 지금 일부 일군들은 혁명자유자녀들을 육성하는 사업에 관심을 적게 돌리고있습니다. 지방당단체들에서는 유자녀들을 찾아내여 학원에 보내는 사업을 등한히 하고있으며 어떤 일군들은 학원에 석탄 같은것도 제때에 보장해주지 않고있습니다. 각급 당단체들과 모든 일군들은 만경대혁명자유가족학원을 세운 목적과 의지를 똑똑히 인식하고 혁명자유자녀들을 키우는 사업에 깊은 관심을 돌려야 하겠습니다. 각급 당단체들에서는 지방에 흩어져 있는 혁명자유자녀들을 다 찾아내여 학원에 보내도록 하여야 하겠습니다. 이와 함께 만경대혁명자유가족학원에서 요구하는 문제들을 제때에 해결해주어야 하겠습니다. 나는 동무들이 오늘 회의 정신에 기초하여 지난 기간의 결함들을 하루속히 시정하고 혁명자유자녀들을 교육교양하는 사업에서 새로운 전환을 가져올것을 희망합니다."(김일성, 『김일성 저작집 5』, 1980: 29-30)

이러한 혁명학원에 대한 전폭적인 지원에 의해 북한의 고아 정책은 고아들을 신분에 따라 구분하여 최고의 엘리트 그룹을 형성하고 구조화하는 핵심 방편으로 자리 잡게 되었다. 일반학원계열은 전쟁 발생 이후 만들어졌는데 일반계층에 속하는 고아들을 육아원, 고아원 등에 입학시켰다. 아래의 내용은 김일성이 1951년 3월 15일 평안남도 농민들과 한 담화이다.

"특히 적들에게 일시적으로 강점당하였던 지역의 인민들이 어려운 형편에 있습니다. 그래서 공화국정부는 최근에 인민생활을 안정시키기 위한 여러가지 국가적 대책을 세웠습니다. 전재민수용소가 설치되고 고아원이 창설되고 유자녀학원이 나왔으며 전재민들에 대한 식량공급, 구호물자의 배급, 국가대부의 실시, 건축자재의 공급, 종곡대여와 같은 일련의 대책들이 실시되고있습니다. 벌써 많은 지방들에서 인민생활이 적지 않게 안정되였습니다."(김일성, 『김일성 저작집 6』, 1980: 335)

앞의 내용을 보면 1951년 당시 전재민 수용소와 고아원, 유자녀학원 등이 설치되어 인민생활이 안정을 되찾고 있다는 것이다. 따라서 일반 고아원은 1950년 이후 전쟁으로 발생한 고아들을 수용하기 위해 창설된 것임을 알 수 있다.

> "더우기 지금과 같이 국가의 수입이 적은 전시환경에서 지출을 많이 하려고 하여서는 안됩니다. 그런데 개성시 같은데서는 양로원과 육아원을 꾸려놓고 개인들에게 의탁하고있던 로인들과 고아들 그리고 전쟁피해자들까지 거기에 받아들여 긴장한 국가의 량곡과 재정을 소비하고있습니다." (김일성, 『김일성 저작집 7』, 1980: 16)

그러나 다른 한편으로는 이러한 육아원, 고아원이 지역적 차원에서 자체적으로 건설되어 지출을 낭비한다고 비판을 받기도 하였다. 이는 상당히 이중적인 모습으로 혁명학원을 대하는 태도와는 대조적이었다. 즉 신분 구분에 따른 고아원 건설은 초기부터 상당히 차별적이었던 것이다.

한편 북한은 외국에 나가 있는 고아들을 1959년까지 모두 귀국시킨다. 당시 북한은 1956년 8월 종파사건 이후 1958년까지 반대세력을 제거함으로써 정치적 안정화를 이뤄가던 시기였다. 북한에서 벌인 고아귀국 사업은 두 가지 의미를 갖는다.

타국에 나가 있는 고아들이 내정 간섭의 빌미가 될 수 있다는 점을 우려한 이유가 하나이고 다른 하나는 산업화에 필요한 노동인력을 확보하기 위해서였다. 당시 농업의 협동화가 완성서동만, 2005: 716)되고, 산업 발전을 위한 노동인력이 절실히 필요했다는 점에서 고아들을 귀국시켰던 것이다. 다시 말해 북한은 공업화 우선정책에 필요한 인력자원 확보가 시급한 상황에서 농업의 잉여자원잉여노동력을 활용[5]하는 한편 고아

....
[5] 차문석(2001)은 북한이 1958년부터 사회주의 국가들의 무상원조가 급격하게 줄어들면서 농업협동화에 의한 잉여자원을 공업화에 사용했다고 주장하였다(차문석 2001, 67-70).

들을 복귀시키고 재일 교포 귀화사업을 추진하였던 것이다. 이는 고아들과 부랑자 등을 생산현장에 투입하고, 어린 고아들은 고아원을 통해 양육함에 따라 꽃제비가 크게 나타나지 않았던 것으로 보인다.

김일성은 1960년 '8.15해방 15돐 경축대회'에서 "참혹한 전쟁을 겪었음에도 불구하고 지금은 국가로부터 안정된 생활을 보장받아 류랑자도 없고 거지도 없다"고 주장하였다.

> "우리나라에서는 무의무탁한 사람들, 불구로 된 사람들, 로인들, 고아들도 다 국가로부터 안정된 생활을 보장받고있습니다. 우리나라가 원래 락후하였고 류례없는 참혹한 전쟁을 겪었음에도 불구하고 지금 우리에게는 류랑자도 없고 거지도 없습니다."(김일성, 『김일성 저작집 14』, 1981: 222)

그러나 이러한 주장과는 달리 김일성은 1969년 12월 당 중앙위 제4기 제20차 전원회의에서는 이를 번복하고 사회에 불량청년들이 나타나고 있으며 이들을 교양 개조시키지 못한다고 일군들을 비판했다.

> "우리는 조국해방전쟁의 그 어려운 때에도 사회질서를 문란시키던 고아들을 교양개조하였는데 하물며 오늘의 조건에서 무엇때문에 얼마 되지도 않는 건전치 못한 청년들을 교양개조하지 못하겠습니까."(김일성, 『김일성 저작집 24』, 1983: 404)

이는 북한의 꽃제비에 대한 조치가 그동안 관리시설을 통해 어느 정도 효과를 거두었음에도 불구하고 1960년대 중반 이후부터 다시 이들이 나타났다는 것을 의미한다. 즉, 꽃제비는 고아원 정책과 각종 수용시설을 통해 한동안 사라지는 듯했으나, 1960년대 중반부터 시작된 '유일사상체계' 구축과정에서 다시 나타난 것이다. 주민성분 분류작업을 진행하면서 1960년대 말에 불량학생, 꽃제비 등이 사회에 재등장하기 시작했다.

(2) 1970년대

계모학원

사회가 안정화된 이후 1970년대에 들어서면서 꽃제비는 신분차별과 가족환경에 의해 발생하였다. 1969년 12월 5일 조선로동당 중앙위원회 제4기 제20차 전원회의 확대회의에서 청소년의 교양문제가 제기되기 시작한다. 이 문제는 1967년부터 1969년까지 행해진 3계층 51부류 신분 구분 작업으로 인해 불거진다. 가족환경이 복잡한 신분으로 분류된 청년들에게 '사회주의로동청년동맹'이하 사로청이라 칭함일군들이 복잡한 계층이라는 감투를 씌우는 심각한 현상이 생겨난 것이다.

> "가정주위환경이 복잡한 청년들과의 사업과 관련하여 한가지 더 말할 것은 쓸데없는 문서를 자꾸 만들어 사람들에게 함부로 복잡한 계층이라는 감투를 씌우지 말아야 하겠다는 것입니다."(김일성, 『김일성 저작집 24』, 1983: 403)

물론 이러한 문제는 혁명학원 출신들을 대상으로 한 것이 아니라, 일반고아원 출신에 대한 사회의 신분차별에 의해 나타나는 현상을 비판하는 것으로 김일성의 혁명학원에 대한 관심이 사회에 신분차별로 나타난 현상이라고 할 수 있다. 따라서 1971년에는 복잡계층이라는 감투뿐만 아니라 고아출신의 신분에 대한 문제로까지 확대되어 육아원, 초등학원을 나온 전재고아들까지도 성분 문제로 인해 차별대상으로 분류되었다.

> "성분문제와 관련하여 초등학원을 나온 전재고아들의 문제에 대하여 좀 이야기하겠습니다. 지금 일부 일군들은 초등학원을 나온 전재고아들의 가정토대가 해명되지 않았다고 하면서 그들을 당에 받지 않고있다고 하는데 이것은 아주 잘못되였습니다. 초등학원을 나온 청년들로 말하면 서너살 때 전쟁에서 아버지, 어머니를 잃고 여기저기 헤매는것을 우리 당이 품에 안아서 키운 사람들입니다.

……그런데 오늘에 와서 우리 일군들이 초등학원을 나온 청년들의 성분을 따지면서 그들을 문제시한다는 것은 아주 잘못된 일입니다. 우리가 사람들의 성분을 따지는 목적이 그가 어떤 환경에서 어떤 영향을 받고 자라났는가를 알자는것인데 아무것도 모르던 철없는 때에 고아로 되여 당의 품속에서 자란 사람들에게 그의 아버지가 지주였든, 로동계급이었든 그것이 무슨 상관이 있습니까."(김일성, 『김일성 저작집 26』, 1984: 59-60)

김일성의 이러한 발언은 가정불화, 이탈 청소년의 증가, 불량자, 부랑자 등이 급속도로 증가하기 시작한 데 따른 것이었다. 이 문제와 관련하여 도 사로청 위원장들과 만난 자리에서 김일성은 "불량청년들이 왜 발생하는지 모르겠다. 이는 청년학생들 속에서 도덕교양과 조직생활을 강화하지 못하기 때문"이라고 비판하고 불량청년들을 없애라고 지시하였다.

"다음으로 불량청년들이 없도록 하여야 하겠습니다. 우리 사회에서 어떻게 되여 불량청년들이 나오게 되는지 잘 리해되지 않습니다. 다 우리 사회에서 공부시킨 청년들인데 왜 불량배가 되겠습니까. 사로청이 아직도 사업을 전반적으로 깊이 파고들지 못하고 청년학생들속에서 공산주의도덕교양과 조직생활을 강화하지 못하기때문에 그들속에서 부정적현상들이 더러 나타나는것 같습니다. 사로청조직들은 불량청년들이 나오게 된 원인을 잘 따져보고 불량청년들을 없애도록 하여야 하겠습니다."(김일성, 『김일성 저작집 27』, 1984: 564)

이뿐만 아니라 평양시에서도 불량학생들이 상당수 나타난 것으로 보인다.

"앞으로 평양시에서 불량학생이 한 명도 나오지 않도록 하여야 하겠습니다. 중구역, 모란봉구역, 삼석구역, 형제산구역을 비롯한 몇개 구역을 료해하여본데 의하면 불량학생이 몇 명씩은 다 있습니다. 구역당위원회들에서는 학교사업을 잘 지도하여 불량학생들을 교양개조하며 앞으로 그런 학생들이 생겨나지 않도록 철저한 대책을 세워야 하겠습니다."(김일성, 『김일성 저작집 29』, 1985: 216)

김일성은 불량학생에 대해 "자본주의 사회에서 나타나는 사기, 절도, 협잡, 강간 행위를 하는 것은 불가피한 일이지만 불량학생이 평양시에서 나타나고 있다"는 것에 상당한 불쾌감을 가지고 있었으며, 이 문제를 해결하기 위해 "공부 시간 이외의 공간을 과외활동, 웅변모임 등을 조직하여 딴생각을 하지 못하도록 해야 한다"고 강조하는 한편 소년단 조직과 사로청 조직의 조직생활 강화를 주문했다. 또한 불량학생이 발생하는 문제를 "우리가 학생들을 잘 통제하지 않는 틈을 타 나쁜 놈들이 뒤에서 충동질하는 것"이라면서 신분변동에 의한 문제가 아닌 추상적인 적으로 화살을 돌렸다.

> "사기와 협잡, 강간, 절도 행위가 보편적현상으로 되여있는 자본주의사회에서 불량학생이 생기는 것은 불가피한 일이지만 사회주의사회에서는 불량학생이 생길 사회적근원이 없습니다. 일부 학교들에서 불량학생이 더러 나타나고있는 원인은 순전히 당조직들이 학생교양사업에 마땅한 당적관심을 돌리지 않으며 학교들에서 사로청조직생활과 소년단조직생활을 잘 지도하지 않는데 있습니다. 학교 사로청, 소년단 조직들에서 하루공부가 끝난 다음 운동회, 학습경연, 웅변모임과 같은 여러가지 과외활동을 조직하면 학생들속에서 불량학생들이 나올수 없습니다. 사로청, 소년단 조직들에서 말썽을 부리는 학생들에게 연설원고를 하나 써주어 언제까지 연습하여가지고 어디에 가서 연설하고 오라고 하면 그 학생은 그것을 준비하느라고 애쓸것이며 딴 생각을 하지 않을 것입니다. ……불량학생들이 있는 것은 우리가 학생들을 잘 통제하지 않는 틈을 타서 나쁜놈들이 뒤에서 일부 학생들에게 몹쓸짓을 하라고 충동질을 하기때문입니다."(김일성, 『김일성 저작집 29』, 1985: 216-217)

이러한 불량학생들 사이에서는 계모를 둔 학생들도 많았는데, 이 문제를 해결하는 차원에서 1974년 김일성은 계모학원을 만들 것을 주장한다.

> "어머니가 계모인 아이들가운데서 불량학생들이 나오면 그런 학생들이 다니는 학교를 따로 내오는것이 좋겠습니다. 평양시에서 먼저 이런 학교를 몇개 내오고 운영해보는 것이 좋겠습니다. 그런 학생들을 다 기숙사에 넣고 담임교원이 맡아서 공부도 시키고 과외활동도 다채롭게 조직해주면 좋을 것입니다."(김일성, 『김일성 저작집 29』, 1985: 217)

예컨대 1970년대에 들어서면서 나타난 문제들은, 앞서 1960년대 말 심화된 신분문제의 여파로 인해 발생한 가정불화가 청소년 이탈, 불량행위 증가로 이어지면서 북한 사회에서 매우 심각한 고민거리로 대두되었다.

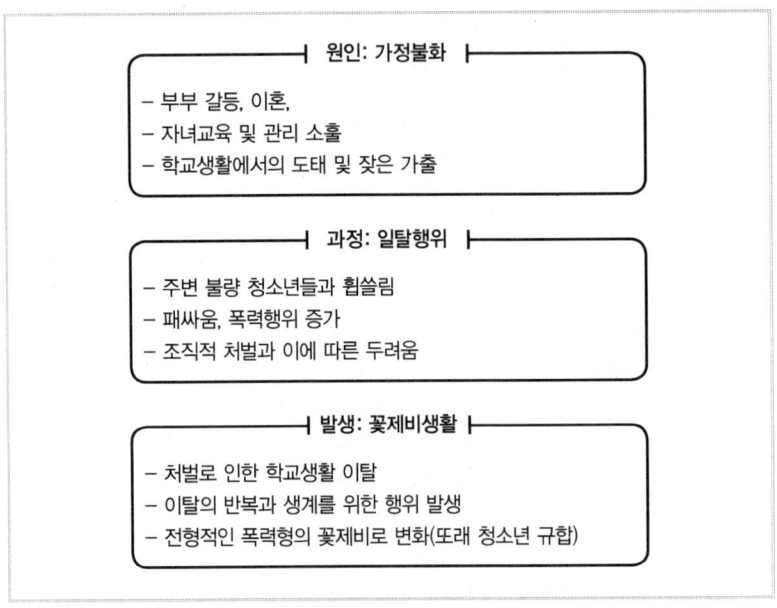

출처: 이철원(1995: 14-15, 55-56), 탈북자 C의 증언을 참조하여 작성

그림 2. 가정불화에 의한 발생

[그림 2]에서 보는 것처럼 신분문제 때문에 부모가 이혼한 뒤 계모가 들어오면서 가정불화를 겪어 집을 뛰쳐나가는 청소년들이 발생했으며 이들이 학교나 조직생활로부터 이탈하는 현상이 확산되었다. 여기에서 특별히 평양이 거론된 이유는 타 지역보다 신분문제가 가장 심각하게 적용된 지역이었기 때문이다.

『평꼬』이철원, 1995: 17, 28-29에 나타난 조영호의 꽃제비생활은 학교를 오고 가는 도중에 '짜장면'이 먹고 싶어 선생님의 돈을 훔친 것을 계기로 시작되었으며, 함께 생활했던 '홍꼬'함흥꼬마는 고아로서 1971년경 고아원에서 배가 고파 뛰쳐나왔고, 청꼬청진꼬마는 째포재일 교포로서 부모님이 정치적 발언을 하는 바람에 청진으로 강제 추방당한 후 집을 떠나 꽃제비생활을 시작했다고 한다. 즉, 이 세 명 중 한 명은 고아원 출신이며 한 명은 정치적 문제로 인한 교포 출신이었으며 다른 한 명은 희소가치짜장면에 대한 호기심에서 꽃제비생활을 시작한 것이다.

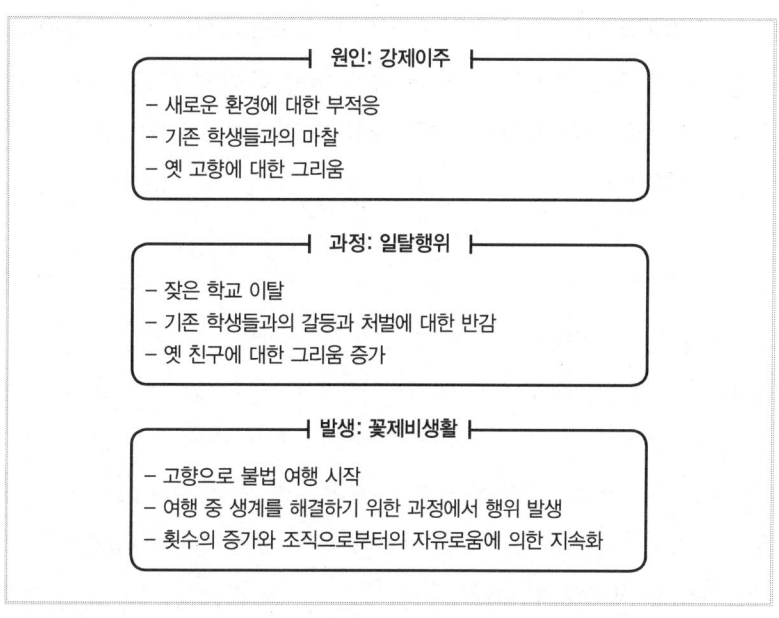

출처: 이철원(1995: 51), 이성로(2006: 12–121)를 참조하여 작성

그림 3. 강제이주에 의한 발생

[그림 3]을 보면 신분에 의한 강제이주 문제는 1970년대 중반에 들어서면서 본격화되었다. 1976년 말 '판문점 사건'의 여파로 평양시민의 40%가 강제 추방되었으며, 평양시 청소년 범죄를 단속하기 위한 순찰대가 구성되어 대대적인 집중단속에 들어갔다.이철원, 1995: 51 이때 발생한 강제

이주 정책으로 평양뿐만 아니라 강원도, 황해도, 등 각 지역의 노약자, 성분불량 계층을 포함한 25만 명이 함경북도 지역으로 대량 이주되었다.이성로, 2006: 120-121

이때부터 이미 순찰대가 강화되고 집중적인 단속에 들어갔음에도 불구하고 꽃제비는 소멸되지 않았다. 꽃제비들은 단속이 강화되는 지역에서 상대적으로 약한 지방 지역으로 이동하거나 단속이 느슨해질 때까지 숨어 지내다 다시 나타났다. 또한 단속이 되었더라도 그곳을 탈출하거나 고아원 또는 집으로 복귀되었다가 다시 뛰쳐나오게 되는데, 이는 단속이 강화될 때만 사라진 것처럼 보일 뿐 결코 소멸되지는 않았던 것임을 의미한다.

(3) 1980년대

1980년대의 꽃제비들은 당국에서 주민을 강제로 이주시키면서 가족이 해체되거나 불평등한 요소가 확산되면서 나타났다. 1980년대 초부터 시작된 '지방소개'는 신분에 문제가 있는 평양시 거주민들을 지방으로 대거 이동시킨 것으로 '한국방송학회 세미나 및 보고서'이무철, 2003: 114의 탈북자 증언과 조영호의 증언을 바탕으로 한 실화소설 『평꼬』에서도 이러한 사실을 확인할 수 있다.

조영호의 부모는 1980년경, 신분문제로 인해 이혼하고 어머니는 평안북도 동림 탄광으로 추방되었다고 한다.이철원, 1995: 79-80 1980년대 신분차별에 의한 강제이주는 가족분화로 이어지고 그 영향이 자녀들의 꽃제비생활로 나타났다.

배급제도의 약화와 차별

배급제도 약화는 제한적으로나마 유지되던 평등성을 붕괴시키고 상대적 박탈감을 확산시켰으며 급기야 빈익빈 부익부의 불평등 현상을 퍼뜨렸다. 배급제도의 불평등 문제는 가족별로 지불되어야 하는 배급량의 양적, 질적인 차별에서 나타나기 시작한다. 즉 우선공급대상과 일반대상으로 나뉘는 배급제도는 당 간부, 국가안전보위부, 군 및 군수산업체, 일반 주민을 대상으로 우선순위가 정해져 있다.통일연구원, 2009: 227

우선 질적인 차별이다. 예컨대 질적인 차원에서 한 가족당 공식 지불되어야 하는 백미쌀, 잡곡옥수수쌀, 밀, 보리, 수수 등의 비율이 역전되어 쌀 지급비율이 축소되고, 옥수수쌀 지급비율이 늘어나는 형태로 변화되었다. 이러한 질적 변화는 간부의 경우 쌀 비율을 높게 받지만 일반 주민들의 경우 훨씬 축소된 비율로 지급받았던 것이다. 양적인 측면에서도 간부의 경우에는 사회적 지위와 권력을 이용하여 할당된 배급량을 모두 받을 수 있었지만 일반 주민들의 경우는 배급을 받다가 중도에 부족하면 받지 못하고 다음 기회로 넘어가는 경우가 많아졌다. 이렇게 밀린 배급량은 1990년대 초까지 무려 한 가족당 1.5톤에서 2톤에 이를 정도였다.

"80년대 말부터 배급이 조금씩 줄었어요. 89년도에 배급이 잘 기억은 안 나는데 2~3달치를 안 줬거든요. 그렇게 된 게 1990년대 초까지 1.5톤이나 됐어요. 우리 집만 아니라 청진 집들이 대부분 그랬어요. 조금만 기다리면 준다고 했거든요."(탈북자 C)

배급제도의 문제는 공장기업소, 학교, 인민반 등에서 이미 나타나기 시작하여 사회적으로 잘사는 집과 못사는 집이 분명하게 구분이 되었다. 쌀밥을 먹는 집과 7:3으로 쌀을 많이 섞는 집과 5:5로 섞는 집, 오직 강냉이밥만 먹는 집으로 차별화되었다. 1980년대 말부터 발생한 이러한 구분으로 질적인 격차가 나타났고 잘사는 집과 못사는 집으로 나뉘기 시작했다.

공장기업소에서는 노력동원에 나갈 때 도시락에서 차별이 발생한다. 학교에서는 학용품과 교복에서 차별이 나타나고 인민반에서 지원품을 제공하는 경우에도 차별이 발생한다. 예를 들면 잘사는 집의 경우에는 좋은 도시락을 갖고 나오지만 못사는 집의 경우에는 도시락도 제대로 챙기지 못하는 경우가 많다. 학생의 경우에는 질 좋은 교복과 운동복, 좋은 학용품을 가진 잘사는 집 아이와 한 벌의 운동복을 형제들끼리 돌려 입고, 학용품도 먹에 펜을 찍어 쓸 수밖에 없는 가난한 가정의 아이로 나뉜다.

인민반에서는 군지원품을 잘 내거나 인민반계획을 잘 수행할 만한 돈이 있거나 지원품을 제때에 잘 낼 수 있는 집과 그렇지 못한 집으로 구분을 두었다.

> "일단 학용품은 어떤 차이가 나냐면, 일단 세 부류로 나눌 수 있는데 하나는 중국이나 일본에 친척이 있는 이런 친구들은 책 종이가 흰색이거나, 연필이나 지우개가 좋죠. 그딴 것들을 흔히 쓰고 두 번째는 중국이나 일본에 친척은 없지만 그 부모들이 돈을 벌어서 사서 부족함이 없이 써요. 그 나머지 애들은 연필, 책 다 없는 거죠. 1학년(인민학교 1학년으로 1989년)때는 저도 있었어요. 2학년부터 늘 없었던 것 같아요. 그래서 책 한 권 가지고 막 뒤집어쓰고 지워서 쓰고, 연필꽁다리를 수수대 뒤에 이어서 쓰고, 2학년 때." (탈북자 B)

배급제로 인한 불평등 요인은 사적 소유에 대한 욕망과 상대적 박탈감을 가져와 꽃제비의 길로 빠져들게 만들었다. [그림 4]를 보면 학교에서 부유한 친구들의 과시욕이, 어려운 형편의 친구들을 상대적 박탈감으로 몰아넣고 소유욕을 갖게 해 일탈 행위로 이어지게 하는 것을 확인할 수 있다. 이렇게 일탈 행위를 하면 처벌을 받게 되며 이것이 꽃제비 생활을 시작하는 계기가 된다.

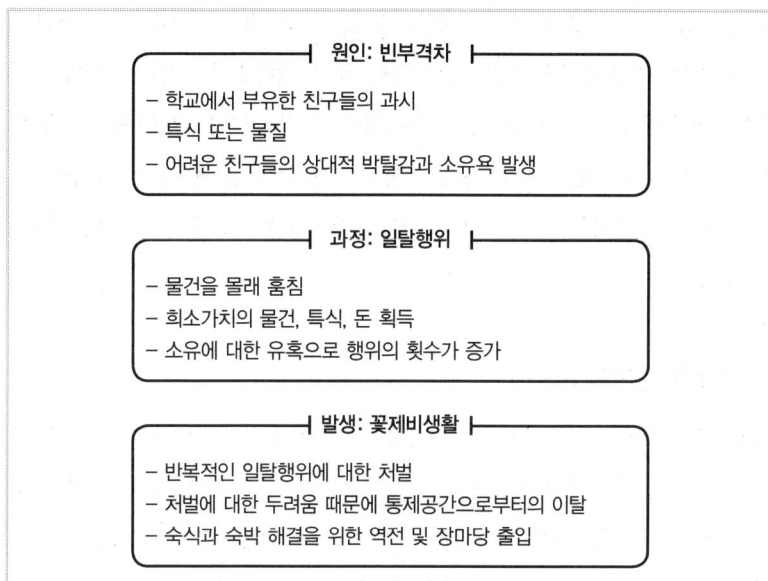

원인: 빈부격차

- 학교에서 부유한 친구들의 과시
- 특식 또는 물질
- 어려운 친구들의 상대적 박탈감과 소유욕 발생

과정: 일탈행위

- 물건을 몰래 훔침
- 희소가치의 물건, 특식, 돈 획득
- 소유에 대한 유혹으로 행위의 횟수가 증가

발생: 꽃제비생활

- 반복적인 일탈행위에 대한 처벌
- 처벌에 대한 두려움 때문에 통제공간으로부터의 이탈
- 숙식과 숙박 해결을 위한 역전 및 장마당 출입

출처: 이철원(1995: 13)과 탈북자 C의 증언을 토대로 작성

그림 4. 빈부격차에 의한 발생

이렇게 시작된 꽃제비생활은, 한 번 들어서게 되면 그에서 쉽게 벗어나지 못하고 계속 반복할 수밖에 없는 요소를 가지고 있다. 꽃제비생활은 단순한 부랑행위라기보다는 모든 면에서 강한 통제가 이루어지는 북한 사회로부터 벗어나고자 하는 강한 욕망이 작용한 결과라고 할 수 있다. 이들이 품은 강한 욕망은 자유주의적인 의식에서 비롯된 행위인 것이다.

2) 1990~2000년대: 경제위기에 따른 꽃제비의 확산

1980년대 말에는 배급 사정이 어려워짐에 따라 꽃제비들이 증가하여 심각한 사회문제로 다시 떠오르게 되었다. 1980년대에 당국의 대대적인 단속이 있었음에도 불구하고 경제위기로 인해 꽃제비가 급속도로 확산되는데, 이는 기존에 꽃제비가 발생했던 주요 원인과는 달리 경제위기에 따른 가족해체가 가장 큰 원인으로 작용한 결과였다. 그 이전까지 꽃제비 발생의 주요 원인이었던 전쟁문제나 1960년대 출생신분문제, 1970년대 강제이주 문제와 1980년대 강제이주 및 배급축소 문제 등과는 차이가 있다.

(1) 심각한 식량위기

1990년대 사회주의권의 붕괴와 더불어 북한의 생산단위들이 악화되고 국가의 배급제도 역시 서서히 마비되기 시작한다. 1980년대 말부터 시작된 식량위기는 1990년대 중반에 전반적으로 확산되어, 수많은 사람을 굶주림에 시달리다 죽음에 이르게 했다.

철저히 배급제에 의존해 온 북한의 도시민들은 갑자기 배급이 끊기자 생계를 이어가기 위해 몸소 나서지 않으면 안 되었다. 그들은 필요한 식량을 얻기 위해 도시에서 생산되는 생산품을 가지고 농촌으로 가서 식량과 바꾸어 와서 생활하거나 집에서 사용하던 물건들을 시장에 조금씩 내다 팔면서 생계를 유지했다.

그러나 1990년대 초부터 식량배급이 급격하게 줄어들면서 가족의 생계가 이어지지 못하고 그대로 가족이 해체되거나, 혹은 굶주리다가 사망으로 이어지면서 가족 전체가 꽃제비생활을 하는 경우도 나타났다.

배급제도에는 우선순위가 있기 때문에 당 간부와 보위부, 안전부, 군수산업 등의 순으로 지급되었고 배급대상에서 제외된 일반 주민들은 식량을 자체적으로 해결해야만 했다. 그동안 배급제도에 의존해 살아왔던 주민들로서는 스스로 생계를 꾸려가는 능력을 갖추지 못하고 있었기 때문에 배급이 끊긴 상태의 이런 상황은 매우 심각한 문제를 불러왔다.

1990년대 초부터 시작된 식량위기는 무려 300만 명에 달하는 주민이 굶주림에 시달리다 사망하는 사태에까지 이르렀다. 특히 함경도 지역에서만 90만 명이 굶주림으로 사망했다는 주장도 있다.이성로, 2008: 217 김정일의 현지지도를 다룬 실화소설 『강계정신』에서도 이 아사자 문제를 있는 그대로 보여줄 정도로 당시 식량위기는 매우 심각한 수준이었다. 『강계정신』은 1990년대 경제위기 당시 김정일의 행보에 대한 실화를 소설화하여 만든 '불멸의 향도' 시리즈 중 하나이다. 김정일의 행보를 다룬 불멸의 향도는 북한문학에서 김정일의 현지지도나, 여러 가지 생활상을 그린 실화소설 시리즈를 말한다.리신현, 2002 내용을 살펴보면 '고난의 행군' 시기 북한 최대의 공작기계 공장인 희천기계공장의 핵심 기능공조차도 굶어 죽은 사건, 부모 잃은 방랑아와 풀죽을 먹는 아이 등 당시 김정일이 현지지도를 하면서 겪은 사건들을 소상히 다루고 있다.리신현, 2001: 11, 19-21, 28-30

'고난의 행군'은 1938년 12월부터 1939년 3월까지 100여 일간 김일성이 이끄는 항일 빨치산이 만주에서 모진 추위와 식량난 속에서도 일본군의 추격을 뿌리치며 행군을 감행했다는 것에서 유래했다. 북한은 그후 두 차례에 걸쳐 정치적, 경제적 위기를 맞았을 때 '고난의 행군'이라 명명하며 위기를 극복하고자 했다.

> "……벌써 이태째 자강땅을 휩쓴 큰물피해에 부모를 잃은 아이들이 아니면 장두칠이처럼 식량난으로 사망한 사람들의 자식들일것이다. 그래서 어린 나이에 볼품없는 옷을 입고 떠돌아 다닌다면 그 누구보다도 살뜰히 아껴 주고 돌봐주어야 할 방랑아들이 아닌가……."(리신현, 2002: 22)

한편 당시 가족 모두가 먹고살기 어려운 상황에서 부부의 별거나 이혼이 늘어나고 각자 살기에 급급한 나머지 가족이 해체되는 상황이 나타났다. 더 이상 아이를 먹여 살릴 수 없는 상황에서 부모가 이들을 고아원이나 계모학원에 불법으로 버려두고 떠나거나 다른 지역으로 이사를 가 버리는 등의 일이 벌어졌다.

계모학원은 북한에서 어느 한쪽 부모가 계모 또는 계부일 경우나, 양쪽 부모가 모두 없으며 계급적으로 낮은 자녀들이 생활하도록 운영되고 있는 고아원의 한 형태이다. 부모가 집을 버리고 떠나거나 행방을 나갔다가 돌아오지 않는 경우 고아가 된 아이들은, 마을사람들이 고아원으로 보내는 경우도 있었으며 먹고살기 위해 아이 스스로가 꽃제비가 되는 경우도 있었다. 행방이란, 일반 주민들이 생계에 필요한 식량을 구하기 위해 집을 떠난 상태를 일컫는 용어이다. 탈북자 B의 증언에 따르면 부모님이 행방을 나갔다가 돌아오지 않자, 먹을 것을 구하기 위해 역전과 장마당이란 곳에 처음 나가봤다고 한다. 이런 상황들 때문에 고아원의 경우 부모의 생사 여부를 확인할 수 없는 꽃제비들이 매우 많았다.리신현, 2001: 42

부부가 이혼을 할 경우, 1990년대 이전까지는 남성이 절대적인 주도권을 행사했다. 그러나 1990년대에 들어 가족 내에서 남성의 지위가 여성에 비해 위축되기 시작하면서 여성에 의한 이혼 발생률이 상대적으로 증가하게 되었다. 가족의 생계를 위해 여성이 경제활동에 참여하는 경우가 많아지면서 여성이 먼저 이혼을 요구하고 나서게 된 것이다. 이러한 상황이 벌어진 데에는 이유가 있다. 원칙적으로 시장이라는 개념을 허용하지 않는 북한 사회에서 남성이 가족을 위해 낯선 시장 활동을 하는 경우 이윤을 남기지 못하고 쉽게 망하는 경우가 많았다. 또한 여성들이 시장 활동에 적극적으로 나서는 과정에서 남성의 가부장적인 태도와 폭행 등이 여성의 저항을 불러오게 되고 이혼에 합의하지 않더라도 여성이 집을 뛰쳐나가는 일이 발생했기 때문이다.

북한에서는 이혼에 합의할 경우 자녀 부양권은 아버지에게 넘어간다.

경제위기 이후 북한에서는 남성의 경제적 활동능력이 여성에 비해 떨어지기 때문에 이혼가정의 자녀들은 대부분 꽃제비의 길로 들어서게 된다.

이혼 서류에 도장을 찍지 않았다 하더라도 서로 합의해 헤어지거나, 또는 여성이 집을 버리고 다른 곳으로 떠나는 일도 많아서 가족해체 현상은 매우 흔하게 일어나는 일이다. 가정해체는 여성이 식량을 구하기 위해 행방을 떠났다가 다른 남자를 만나 오랫동안 집에 돌아오지 않는 경우에도 발생한다. 이때 기다리던 남편과 아이들이 뿔뿔이 흩어지거나 공식적인 이혼이 여전히 어려운 가운데, 사실상 별거와 가출 상태로 이들은 꽃제비생활을 시작하게 된다. 최완규 엮음, 구갑우, 구수미, 김갑식, 김근식, 양문수, 오유석, 이미경, 이주철, 장세훈, 정우곤, 최봉대, 최완규, 함택영 지음, 2006: 215-216

남성의 경제활동 능력이 부족한 상태에서 이혼에 합의하게 되면 경제활동 능력이 높은 여성의 생존율이 높지만, 반대로 남성의 생존율은 상대적으로 낮다. 이에 북한 사회에서는 '이혼한 남자가 머저리'라는 이야기가 회자될 정도이다.

(2) 꽃제비의 확산

가족의 해체

꽃제비들의 가족환경에 대한 조사 자료를 보면 150명 중 양친 부모 모두 사망한 경우가 22%, 한쪽 부모가 사망한 경우가 38%, 양친에 질병이 발생한 경우는 26%이다. 형제관계를 보자면, 형제가 사망한 꽃제비가 15%이고 그 형제 역시 꽃제비로 떠돌고 있는 경우가 46%인 것으로 나타났다. 김영수, 2003: 24 이를 통해 생계를 유지하기 어려운 상태에서 부모가 사망하거나 또는 한쪽 부모만 있거나, 양친 모두 있어도 아이를 책임질 수 없는 상황이 1990년대 꽃제비 발생의 주요 원인이었다는 것을 알 수 있다.

대량 아사로 인해 가족이 해체되고 이에 따라 꽃제비는 1994년부터 1998년 사이에 무려 20배 증가한 것으로 보인다. 1999년 국정원의 보고에 의하면 1994년경 부랑자가 1만 3천여 명에서 1998년 20만 명으로 급등했다고 한다. 국정원 발표를 인용한 동아일보에 따르면 북한 사회에서 부랑자가 20여만 명에 이르는 것으로 보고 있으며, 이는 사회 내에 동요가 일어나고 있음을 보여주는 것이라고 한다. 동아일보, 1999년 4월 3일 5면 한편 국민일보에 실린 국정원 보고에서는 1997년 23만 명의 부랑자가 발생했으며, 1998년에는 20여만 명이라고 소개하고 있다. 국민일보, 1999년 4월 3일 2면 북한의 특성상 통계지표가 정확하다고 보기는 어렵지만 부랑자의 증가율을 통해 꽃제비들 역시도 급속도로 증가했을 것으로 유추해 볼 수 있다. 꽃제비의 증가율을 정확하게 추정하기는 어렵지만 탈북자 다수의 증언을 통해서도 1990년대에 비해 2000년대에 꽃제비 숫자가 훨씬 많은 것으로 보고 있다.

1990년대를 거쳐 계속된 식량위기는 2000년대 꽃제비들의 증가로 이어졌다. 오랜 기간을 거치는 동안 꽃제비들도 그들만의 노하우가 축적됨으로써 정상적인 가족생활로 복귀하는 비율도 현저하게 줄어들게 된다. 최소한의 생활조건이 보장된다고 하더라도 물질적으로 국가의 통제를 받느니보다 꽃제비생활이 주는 매력적 요인이 더욱 강하게 이들을 유인하는 것이다.

꽃제비생활에 대한 경험이 축적되고 이런 생활에 적응이 되면서 다양한 행위로 이어졌다. 다양한 행위들을 할 수 있는 시장과 역전, 거리에 꽃제비가 증가한 이유이다. 1990년대에는 경제위기로 꽃제비들이 급격히 증가했지만 높은 사망률로 인해 절대수가 그리 높지는 않았다. 앞서 국정원 발표 1997년 20여 만 명 추정

2000년대에는 1990년대 이후 장기화된 식량위기의 과정을 거치면서

꽃제비들이 어려운 환경에 적응하고 극복하는 과정을 통해 사망률이 줄어들었다. 이미 활동하던 꽃제비들이 생존방식을 찾고 새로운 꽃제비들은 계속 늘어난 결과 그 절대수가 기하급수적으로 증가하게 되었다. 최소 1.5~2배 정도 증가했다는 증언이 나오는 이유도 바로 여기에 있다.

탈북자 C의 증언에 따르면, 1990년대에 경제위기로 먹고살기 힘들어지자 일반 주민들이 동정심으로 꽃제비들에게 주던 음식을 주지 않게 되었다는 것이다. 이로 인해 굶어 죽는 꽃제비들이 속출하기 시작했다. 이는 꽃제비들이 더 이상 동정으로만 생계를 유지할 수 없게 되었음을 의미하는 것이다. 꽃제비들이 어떤 방식으로든 진화하지 않으면 그들은 목숨을 이어갈 수조차 없게 된 것이다. 구걸에 의지하던 꽃제비들은 그대로 굶어 죽어야 했으니, 살아남기 위해서는 적극적으로 변화할 수밖에 없었다. 이 변화는 폭력적인 행위로 나타나거나, 폭력을 동반하지 않더라도 석탄을 줍는다든지 나물을 캔다든지 아니면 사금을 모은다거나 화물차를 터는 등의 적극적인 행위로 나타난다.

뿐만 아니라 탈북자 G에 의하면 꽃제비들이 오히려 덮치개와 같은 단순한 행위로 먹고살기 어려워지면서 공격수, 쓰리꾼과 같은 행위로 변화하여 실제로 시장의 꽃제비가 줄어들어 보였다는 것이다. 덮치개나 공격수, 쓰리꾼과 같은 행위에 대해서는 다음 장에서 자세히 다루기로 하겠다.

즉, 2000년대 들어 꽃제비가 1.5배에서 2배가량 증가했다고 본다면 적어도 35만~40만 명에 이를 것으로 추정할 수 있으나, 이러한 추정치마저 단지 파악될 수 있는 통계적 수치에 불과할 뿐이다. 꽃제비의 특성상 통계에 잡히지 않는 더 많은 꽃제비들이 존재한다고 보는 것이 맞다.

학교에서 벗어난 소년 꽃제비

다른 한편, 학교에서 학생들의 출석률을 통해서도 이를 분석할 수 있다. 1990년대 말에 학교 출석률은 청진의 경우 한 학급당 52명 중 10~15명탈북자 F, 무산군의 경우 한 학급당 50명 중 12~15명탈북자 G에 불과했다고 한다. 청진의 경우 76.9%에 달하는 학생들이 출석하지 않았음을 의미하는 것이며 무산군의 경우에도 70%에 해당하는 학생들이 학교에 나오지 않은 것이다. 탈북자 C에 의하면 학생들이 학교에 나오지 않는 이유는 배가 고파서였고 시장에서 뭔가를 주워 먹거나, 훔쳐 먹으러 가기 때문이라고 한다. 1990년대 이전까지만 하더라도 출석률이 100%에 달하였으나, 1990년대 말에는 30%로 줄어들어 70% 정도의 학생들이 학교가 아닌 시장을 배회했다는 말이다. 바로 이들이 꽃제비가 되는 것이다.

탈북자 G에 따르면 재학 당시에 35명의 반 학생들이 학교에 나오지 않았는데, 그중 8명의 친구가 장마당에서 장사를 하고 있는 것을 보았다고 한다. 35명 중 22%에 달하는 8명의 학생들이 장마당에서 꽃제비생활을 한 것이다. 50명의 학생들 중 8명이 꽃제비생활을 했다는 것을 전제로 일반화시켜 볼 경우 전체 또래 청소년의 12%가 꽃제비생활을 했다고 볼 수 있다.

통계청에 따르면 1998년 당시 북한에서 고등학교 졸업 전인 17세 청소년의 수는 351,574명이다.통계청, 검색일 2012년 5월 11일 이들 중 12%에 해당하는 수는 42,188명이다. 꽃제비생활이 어느 정도 가능한 연령, 즉 10~19세까지의 청소년을 대상으로 한정한다면 대략 360만 명이고, 이들 중 12%에 해당하는 청소년은 약 43만 2천 명이다. 다시 말해 꽃제비생활을 하는 청소년이 40만 명을 넘는다는 의미이다. 이는 앞서 국정원에서 발표한 내용과 꽃제비 규모가 2배 정도 증가했다는 탈북자의 증언과도 일정 정도 일치한다. 물론, 이는 단순히 청소년만을 대상으로 한 추정치이다.

가족단위 꽃제비

다음으로 가족단위로 꽃제비생활을 하는 경우를 추정해 보고자 한다. 탈북자 G에 의하면 1998년 당시 인민반이 40세대였는데 그중 절반인 20세대가 집을 비웠으며, 그중 시장에서 만났던 가족 꽃제비가 4가구였다고 한다. 이는 한 가구당 평균 4.5명으로 평균값을 정하면 전체 인구 22,355,471명을 1가구 평균으로 환산했을 때 약 496만 7882가구가 된다. 이 중 10%인 496,788가구가 가족 꽃제비로 전락한 것으로 추정할 수 있다. 이 가구 추정치에 다시 4.5를 곱하면 223만 5천 546명이 나온다. 즉 가족단위로 계산할 때 전체인구 22,355,471명 중 223만여 명이 꽃제비로 전락했음을 알 수 있다.

물론 지역별로 다소 차이가 존재한다는 점을 감안하더라도 10대를 대상으로 한 추정치인 43만 명을 제외한 나머지 180여만 명의 10세 이하와 20세 이상의 꽃제비들이 존재한다고 볼 수 있다.

이러한 추정치를 통해 북한 사회에 꽃제비의 수가 얼마나 대규모로 존재하는지를 유추해 볼 수 있다. 현재 꽃제비들은 단순히 주워 먹는 부랑자의 차원을 넘어선 상태이다. 2000년대에 들어와 꽃제비가 폭력적이며 적극적인 행위로 변화하면서 1990년대에 비해 이들이 오히려 줄어든 것처럼 보일 수도 있다. 그러나 통계에 근거해서 추정을 해본 것처럼 10대와 20대만을 계산해 봐도 80여만 명에 이를 것으로 보인다.

뒤에서 자세히 다룰 내용이지만, 2000년대 꽃제비들의 행위 변화 중 주목할 점은 그들이 조직화되고 더욱 폭력적이며 대담해졌다는 사실이다. 1990년대에도 조직화의 조짐이 있었으나 큰 규모로 성장하지는 않고 그 무리가 고작 10여 명에 불과했던 것에 비해 2000년대의 조직화 규모는 20여 명에서 많게는 40여 명까지 존재한다. 특히 마약 운반책으로 활동한다는 소식서유석, 2011: 42을 통해 알 수 있는 것은, 이들이 당국의 통제에서 벗어나 있기 때문에 불법적인 행위도 쉽게 할 수 있다는 점이다. 꽃제비는 대개 눈썰미가 좋고 특히 청소년들의 경우 각종 경찰통제를 피하기가 매우 쉽다는 점에서 마약 운반과 같은 불법적 행위를 수행하기에 충분한 조건을 갖추고 있다.

2000년대 꽃제비 조직이나 다양한 행위에 대해서는 3장에서 더 자세히 다루도록 하겠다.

표 5. 연대별 발생 원인

연대별	해방 후	1950년대	1960-1980년대	1990-2000년대
주요발생 원 인	무질서 사회 가정불화 생활고 새로운 문물	전재민 발생 전쟁고아 가족해체	신분변동 강제이주 가정불화 조직생활 신분문제	경제위기 빈부격차 가족해체 가정불화 고아

꽃제비의 연대별 발생 원인을 [표 5]와 같이 정리해 보면 연대별로 꽃제비의 발생 원인에 차이가 존재한다. 해방 후에는 무질서 상황에서 꽃제비가 나타났다면 1950년대에는 전쟁으로 인해 전재민과 전쟁고아가 생겨나고, 가족해체가 일어나는 과정에서 꽃제비가 발생했다고 할 수 있다. 1960년대부터 1980년대까지는 대부분이 신분변동에 따른 강제이주, 가정불화, 조직생활에 대한 회의감, 신분문제 등이 주요 요인이었다.

1990년대에 들어서면서 가장 중요한 요인은 경제위기였다. 서서히 빈부 차이가 나타나기 시작하고 경제위기가 시작되는 1990년대 초에는 생계문제에 따른 가정불화, 가족해체, 부모 사망으로 인한 고아 등이 꽃제비 발생의 주요 원인이 되었다.

(3) 성인 꽃제비의 발생

성인 꽃제비의 발생 배경

1990년대 들어서면서 사회주의권 붕괴에 따른 교역량 축소는 심각한 정도를 넘어 위기로 이어졌다. 당시 북한의 최대 무역국이던 소련이 1991년 1월 경화결제로 전환하면서 무역량이 큰 폭으로 줄어들 수밖에 없었다. 북한의 무역량은 1990년과 1991년을 비교했을 때 40% 가까이 축소되었다. 사회주의권의 교역형태는 기본적으로 루블화 가치가 매겨진 현물을 주고받는 바터형 거래를 기본으로 하고 있었다. 바터는 돈으로 매매하지 않고 직접 물건과 물건을 바꾸는 것으로, 교환의 가장 원시적인 형태이다. 과거 러시아와 현재 러시아연방 등 소련으로부터 독립한 대부분의 공화국들이 루블화를 화폐단위의 기본으로 사용하고 있었는데, 사회주의가 붕괴되면서 이들 간의 무역시장이 사라진 것이다. 북한은 당장 세계시장에서 경화를 지불방식으로 하는 교역을 해야 하는 상황에 처하게 되었다. 당시 북한은 국제적으로 가치가 있는 화폐인 경화가 부족했기 때문에 기본적인 필수품을 제외한 소비재의 수입은 축소시킬 수밖에 없었다.

그에 더해, 북한에 경화가 더욱 부족하게 된 배경이 있다. 1988년에 올림픽을 개최한 남한은 국제적으로 유명세를 타게 되었다. 이러한 남한에 대응하기 위해 북한도 1989년 세계청년학생축전을 평양에서 개최함으로써 처음으로 외화바꿈돈표와 국채를 발행하기도 한다. 당시 세계청년학생축전을 위해 사용된 돈은 달러로 60억 원대에 이르는 것으로 알려지고 있으며, 이 돈은 당시 북한이 가지고 있었던 경화 보유량의 상당 부분을 차지했을 것으로 추정하고 있다. 이것은, 1990년대 들어오면서 교역시장의 거래 기준이 바터형에서 경화결제형으로 변화되었을 때 북한이 이를 지불할 경화가 사실상 부족했던 이유가 되기도 했다.

이렇게 축소된 수입 때문에 북한의 배급도 필수품에 한정해 지급할 수밖에 없었고 그러다 보니 자연스럽게 소비재가 위축되었다. 이런 현상은 1990년대 초까지 장기화되었으며 기본적인 소비재 위축은 국내 식량 생산량 축소, 제품생산 악화, 노동력 일탈로 나타난다.

1990년대 초를 기점으로 전력난이 점차적으로 확산되기 시작하면서 북한주민들은 석유등, 가스등을 사용하기 시작했으며 식량 배급량도 점차적으로 축소되기 시작했다. 시간대별로 전기가 들어오는 시간을 정해 놓고 나머지 전력은 당장 급하게 필요로 하는 제철소와 같은 산업공장에 집중적으로 공급해야 했다.

1993년 이후 식량문제는 도시 노동자가 많은 주요 산업도시를 중심으로 먼저 발생하기 시작했다. 북한이 식량부족 문제를 해결하는 방안으로 가격이 싼 태국산안남미 쌀을 수입하기도 했지만 결과적으로는 당장의 식량부족분을 때우는 수준에서 그치고 말았다.

주민들은 배급이 재개되기를 기대하며 한동안 부족한 식량을 다른 가정에서 빌려오거나, 죽으로 때우며 지냈지만 식량 조달이 어려웠던 북한 정권은 식량을 제때에 공급할 수가 없었다. 배급 재개가 더 이상 희망을 보이지 않는 가운데 여성들이 일을 그만두고 집에서 부업을 하기 시작했다. 당시 부업으로 작은 짐승을 키우거나 산나물을 캐는 일을 많이 했고, 농촌에 쌀을 구하러 가는 등 다양한 방법을 동원했다.

행방을 떠나다

특히 1994년에 들어서면서 식량위기는 더욱 가중되기 시작했다. 남성들도 다니던 기업소에 단기 휴가를 내고 아내와 함께 여러 가지 경제활동에 참여하기 시작하는데 이때 가장 대표적인 것이 행방이었다.

행방은 여성에 비해 힘이 센 남자가 주로 다녔으나, 1995년에는 더 많은 식량을 가져오기 위해 아이들을 남겨둔 채 부부가 함께 떠나는 경우가 많아졌다. 당시 행방의 목표는 시장경제의 원리에 따라 차익을 남기는 것이 아니라, 단기적으로 배급을 재개하기 전까지 단순히 먹고 공장에 나가는 정도에 그치는 것이었다. 즉 주민들은 배급이 다시 재개될 것이라는 기대감을 가지고 있었으며, 따라서 이윤을 남기기보다는 당장의 먹을 것을 구하면 다시 공장으로 돌아가는 것이었다. 물론 그 이면에는 노동단련대와 같은 강력한 처벌이 존재했기 때문에 더더욱 식량 행방을 다녀온 후 공장에 나가서 출근도장을 찍어야 했다. 노동단련대는 1994년 이후 노동자들의 공장 일탈이 많아지면서 급격하게 늘어났다. 노동단련대는 짧게는 1개월에서 길게는 최대 1년까지도 무보수 노동을 하는 곳으로 한 번 잡혀 들어가면 잠만 집에서 자고 매일 해당 분주소에 나가서 강제 노동을 하는 기관이다. 1990년대 당시 분주소라 부르던 곳은 파출소 개념 정도로 이해하면 된다.

이러한 당시 사회적 환경 속에서도 많은 사람들은 식량을 구하기 위해 행방을 떠나고 그 과정에서 짐을 잃어버리거나, 열차가 지연되면서 가지고 있던 식량을 모두 소비해야 하는 상황이 벌어진다. 짐을 잃어버리거나, 더 이상 이동할 수 없는 상황에 놓이면 성인들도 꽃제비생활을 할 수밖에 없는 것이다. 이동이 어려운 이유는 당시 북한의 전력사정이 급속도로 악화되면서 기차가 지연되는 일이 심각할 정도로 잦았다. 북한주민들의 기본적인 교통수단은 기차였으며, 전력사정의 악화로 6시간이면 갈 수 있는 거리를 무려 3일에서 6일까지 소요하며 가야 하는 상황까지 왔다.

이 외에 활용할 수 있는 이동수단은 일반 자동차를 타는 것이었는데 자동차의 대부분은 군인 차량이거나 일반 기업소 차량이었다. 이런 자동차를 이용하려면 높은 값을 지불해야 할 뿐만 아니라 당시 에너지 특히 휘발유, 디젤유가 수입이 축소되어 차량의 이동 현황도 급속도로 축소되었다. 물론 이를 감당하기 위해 대체 에너지를 이용한 목탄차가 등장하기는 했으나 차량의 힘이 떨어지고 속도가 매우 느리며 관리도 자주 해줘야 하는 등 그 효율성은 현저히 떨어진다. 목탄차는 1995년경부터 등장하기 시작한다. 목탄차란, 에너지 수입이 부족한 상황에서 차량의 에너지를 나무나 옥수수 속대를 태워 그 속에서 발생하는 가스를 가지고 움직이도록 설계된 차량을 말한다. 휘발유가 있을 경우 바로 쓸 수 있지만 휘발유가 귀하기 때문에 참나무를 말려 잘게 토막 낸 다음 차량에 설치된 가스발생장치에 넣어 태움으로써 발생된 가스로 구동을 하는 것이다. 따라서 북한의 트럭에는 대부분 이 장치가 붙어있다.

이러한 이동수단의 악화는 북한주민들의 생존활동을 더욱 어렵게 하는 결과를 가져왔다.

성인들의 꽃제비생활은 1993년까지는 거의 나타나지 않았으나, 1994년 말부터는 성인들이 조금씩 나타나는데 그중에서도 특히 노인들이 많았다. 먹을 것이 부족해 식구들의 눈치를 보면서 스스로 집을 나오는 노인들이 생겼고 여행객들을 대상으로 음식을 구걸하는 일도 점차적으로 늘어갔던 것이다. 이 당시 여행객들은 기차시간 지연과 종잡을 수 없는 기차운행으로 늘 기차역에서 대기하고 있어야 되는 상황이었기 때문에 이들을 대상으로 한 노인과 어린이들의 구걸행위가 급속도로 증가했다.

성인이 꽃제비생활을 하는 이유

1995년경에는 젊은 청년, 성인 남성들도 꽃제비생활을 하기 시작하는데 그 이유를 여러 가지로 구분해서 살펴볼 필요가 있다. 먼저 여행 중 특히 행방 과정에서 짐을 잃어버려 더 이상 여행을 계속할 수 없는 상황에 이르렀을 때이다. 앞서 이동수단의 어려움을 잠깐 이야기했지만, 일단 짐을 잃어버리면 기차를 기다리는 데에 한계가 따른다. 기차를 기다리는 동안 먹을 것이 없기 때문에 본인의 옷이나 신발 등을 시장에 팔아 하루, 이틀 정도를 유지할 수는 있다. 그런데 기차가 올 때까지 여러 날이 걸리는 경우에는 무리가 따르는 것이다. 뿐만 아니라 기차 이외의 차량을 이용한다 하더라도 비싼 가격을 치러야 하기 때문에 이것 역시도 쉽지 않아 결과적으로 그 지역에서 꽃제비생활을 할 수밖에 없는 것이다.

두 번째는 가족이 소유하고 있는 재산을 처분하여 생계를 유지하다가 이마저 떨어지면 결국 집을 버리고 시장으로 나갈 수밖에 없는 것이다. 예컨대 가족 재산이라고 해야 옷가지, 이불장, 옷장, 이불, 그릇, 중기, 책 등이어서 팔 수 있는 재산을 처분한다고 해도 단기간의 생활을 유지해 나가는 정도에 불과하다. 이것도 처음부터 한 번에 팔아서 생계를 유지하기 보다는 당장의 먹을 것이 없는 상황에서 어쩔 수 없이 생활필수품을 제외한 나머지를 대상으로 하나씩 팔아간다. TV, 녹음기 등 사치품부터 우선적으로 팔게 되고 그 돈이 떨어지면 옷장, 이불장을 팔고 그 다음엔 식기류와 이불 등 결국 필수품까지 팔게 된다. 가장 마지막 수단으로 파는 게 바로 집인데 집을 팔고 나면 거주할 곳을 잃기 때문에 그때부터 꽃제비생활이 시작되는 것이다. 1995년까지만 하더라도 국가에서 정해 준 집을 파는 것은 불법이었기 때문에 집을 버리고 나가서 생활하는 경우가 대부분이었다. 1996년경부터는 암거래 형태로 집을 팔고 나가기 시작했다. 많은 사람들은 집을 버리고 나가는 과정에서 아파트 창문 유리를 뜯어 시장에 팔았기 때문에 마치 죽은 도시처럼 느껴질 정도이다.

세 번째는 장사에 실패하거나 남에게서 빌린 돈이나 식량을 갚지 못하는 상황에서 꽃제비생활을 하게 되는 경우이다. 초기에는 조금씩 모은 돈으로 생활을 유지하는 것이 대부분의 상인들 모습이다. 그런데 초기 자본이 견고하지 못해 중간에 어떤 문제가 발생했을 때 좀처럼 회복하지 못하고 결국 꽃제비의 길로 들어서게 되는 것이다. 남에게 돈을 빌려주었으나 상대방이 갚지 않을 때, 장사를 해도 투자대비 이익이 남지 않았을 때, 여타의 꽃제비들이나 도둑들에게 당해 상품을 모두 잃어버렸을 때 회복하기 힘든 경우가 많다. 이들의 초기 상행위에서 흔히 나타나는 현상이기도 하다. 상인이나 가까운 친구, 같은 동네 이웃에게서 식량이나 돈을 빌리고 언제까지 돌려주기로 했으나, 갚을 길이 없을 때 꽃제비생활을 하게 된다. 예컨대 이 경우 국가에서 언제부터 식량이 재개된다는 식의 소문이 돌면서 그때까지 버티기 위해 돈이나 식량을 빌려 생활했으나 그때가 되어도 배급이 재개되지 않자, 결국 집을 떠날 수밖에 없는 상황까지 오는 것이다.

이들 대부분은 초기 북한의 배급이 재개될 것이라는 막연한 기대감을 어느 정도 가지고 있었으며 따라서 그 이상의 이윤을 추구하기보다는 재개될 때까지 생계를 유지하는 데 집중할 수밖에 없었다. 뿐만 아니라, 대부분의 북한주민들이 다 그러했듯이 시장이나 시장원리에 대한 기초적인 이해가 매우 부족해 이윤을 남기는 방법을 제대로 알지 못하던 시기였다. 이 외에도 장기간의 행방으로 한동안 결근했다가 출근을 했을 경우, 매우 강한 조직적 처벌을 받아야 했기 때문에 결국은 직장으로의 복귀를 포기하기도 한다.

많은 북한주민들이 행방을 떠나고 이로 인해 사회질서가 약해지자 이를 통제하기 위해 북한 당국에서 새로 모색해 낸 방법이 바로 여행자 숙소였다.

여행자 숙소는 국경으로 넘나드는 사람들이 많아지기 시작하는 1990년대 중후반부에 생겨났다. 여행자 숙소는 겉보기에 여행자처럼 보이는 사람들 중에 진짜 여행자인지 아니면 꽃제비인지를 가려내는 일을 하는 곳이었다. 가짜 여행자를 잡아내는 일 외에도 국경을 넘나드는 사람들을 축출해 내기도 한다. 예컨대, 역전에 여행자로 보기에는 다소 미흡한 사람들이 있다면 철도안전원, 9.27상무조, 비사그루빠 등 단속요원들이 그들을 조사하고 단순한 행방이나 여행자라면 그대로 풀어주지만 확인이 어렵고 의심이 가는 사람들은 여행자 숙소로 보낸다. 여행자 숙소에 들어온 사람들의 경우 신원이 확인되고 결격사유가 없다고 판단하면 보내 주지만 결격사유가 있고 여러 가지 문제점이 있다면 해당 여행자 주거 지역의 담당자가 직접 찾아와 데려가도록 한다. 하지만 대부분의 지역 담당 안전원들은 사람을 데려가려면 비용이 많이 들기 때문에 잘 찾으려 하지 않는다. 이런 이유로 여행자들이 그곳에서 일하다가 그대로 죽기도 한다. 또는 큰 문제가 없이 고향에 돌아갈 수 있는 사람이라고 판단하면 해당기관이 자의적으로 풀어주는 경우도 있다.

꽃제비 구호소가 청소년을 대상으로 수감을 하는 곳이라면, 여행자 숙소는 성인을 대상으로 하는 구호소인 셈이다. 즉 여행자 숙소는 성인 꽃제비 구호소인 셈이다. 구호소의 성격은 임시적인 것임에도 딱히 갈 곳이 없거나, 풀어줘도 다시 꽃제비생활을 되풀이할 가능성이 높은 사람들을 수감하고 있다. 장기간의 수감생활은 수감자들의 사망으로 이어진다. 그곳에서 주는 음식은 영양분이 매우 적어 영양실조에 이르게 되는데, 이 때문에 많은 수감자들이 사망하며 이를 피하기 위해 수감자들은 어떻게 해서든 그곳을 빠져나오려고 한다.

이 밖에도 신원이 확인되더라도 범죄와 연관성이 드러날 경우 해당 지역 노동단련대로 이관하는 경우가 많다. 노동단련대는 엄연히 범죄 사실경범죄이 드러난 여행자 외 해당 지역 사람들까지 모두 포함하여 수감하고 실제로 2개월~1년이라는 수감생활을 마쳐야 한다. 이 수감생활은 안전원들이 관할하며 한 단계 높은 급인 교화소와 달리 공식적인 형량이나 재판이 존재하지 않는다. 즉 사회안전부에서 자체적으로 운영하는 기관이라고 볼 수 있다. 명확히 구분하기는 어렵지만, 대부분 여행자 숙소와 노동단련대는 분리되어 있다.

3장 꽃제비의 유형과 특징

1. 꽃제비의 행위별 유형과 명칭별 구분

꽃제비는 크게 행위별 유형과 꽃제비의 특정한 명칭에 따라 구분할 수 있다. 먼저 행위별 유형은 소극적인 형태의 행위유형과 적극적인 형태의 행위유형으로 구분되며 각자 처해 있는 환경에 따라 다양하게 나타난다. 명칭별 구분은 연령에 따라 다르게 적용되는 것으로 각각의 특징을 지니고 있다. 이 밖에도 지역꽃제비와 외부 꽃제비, 주거별 꽃제비 등의 유형이 있다.

1) 꽃제비의 행위별 유형

꽃제비는 다양한 생존 방식으로 목숨을 이어간다. 이들이 벌이는 행위별 유형은 소극적 행위와 적극적 행위로 나눌 수 있다.

[표 6]을 보면 유형에 따라 다양한 행위들이 존재한다는 것을 알 수 있다. 이는 곧 꽃제비들의 생존 문제와 연관이 된다. 이러한 꽃제비의 행

위유형은 각 개개인의 생존 가능성이 얼마나 되는지를 가늠할 수 있는 기준이 되기도 한다. 일반적으로 소극적인 행위보다는 적극적인 행위가 살아남을 가능성이 더 크기는 하지만, 각 행위에 따르는 위험수위도 그만큼 함께 높아지기 때문에 이것도 함께 고려해야 한다.

표 6. 꽃제비의 행위유형별 분류

행위유형	소극적 행위유형	적극적 행위유형	
		폭력적	비폭력적
행위	구걸하기 장기 자랑 주워 먹기 잡일 돕기	덮치개(덮침) 파장꾼(파장) 데사꾸(딸보꾼) 공격수(딸보+소매치기) 쓰리꾼(소매치기) 문차기(집 도둑) 줄타기(빨래 훔치기)	석탄 줍기 나물 캐기 사금 모으기 짐꾼 및 되거리 나무꾼 해산물 화물차털이

출처: 탈북자 A-C의 증언을 참조하여 작성

(1) 소극적 행위

소극적 유형의 경우 소극적인 태도를 갖고 있어 그 활동 또한 소극적으로 벌이면서 생계를 유지해 나가는 행위유형을 말한다. 이 소극적인 행위유형에는 쓰레기 더미를 뒤져 음식물 찌꺼기를 주워 먹거나 구걸하는 행위, 또는 장기 자랑을 통해 음식을 얻는 행위가 있다. 이들 소극적인 활동을 벌이는 꽃제비들은 사회가 어려워질수록 먹을거리를 구하기 힘들어진다는 취약점을 안고 있다.

주워 먹기와 구걸하기

대개 길에서 주워 먹는 행위는 구걸하는 행위와 동반되는 경우가 많으며 시장의 음식 매대나 간부의 사택 지역, 혹은 식당가 주변 등의 오물

더미에서 나오는 음식물 쓰레기를 뒤져 먹을 만한 것들을 구한다. 이렇게 취약한 꽃제비들의 영상은 이미 방송에서 내부 영상을 공개한 바 있다.KBS1, 1998년 12월 20일 또한 구걸과 장기 자랑을 통해 사람들의 동정심을 유발해 음식물을 얻기도 한다.

주워 먹거나 구걸하는 행위는 1990년대 초반부터 현재까지 계속되고 있다. 식량위기 이후 달라진 것이 있다면 적극적인 행위를 하는 경우가 많아졌다는 점이다. 식량위기로 일반인들이 꽃제비에게 음식물을 나눠 줄 여유가 없어지자, 얻어먹지 못해 결국 굶어 죽는 꽃제비들이 급격히 늘어나게 되었다. 이들은 이제 적극적인 행위를 하지 않으면 살아남을 수조차 없게 된 것이다.

꽃제비생활을 처음 접할 때에는 누구나 할 것 없이 주워 먹거나 빌어먹는 행위를 하게 되지만 점차적으로 이 생활에 익숙해지면서 적극적인 행위로 변화하게 되는 것이다. 이는 일반 주민들의 동정심에 의존해서는 더 이상 생계를 유지할 수 없다고 느끼면서 시작되며 적극적 행위로 변화된 이후부터는 그 생활에 대한 적응력이 매우 높아지게 되는 경우가 많다.

1990년대 초까지만 하더라도 꽃제비를 불쌍하게 여긴 여행객들이 건네주는 먹거리로 생계를 유지할 수 있었으나, 경제위기가 심화된 1990년대 중반부터는 여행객들도 먹을거리가 부족하여 이들에게 동정을 베풀 여유가 없어지게 되었다. 따라서 꽃제비들은 생존하기 위해 적극적인 행위유형으로 변화하게 되는 것이다.

장기 자랑하기

'장기 자랑형'은 소극적 행위유형 중에서 가장 활동적인 행위에 속하는데, 이들은 자신이 가진 장기 등을 활용해 먹을 것을 구한다. 예를 들면 밥을 먹고 있는 여행객들이나 군인들 앞에서 "요술마술 보여 주면 먹을

것을 주겠소?", "노래 부르면 먹을 것을 주겠소?"라고 이야기 하는 정도
의 유형이다. 마술을 보여 준다면서 바늘과 실을 이용하여 자신의 귀를
뚫거나, 볼을 관통시키는 등 자신의 몸을 해하는 행위도 마다하지 않는
다.중앙일보, 2001년 5월 8일 이들은 먹거리를 얻기 위해 주로 장사꾼들보다
는 여행객이나 여성, 군인 등 이들을 불쌍히 여길 만한 상대를 중심으로
장기 자랑을 한다. 그러나 1990년대 중반 이후부터 식량난이 더욱 악화
되면서 장기 자랑으로도 먹을 것을 구할 수 없게 되었다. 그러자 적극적
행위유형으로 변화하거나, 끝내 변화하지 못한 꽃제비들은 굶주림에 시
달리다 아사하면서 그 수가 많이 줄어들었다.

(2) 적극적 행위

다른 한 부류는 적극적인 유형으로, 이 유형은 다시 폭력적 행위유형과
비폭력적 행위유형으로 구분할 수 있다. 폭력적 행위란 타인에게 직접적
으로 피해를 주는 경우를 말하는 것으로, 소매치기나 사기 등 남의 음
식이나 물건을 훔쳐 생계를 유지해 가는 행위유형을 가리킨다. 비폭력적
행위는 개인에게 직접적으로 피해를 주지 않으면서 자체적으로 생산 활
동을 하거나 국가생산물을 훔쳐 생계를 이어나가는 행위유형을 말한다.
    이와 같이 꽃제비의 행위유형을 구분하는 이유는 이들이 생존하기
위해 벌이는 다양한 활동방식이 존재하기 때문이다. 따라서 다양한 활
동방식을 세분화하여 관찰해 보면 이들의 행동양식을 더욱 잘 이해할
수 있다.

폭력적 행위유형

덮치개는 탈북자 C에 따르면 장사 물건을 소극적으로 빵 한두 개 정도,
구매자의 음식을 훔치는 정도의 행위를 말하는데 그 지역 하류 꽃제비

중에서도 하류에 속한다고 한다. 덮치개는 '덮친다'는 한글 어원에서 나온 말이 행위자의 이름이 된 것으로 파악된다.

1990년대 중반까지는 상인들의 물건을 날쌔게 덮쳐 훔친 후 도망가는 방식이었으나, 상인들이 그에 대한 대응으로 자신들이 파는 그릇에 그물을 치는 등의 보호조치를 하면서 더 이상 통용되지 못하게 되었다. 상인들이 자신들의 물건을 철저하게 보호하자 꽃제비들은 결국 상인이 아닌 구매자로 덮치개의 대상을 바꾸었다. 이들은 상인에게서 방금 음식을 산 사람의 뒤를 쫓아가 그 사람이 들고 있는 음식을 순식간에 훔쳐 달아나는 행위를 하게 된 것이다. 그런데 이들은 같은 꽃제비들 사이에서도 구박을 많이 받는다고 한다. 그 이유는 음식물을 사 먹는 사람들의 경계심이 강화되는 데서 찾을 수 있다. 이들 덮치개의 대상이 보통여자와 어린이, 노인들인데 이들이 음식물을 먹을 때 두 손으로 꼭 잡고먹는 등의 경계를 하는 바람에 덮치는 행위를 하는 데 어려움이 생겼다는 것이다. 꽃제비들이 많지 않았을 때는 사람들이 별 경계심을 갖지 않고 먹을 것을 들고 있다가 이들에게 순식간에 음식물을 빼앗기는 일들이 일어났다. 하지만 사람들이 경계심을 갖기 시작하면서 다른 유형의 꽃제비들이 활동하는 데에도 어려움이 생겨났다.

파장꾼은 그물에 둘러싸인 상품을 들어 땅바닥에 내던지는 행위를 전문으로 한다. 탈북자 C에 의하면 파장꾼은 장사꾼의 물건을 통째로 땅바닥에 내동댕이쳐서 물건이 땅에 흐트러지게 하는 행위자로 보통은 여러 명의 덮치개들이 그 뒤에서 함께 움직인다고 한다. 파장꾼은 파장破壯으로 '깨뜨리다'와 '씩씩하다'의 한자 어원과 맥을 같이하는 행위유형이다.

때문에 파장꾼들은 대담하고 날쌔며, 물건을 깨뜨리는 역할이 주요 행위이다. 이들은 덮치개들로 인해 경계가 심해진 상인들의 물건을 훔치기 위해 등장한 새로운 해결사이다. 즉 상품을 보호하기 위한 상인들의 조치들에 대응하여 상품을 통째로 덮치는 행위자인 것이다. 파장꾼은 용기가 있으며 달리기를 매우 잘하고 체격이 큰 것이 특징이다. 파장꾼의 뒤에는 항상 여러 명의 덮치개들이 따라다니며 서로 공생하는 관계에 있다. 파장은 음식뿐만 아니라 기타 식품도 그 대상이 된다. 탈북자 C에 따르면 파장의 대상은 보통 음식빵, 떡, 두부밥, 꽈배기 등과 식료품작은 봉지에 넣은 사탕가루, 맛내기, 고춧가루, 기름 등이 속한다이 대부분을 차지한다고 한다. 파장꾼을 뒤따르는 덮치개들이 훔친 물건을 모아서 다른 장사꾼에게 싸게 팔고 그 돈으로 함께 음식을 사 먹는다. 어느 곳이든 상행위가 이루어지는 모든 곳은 그들의 활동영역이다. 이들은 대개 덮치개에서 파장꾼으로 변화한 경우가 많다.

데사꾸는 이보다 한 단계 높은 수준의 꽃제비라 할 수 있다. 탈북자 C에 따르면 데사꾸를 딸보꾼이라고도 이야기한다. 딸보꾼은 적당한 자루와 면도날을 가지고 다니면서 행위 대상자의 배낭을 찢어 그 내용물을 자신의 자루에 담아 도망가는 행위자를 지칭한다. 데사꾸는 한쪽 어깨에 메는 쇼핑용 천주머니를 이야기하며 이를 딸보라고도 표현한다.

이들은 몸에 면도날일명 '링날'이라고도 표현함과 함께 작은 배낭을 들고 다니며 행방꾼들을 표적으로 삼는다. 행방꾼은 지역을 이동하며 싼값의 물건을 비싼 지역에 넘겨주는 유통 상인을 의미한다. 대체로 대량의 유통 상인이라고 하기보다는 소량짊어지고 다닐 수 있는 정도의 양의 물건을 움직이는 유통 상인이라고 할 수 있다. 데사꾸는 대개 혼자 활동하지 않고 2인 1조를 형성해 다니는 경우가 많다. 이들은 한 명이 배낭을 면도날로 찢은 후 그 배낭을 잡고 있으면, 다른 한 명은 그 찢어진 틈 사이로 흘러나오는 내용물을 자신들의 배낭으로 받은 후 훔쳐 달아나는 방식을 취한다. 이때 찢어진 배낭을 잡고 있는 사람은 흘러내리는 식량의 무게에 맞추어 배낭을 아래로 잡아당김으로써 이를 메고 있는 사람이 눈치를 채지 못하게 한다. 시장보다는 기차 시간에 임박하여 복잡해진 역전이나 열차 내부에서 활동을 많이 한다. 이들은 일반 행방꾼처럼 보이게 옷을 입는 것이 특징이다.

이들이 일반 행방꾼처럼 옷을 입는 이유는, 사람들로부터 경계를 당하거나 의심을 받지 않도록 하기 위한 것이다. 사람들의 경계심을 약하게 하기 위한 일종의 변장술이다.

공격수는 쓰리꾼소매치기이라고도 하는데, 이와는 조금 달리 사람의 주머니에서 돈도 훔치지만 여의치 않을 때는 데사꾸로 변신하기도 한다. 탈북자 C에 따르면 공격수는 주머니의 돈이나 물건, 때로는 딸보꾼보다는 규모가 작은 비슷한 행위를 전문으로 하는 행위자를 지칭하는 말이다. 따라서 행위의 폭이 넓은 편이다. 공격수들은 대부분 혼자 움직이는 경우가 많으며 가끔 큰 건이 걸리면 다른 사람과 협력하는 경우가 많다. 공격수들의 경우 대부분 옷이 단정하며 일반인들과 크게 다르지 않다. 탈북자 C에 따르면 청소년일 경우는 넥타이와 소년단휘장을, 청년에 가까울 경우 사로청휘장과 옷깃 안쪽에 흰 목달개를 하는 경우도 많았다. 한때 유행했던 국방색 김정일 재킷에 김정일, 김일성 초상휘장까지 달고 다닌다고 한다. 이들은 집이 있는 경우도 있다. 집에서 먹을 것을 해결하기 어렵기 때문에 시장이나 역전에서 먹을거리를 해결하는 형태로 잠은 집에서 자고 낮이든 밤이든 다른 지역으로 이동하면서 역전이나 장마당, 달리는 열차 등에서 활동을 한다.

쓰리꾼소매치기은 지갑, 돈을 목표로 시장과 열차 등의 지역에서 전문적으로 활동한다. 탈북자 C에 따르면 진정한 쓰리꾼은 물건 따위를 훔치지 않는다는 말이 나돌 정도로 오로지 돈만을 훔치는 소매치기를 전문으로 하는 행위자를 말한다. 때로는 열차의 객차에서 활동하며 며칠

동안 배불리 먹을 수 있는 돈을 하루 만에 벌기도 한다. 손놀림이 다른 사람의 눈에 띄지 않을 정도로 빠르며 피해자가 대부분 당하는지도 느끼지 못한다. 꽃제비들 중에서도 가장 선망의 대상이 되는 유형이며, 매우 단정하고 깨끗하게 지낸다. 때로는 집이 있는 사람에게 얼마간의 돈을 주고 숙박하는 경우가 있다. 꽃제비 내에서도 쓰리꾼이 선망의 대상인 이유는 잘 차려입고 일정 정도 거주할 수 있는 집도 있으며 깨끗하게 살기 때문이라고 한다. 그러면서도 먹고 싶은 것을 마음껏 사 먹을 수 있는 행위자이기 때문에 항상 부러움과 선망의 대상이다.

문차기는 탈북자 A에 따르면 남의 집에 몰래 들어가 집안 기물을 훔치는 집 털이범을 일컫는 말이다. 남의 집에 들어가 물건을 훔친다는 것은 집 도둑이라고 설명할 수 있으며 매우 대담하고 힘이 좋은 성인들이 많다. 이들은 주로 빈집의 문을 뜯고 들어가 집안의 기물이나 돈이 될 수 있는 물건들을 훔쳐 시장에 내다 팔아먹고 사는 꽃제비들이다. 문차기를 잘하기 위해 좋은 집을 물색하고 그 집의 가족 수와 이들의 출퇴근 시간, 이들이 집으로 돌아오는 시간, 즉 집이 비어있는 시간대를 알기 위해 며칠간을 감시하면서 확인한 후 계획을 실행한다. 자물쇠가 몇 개인지, 창문은 어느 쪽으로 위치해 있는지, 집주인이 돌아오면 어디로 빠질 것인지 등 모든 것을 세밀하게 계획한 후 움직이는 것이 특징이다. 또 혼자 하기 보다는 2인 이상이 함께 움직이는 경우가 많으며 이때 일부는 망을 보고 일부는 들어가 물건을 훔쳐 내오는 것이다.

차들이는 차량을 이용해 많은 양의 짐을 옮기는 이들을 일컫는 용어이지만 꽃제비 사이에서 차들이는 기차나 차량에 싣고 가는 물건을 훔치는 행위를 가리키는 말로도 사용한다. 이들이 달리는 자동차에 올라가 실려 있는 짐을 땅에 떨어뜨리면, 대기하고 있던 동료가 짐을 가지고 약속된 장소에서 만나는 형태로 '조직'에 포함된 경우가 많다. 개인이 혼자서 하는 경우는 극히 드물다.

줄타기는 남의 집 빨래를 전문적으로 훔쳐 시장에 내다 파는 것을 말한다. 웬만한 빨래는 시장에 내다 팔 수 있으며, 훔친 옷을 본인이 입기도 한다. 집 담을 넘어 마당에 걸어 놓은 빨래를 훔쳐 나와 시장에서 먹을 것과 바꾸거나 좋은 옷은 돈을 받고 팔기도 한다.

비폭력적 행위유형

비폭력적 행위유형은 일반 주민들에게 직접적인 피해를 입히지는 않으면서 적극적으로 생계활동을 꾸려나가는 경우를 말한다. 비폭력적 행위유형에는 석탄 줍기, 나물 캐기, 사금 모으기, 나무 및 해산물 등을 주워 시장에 팔아 생계를 유지하는 행위유형이 있다. 석탄 줍기는 역전의 화물차에서 떨어진 석탄을 끌어모아서 시장에 내다 팔아 생활하는 경우이다. 물론 석탄뿐 아니라 차량에서 흘러내린 비료, 석회석, 벽돌, 파동 등도 모아서 팔기도 하며 때때로 기회가 주어지는 경우에는 화물차에서 직접 훔쳐서 파는 경우도 있다. 국가 소유의 물건을 훔치는 것이므로 사로잡힐 우려가 높고 검거되면 갖고 있는 모든 것을 빼앗긴다. 뿐만 아니라, 구호소나 구제소, 노동단련대 등에서 형사처벌을 받을 수도 있다. 탈북자 B의 증언에 의하면 이들 꽃제비들은 매일 석탄을 사용하는 지역을 떠돌며 땅에 떨어진 석탄을 줍거나 모아서 시장에 팔아 먹을거리를 구한다. 탈북자 B에 의하면 이러한 과정에서 해당 지역의 보안원이나 경비원에게 잡힐 경우, 훔친 것을 모조리 빼앗기는 것은 물론이고 강제 노동을 하는 등의 불이익을 당하기도 한다는 것이다.

나물 캐기

나물 캐기 행위유형은 꽃 피는 봄부터 가을이 되기 전까지 산을 돌아다니면서 각종 산나물들을 캐서 시장에 파는 유형을 말한다. 달래, 고사리, 고비, 두릅, 삽주, 더덕 등의 산나물을 가져다 시장에 팔아 생존을 유지하는 유형이다. 나물을 캐는 꽃제비들은 산나물을 캘 수 없는 가을부터 겨울까지는 다른 행위를 하기도 한다. 가을에는 이삭을 줍고 겨울에는 미역을 주워 생활을 이어가기도 한다.

사금 캐기

사금을 캐는 행위는 사금이 있는 지역만 해당이 되기 때문에 일부 지역에서만 존재한다. 사금이 나오는 일부 지역에 꽃제비들이 찾아가 사금을 캐는 것이다. 탈북자 C에 의하면 사금이 많이 나오기로 소문난 곳 중에는 함경북도 새별군과 은덕군이 있는데, 여기에서 나온 사금은 매매상을 통해 제조되어 중국으로 밀수된다고 한다. 사금 채취는 사금의 밀도가 높은 흙을 채에 담아 개울물에서 흘러 보내면 그 밑에 사금이 묻어나는데 이것을 끌어모으는 것이다. 이렇게 모은 금을 매매상에게 판매한다. 이 역시도 하루 종일 사금을 캐봐야 밥 한 그릇 정도의 수입밖에 얻지 못하기 때문에 그때그때 먹고사는 생존 방식에 불과한 행위이다.

적극적인 행위유형에서 비폭력적 행위는 꽃제비들의 생존 방식이면서 북한 사회의 최극빈층이 살아가는 방식이기도 하다. 즉 최극빈층과 꽃제비 행위가 비폭력적 행위유형이라는 것에 유사성이 있다. 소극적인 행위는 꽃제비 중에서도 가장 열악한 생계유지 방법이다. 적극적인 행위유형은 타인에게 직접적인 피해를 주는 경우와 자체적으로 생산 활동을 하는 경우가 있다. 개인에게는 해를 입히지 않고 공공물품을 훔치거나 또는 음식물을 주워 생계를 유지해 나가는 유형으로 나눌 수 있다.

이상과 같이 행위유형을 구체적으로 분류하기는 하였으나, 한 개인이 특정한 행위 한 가지만을 정해 그것만 전문적으로 하는 것은 아니다.

상황적 요인과 적응 기간에 따라 낮은 행위에서 높은 행위로 발전해 나가거나 중첩으로 몇 가지를 같이 하는 등 꽃제비의 행위유형은 보다 복합적이라고 할 수 있다.

2) 꽃제비의 명칭별 분류

꽃제비는 연령대와 가족단위에 따라 그 명칭이 분류될 수 있다. 꽃제비, 청제비, 군제비또는 군인제비, 노제비라는 명칭은 대개 연령으로 구분되며 가족제비는 말 그대로 가족이 함께 꽃제비생활을 하는 경우를 일컫는 명칭이다.

표 7. 꽃제비의 명칭별 분류

명칭	연령	특징
꽃제비	17세 이하	청소년층
청제비	17세 이상~30대	청장년층
군인제비	18세~30세 이하	군인 출신
노제비	40대 이상	노년층
가족제비	가족	가족단위 꽃제비생활

출처: 꽃제비 A, C의 증언을 토대로 작성

꽃제비의 정의에서 살펴본 것처럼 뒤에서 다루게 될 청제비, 노제비, 군제비 등도 모두 꽃제비의 범주에 포함이 된다. 그러나 1990년대 중반 이후 연령대가 다양해지면서 꽃제비라는 용어를 어린아이들에게 한정지어 협의의 의미로 사용하는 경우가 있다. 즉 꽃제비는 넓은 의미에서는 모든 연령대를 포괄하는 개념이지만 좁은 의미로 볼 때는 어린아이와 학생만을 지칭하는 개념으로 볼 수 있다.

좁은 의미의 꽃제비인 학생, 어린이들의 생계 형태는 소극적이기도 하고 적극적이기도 하다. 대부분 10대 초반까지는 소극적인 행위유형을 통해 생계를 해결해 나간다. 소극적인 행위유형에서 많은 부분을 차지하는 장기 자랑, 주워 먹기, 빌어먹기 등이 이들의 필요 생계수단이 된다. 이런 행위로 음식을 얻어먹지 못하면 이들은 그대로 굶어 죽을 확률이 높다. 이들은 나이가 어려 이러한 행위 말고는 특별히 할 수 있는 일이 없기 때문이다. 특히 너무 배고픈 나머지 상한 음식을 주워 먹을 경우 쉽게 병에 걸릴 수 있을 뿐만 아니라, 목숨을 잃을 수도 있다. 1996년부터 1998년까지 함경북도 청진시에서 꽃제비생활을 한 이충실의 증언에 따르면 자신은 쓰레기통을 뒤지는 등 무언가를 주워 먹는 행위를 하며 생활했다고 한다. 뿐만 아니라 자신의 동생은 1997년경 청진역에서 1년 전 헤어진 여동생을 다시 만났으나, 그 후 여동생이 무엇을 잘못 주워 먹어서인지 결국에는 사망했다고 증언하였다.이충실, 2008: 147-148

청제비

청제비는 청년꽃제비의 줄임말이다. 젊은 층으로 매우 폭력적이고 생활력이 높은 편이다. 청년제비는 공장에 나가지 않고 먹고살기 위해 방랑생활을 한다. 10대에 비해 몸이 건장한 편이기 때문에 주로 적극적인 행위로 생계를 이어 나간다. 남성의 경우는 대개 폭력적 행위를 일삼는 파장꾼, 문차기, 공격수 등의 활동을 벌이면서 생계를 유지한다면, 여성의 경우는 비폭력적 행위인 석탄 줍기, 사금 모으기, 해산물 채취, 나물 캐기 등을 통해 생계를 유지한다.

스스로 집을 나와 장기간 꽃제비생활을 하거나, 공장으로부터 아무런 보수배급를 받지 못해 뛰쳐나와 꽃제비생활을 하면서 청제비가 된다. 그 외에 진학이나 군 입대 등에서 발생하는 불평등 문제로 꽃제비가 되는 경우도 있다. 성분토대가 좋지 않으면 좋은 부대로 배치받기 어렵기 때문에 스스로 군 입대를 포기하는 경우도 생긴다.

북한의 경우 학교를 졸업하는 순간부터 직업을 갖기 때문에 직업이 없는 경우는 존재하지 않는다. 따라서 국가에서 배치한 공장에서 보수를 받기는 하지만 일반적으로 생계를 유지하기에는 턱없이 부족한 경우가 많으므로 꽃제비생활을 시작하게 되는 것이다.

군제비

군제비란 의도를 했든 안 했든 군인이 소속부대로부터 이탈하여 방랑 생활을 하는 꽃제비를 말한다. 대개 굶주림을 견뎌낼 수 없는 상황에서 소속된 군부대를 탈영하거나 또는 의가사제대를 하는 과정에서 꽃제비 생활을 하거나, 휴가를 나왔다가 부대로 복귀하는 과정에서 발생한다. 군 입대 문제에서 신분적으로 문제가 있는 경우 군 생활 중에 문제가 발생할 수 있다는 우려 때문에 국가적 차원에서 입대에 제한을 둔다. 신분적으로 문제가 있을 경우에는 조건이 좋지 않은 부대에 배치가 된다. 따라서 조건이 나쁜 부대에 입대할 경우, 생계유지에도 지장을 초래하기 때문에 생존하기 위해 꽃제비생활을 시작할 수밖에 없는 것이다.

일반적으로 북한의 군부대에는 배급이 보장될 것이라는 일련의 추측과는 달리 군인들 중에서도 식량을 제대로 공급받지 못하는 경우가 있다. 군부대라 해도 조건이 좋은 곳과 그렇지 못한 곳이 있어 조건이 나쁜 군부대에 소속된 군인들의 경우 영양실조가 심각하다. 서울신문에 실린 평안북도의 군인 남성의 인터뷰 내용을 보면 '장교에게만 식량이 배급되며 질도 매우 한심하다, 음식이 부족한 봄철이면 100명 중 50%가 영양부족 상태에 놓인다'고 증언한다. 서울신문, 2011년 6월 25일 6면

이러한 상황에서 굶주림을 견뎌내지 못하고 탈영하거나 의가사제대를 하고 집으로 돌아와 먹을 것이 없어 영양실조를 면치 못하는 경우에

꽃제비가 된다. 또한 휴가 종료 후 복귀하는 과정에서 부대에 대한 불만으로 귀대를 하지 않는 등 군인들이 꽃제비로 전락하는 양상은 이와 같이 다양하다.

노제비

노제비는 노인 꽃제비를 지칭하는 말이다. 누구나 살기 어려운 경제위기 상황에서 노인들은 자녀에게 짐이 되지 않기 위해 스스로 가출하거나 또는 자녀들로부터 배척을 당하는 경우가 많다. 또한 먹고살기 어려워 집을 내놓고 꽃제비생활을 하는 노인 꽃제비도 있다. 노인들의 경우 어린 아이와 마찬가지로 생활능력이 현저히 떨어지기 때문에 그대로 굶어 죽거나 자살하는 비율이 높다. 서울경제신문에 따르면 함경남도 함흥시에서 노인 꽃제비 4명이 집단 자살하는 사건이 발생했다고 한다. 노인 꽃제비 4명이 집단 자살한 것을 나무심기에 동원되었던 학생들이 유서와 함께 발견했다고 한다. 서울경제, 2011년 5월 1일 6면

북한 사회는 노인을 공경하고 부모를 모시는 전통과 가족법제도가 유지되고 있었기 때문에 자식이 부모를 부양하는 것을 당연시하였다. 보통은 자식과 함께 사는 노인들이 많다. 그러나 경제위기가 심화되면서 가족의 생활이 어려워지자 입 하나 더는 심정으로 부모가 스스로 집을 나서거나 자녀가 부모를 쫓아내는 경우가 발생하였다. 그렇지 않더라도, 노인들이 자녀들로부터 받는 압박을 견디지 못하고 스스로 가출함으로써 노인 꽃제비가 되는 경우가 나타나게 된 것이다.

노인 꽃제비는 어린 꽃제비들과 함께 최약자 꽃제비에 속한다. 신체적인 한계와 오랜 시간 동안 교육된 도덕성 문제로 폭력적 행위, 또는 반사회적 행위를 선뜻 하지 못한다. 때문에 동정심을 유발해 빌어먹어야 하지만 아이들에 비해 동정심을 유발하는 데 한계가 있으며 주워 먹더

라도 먹을 만한 것을 찾기 어렵기 때문에 그대로 굶주리다가 사망할 확률이 높다. 노인들을 동정하는 일반 주민들이 드물기 때문에 쉽게 얻어먹을 수도 없다. 따라서 노인 꽃제비는 가장 열악한 환경에 처해 있는 연령대이자, 가장 최약자 꽃제비라 할 수 있다.

가족제비

가족제비는 가족이 함께 꽃제비생활을 하는 경우이다. 더 이상 집에서 생활할 수 없을 정도로 먹을 것이 없는 상태로 가족이 함께 떠돌면서 생활을 한다. 가족제비를 시작하기 전에 대체로 집을 팔거나, 살던 집에서 생활할 수 없는 환경에 처해질 경우 집을 버리고 가족이 함께 거리 생활을 하게 되는 것이다.

북한은 공식적으로 주택 매매를 금지하고 있기 때문에, 집을 파는 행위는 불법이지만 암암리에 성행하고 있는 것이 현실이다. 서로의 필요에 의한 거래인 것이다. 대부분은 웃돈을 받고 좋은 집을 팔고 안 좋은 집으로 이사하거나, 집을 팔고 타 지역으로 이사한 것으로 서류를 조작하는 과정을 밟는다. 집을 구매하는 사람이 대개 집과 관련된 기관에 뇌물을 주고 매매가 아닌 양도받는 형태로 서류를 꾸미는 것이다. 이때 전 주인은 필요에 의해 이사를 간 것으로 서류를 조작하고 새로 들어오는 사람이 원래 주인에게 매매가를 지불하고 입주하게 된다. 원래 집주인의 경우 자기 집을 양도한 후에 자기 집을 구입한 상대방의 낡은 집을 받아 생활하거나 그러한 것처럼 꾸미게 된다. 원래 주인은 집을 판매한 돈으로 얼마간을 생활하다가 그 돈이 떨어지면 가족 꽃제비로 전락하게 되는 것이다.

가족 꽃제비는 낮에는 각자 먹을 것을 찾아 흩어졌다가 저녁이 되면 같은 장소에 모여 함께 지내는 가족이 있는 반면, 낮에도 함께 다니며 먹을 것을 얻어서 나누어 먹는 가족이 있다. 가족 꽃제비의 경우 나이가 어린 아이들의 경우는 구걸을 위한 도구로 활용된다. 나이가 어리면 사람들의 동정심을 유발할 수 있기 때문이다.

이런 식으로 자녀들이 음식을 얻어서 모은 다음 저녁에 부모와 함께 나누어 먹기도 한다. 대개 부모들은 쉽게 꽃제비생활에 적응하지 못하는 반면 아이들은 빠르게 적응해 나간다. 부모 꽃제비가 쉽게 적응하지 못하는 이유는 그동안의 도덕적, 윤리적, 정치적 교육의 잔재가 여전히 남아있기 때문이며, 어린 청소년에 비해 성인에 대한 처벌이 매우 강력하기 때문이다.

결국 가족 꽃제비는 가족으로서 살아가고자 하는 노력이자, 혈연을 유지하고자 하는 마지막 선택인 셈이다.

3) 꽃제비의 지역 내 유형과 주거별 유형

내부제비와 외부제비

지역 내에서 유형은 크게 내부제비와 외부제비로 나눌 수 있다. 내부제비는 해당 지역에서 실제 장기간 거주해 왔던 꽃제비를 의미하며, 외부제비는 타 지역에서 옮겨 온 꽃제비를 말한다. 꽃제비들 사이에서는 꽃제비가 활동하기 좋은 특정 지역에 대한 정보가 빠르게 도는 편이기 때문에 이러한 정보를 바탕으로 활동할 지역을 정해 이동을 결정한다.

농촌지역에서 생활하던 꽃제비는 좀 더 생활하기 편한 지역으로 이동하게 되는데, 이때 기존 꽃제비와 갈등이 생긴다. 꽃제비가 생활하기 편한 지역은 어떠한 행위를 통해 물건을 훨씬 쉽게 얻을 수 있거나, 다양한 행위의 선택이 가능한 지역이다. 즉 농촌지역의 경우 도시에 비해 시장 규모가 작기 때문에 불법적인 꽃제비 활동이 쉽게 노출될 가능성이 있어 검거의 위험성이 높다는 문제가 있다. 반면, 도시의 시장은 그 범위

또는 면적이 상대적으로 크기 때문에 시장과 시장을 오가면서 며칠씩 활동을 하더라도 노출로 인한 검거 문제 등 여러 가지 제약을 극복할 수 있다.

꽃제비의 이동은 해당 지역에서 꽃제비들 간의 갈등으로 발전하기도 한다.

외부 꽃제비가 활동반경이 넓은 도시에서 생존하기 위해 영역 침범을 할 경우 내부 꽃제비들은 자신들의 시장을 안전하게 지키고자 하기 때문에 서로 충돌하게 된다. 자기 영역에서 활동하다가 얼굴이 알려져 그 지역에서 활동이 어려운 경우에 다른 지역을 찾아 이동을 하기도 한다. 따라서 이동하거나 활동반경을 넓히기 위해 들어오려는 외부 꽃제비와 자신들의 시장을 안전하게 지키고자 하는 내부 꽃제비와의 충돌은 필연 적이라고 할 수 있다.

예컨대 내부 꽃제비는 자신들이 안전하게 관리하던 시장질서가 외부 꽃제비들에 의해 교란되어 자신들의 활동에 지장이 올까를 우려한다. 따라서 이들 꽃제비들 간에는 '제로섬 게임'의 논리가 작동할 수밖에 없다. 즉, 이들 꽃제비들의 활동 무대랄 수 있는 시장의 규모와 활동 대상 이 되는 상인의 수는 일정하게 정해져 있는 가운데 외부에서 새로 들어 온 꽃제비들과 기존의 내부 꽃제비들이 나눠 먹어야 하는 상황이 오는 것이다. 어쩔 수 없이 충돌이 일어날 수밖에 없는 것이다.

때문에 기존의 내부 꽃제비들은 외부에서 들어온 꽃제비들을 협박 하거나 폭력을 사용하며 때로는 그들에게 강제적으로 물건을 상납하도 록 강요하기도 한다. 이에 외부 꽃제비들은 자신들이 활동을 하지 못하 도록 견제하는 내부 꽃제비들 때문에 활동을 하지 못할 경우 다른 지역 으로 또 다시 이동을 하는 경우도 있다. 반대로, 외부 꽃제비들끼리 단 합을 해서 때로는 내부 꽃제비의 폭력에 맞서 싸우기도 한다.

내부 꽃제비의 텃세를 극복한 외부 꽃제비는 내부 꽃제비로 자리를 잡는데 성공하기도 하지만 반면 그렇지 못한 꽃제비들은 또 다시 이동하기를 반복한다. 이렇게 내부 꽃제비가 되는 경우 자신이 과거에 활동했던 지역에서 옮겨 온 꽃제비들에게 물건을 상납하도록 강제하거나, 그들을 내부 구성원으로 받아들이기도 한다. 이러한 상황에서 기존 꽃제비들의 단결력이 보통은 더 강한 경우가 많기 때문에 외부 꽃제비로서는 발붙이기가 쉽지만은 않다.

통제비와 합숙제비

꽃제비들의 주거형태는 크게 두 가지로 나눌 수 있다.

먼저 일반적으로 많이 알려진 역전, 공원, 보일러실, 마을 잿더미, 창고 등지에서 잠을 자는 꽃제비들로서 이들을 통제비라고 일컫는다.

일반적으로 많이 알려진 꽃제비는 공장이나 기업소의 보일러실이나, 제철소에서 나오는 뜨거운 잿더미, 낡은 창고, 역전 등에서 거주한다. 어떤 기업소나 공장이든 보일러실이 존재한다. 대부분의 공장기업소는 자체 보일러실을 가지고 있기 때문에 그곳은 꽃제비들이 추운 겨울에 안전하게 지낼 수 있는 보금자리이다. 마찬가지로 제철소 잿더미도 철을 생산하는 과정에서 나오는 뜨거운 열기의 잿더미가 있기 때문에 강추위도 견뎌낼 수 있는 곳이다. 역전의 경우 많은 사람들이 오가는 곳으로 온기가 유지되는 곳이다. 조선일보에 따르면 추위에 시달리는 꽃제비들은 겨울철에도 온기가 감도는 제철소 근처로 모여 언 몸을 녹인다고 한다. 이들 꽃제비 중에는 쇳물을 녹이는 무연탄 등을 훔쳐 파는 이들도 있는데, 이 과정에서 보위대원에게 들켜 맞아 사망하는 일도 가끔 발생한다.[6]

....
6 조선닷컴, 2011년 12월 17일, http://news.chosun.com/site/data/html_dir/2011/12/17/2011
   121700735.html: 검색일 2012년 3월 7일

다음으로 조직적으로 움직이는 꽃제비들로 일정한 거주지를 확보하여 사실상 합숙생활을 하며 살아가는 꽃제비들이다. 꽃제비들이 조직을 구성하여 특정 건물에 무리지어 지내는 방식은 가장 인기가 많은 거주형태이다. 뒤에서 자세히 다루겠지만, 조직을 구성한 꽃제비들은 대부분 온기를 유지할 수 있는 빈집이나 창고 등에서 모여 밤을 보내고 낮에는 꽃제비 활동을 한다. 낮에는 꽃제비 활동을 하고 밤에는 특정 장소에 모여 잠을 자는 이러한 형태는 늘 위험에 노출되어 있지만 상황에 따라 잠자리가 불안정한 꽃제비들 사이에서 인기가 높을 수밖에 없다.

이외의 주거형태로는 낮에는 꽃제비 활동을 하고 저녁에는 본인의 집에서 생활하는 실거주형 꽃제비들도 있다. 실제로 거주하지만 낮에는 밖에서 꽃제비 활동을 하고 밤에만 돌아와 잠을 자며 마을의 통제에서 벗어나기 위해 자신의 마을 사람들을 피해 숨어 다닌다. 꽃제비 활동을 통해 얻은 먹을거리를 밤에 자신의 집에서 먹으며 생활하는 실거주형 꽃제비들은 대부분 옷을 단정하게 입고 다닌다. 때문에 자신이 목표로 하는 사람의 경계심을 덜 받는다.

2. 꽃제비의 특징

1) 꽃제비의 네 가지 특징

꽃제비의 특징으로 크게 네 가지를 짚어볼 수 있다.

첫째, 꽃제비들은 다른 지역 간의 이동이 자유로운 만큼 이들 사이에서는 지역 정보도 빠르게 유통된다.

북한 사회의 특성상 이동을 자유롭게 할 수 없도록 제약을 두기 때문에 일반 주민들은 다른 지역으로 쉽게 움직일 수가 없다. 하지만 사회의 단속과 통제를 피해 다니는 꽃제비들은 지역 간 이동이 가능한 존재이다. 이렇게 지역을 오가는 과정에서 지역 정보가 꽃제비들 사이에 빠르게 유통되기도 한다. 이러한 정보는 매우 구체적이다. 통제가 심한 지역이나 꽃제비 활동이 편리한 지역 등 자신들의 생존에 필요한 정보뿐만 아니라, 어떤 지역에서 어떤 사고가 났는지도 빠르게 알 수 있다. 어느 지역에서 어떤 범죄로 총살을 했다거나 청진항에 옥수수가 얼마나 들어왔다는 등 활동대상 지역에 대한 시장, 주민생활, 통제, 교역, 조직 등의 정보가 망라되어 꽃제비들 사이에서 유통된다.

이러한 정보 유통 과정은 시장이 활성화되기 이전부터 꽃제비들 사이에서 존재했다.

둘째, 꽃제비의 조직화이다. 1990년대 이전까지는 지역 '빠라'라고 불리는 조직이 있었다. 이들 조직과 연계되어 그들에게 돈을 대주고 보호를 받는 형태를 취했다. 1990년대에 들어와서는 새롭게 확산되는 꽃제비들이 대부분 경험이 없는 상태였으므로 개인 활동을 중심으로 움직였으며, 유연한 조직이라 할 수 있는 제비떼를 형성하는 것이 전부였다. 이 제비떼에 대해서는 뒤에서 다시 한 번 다루도록 하겠다. 그러나 1990년대 말부터는 제비떼도 존재하지만 꽃제비들이 직접적으로 조직을 형성하기 시작하면서 꽃제비 조직이 생겨나기 시작했다.

셋째, 생존을 위한 활동 과정에서 꽃제비와 상인 간 갈등의 발생과 협력 관계의 형성이다. 꽃제비는 생존하기 위해 필요한 필수품을 상인들로부터 훔칠 수밖에 없고, 역으로 상인은 먹고살기 위해 자신의 상품을 꽃제비로부터 지켜내야 한다. 생존을 위한 이들 간의 관계는 갈등을 넘어 협력하는 관계로 가기도 한다. 자신의 상품을 지켜내기 위해 꽃제비를 고용하여 다른 꽃제비들의 접근을 차단하는 것이다. 이는 고양이에게 생선을 맡기는 격이지만, 역설적으로 고양이는 그 생선을 지킴으로써 주인이 제공하는 생선을 안정적으로 공급받을 수 있는 것이다. 상인과 꽃제비 간의 협력이 일어나는 현상은 이들의 중요한 특성 중 하나로 자리 잡게 된다.

넷째, 꽃제비가 결코 줄어들 수 없음을 보여 주는 가장 중요한 특징은 자율성이다. 꽃제비는 자유롭다. 꽃제비는 집과 학교, 공장, 기업소 등에서 자행되는 강력한 통제 구조로부터 벗어나 있다는 특징 때문에 자율성을 느끼게 된다. 매주 1~3회 진행되는 생활총화를 하지 않아도 되고 계획을 완수하지 못해 전교생 앞에서 망신당하지 않아도 되며 계속되는 물자지원 요구에 시달리지 않아도 되는 것이다.

자율성은 꽃제비에게 나타나는 핵심적인 특성이다. 북한 사회에서 통제와 감시, 구속에서 벗어난다는 것은 일반 주민들은 상상할 수 없는 자율성을 누린다는 것을 의미한다. 따라서 꽃제비가 누리는 이 자율성이 바로 조직적인 통제 속으로 복귀했다가도 다시 뛰쳐나갈 수밖에 없는 중요한 요소가 되는 것이다. 즉 꽃제비는 물질적, 조직적, 사상적 통제를 포기하는 대신 자유로움을 추구하는 존재인 것이다.

2) 정보 유통과 지역 이동

꽃제비들 사이에서 정보 유통은 오래전부터 있어왔던 현상이다. 이러한 정보 유통은 기본적으로 당국의 통제를 피해 다녀야 하고 활동할 곳의 상황을 알아야만 하는 꽃제비의 특성으로 인해 가능한 것이다. 꽃제비들 사이에서 유통되는 정보의 종류를 살펴보면 [그림 5]와 같다.

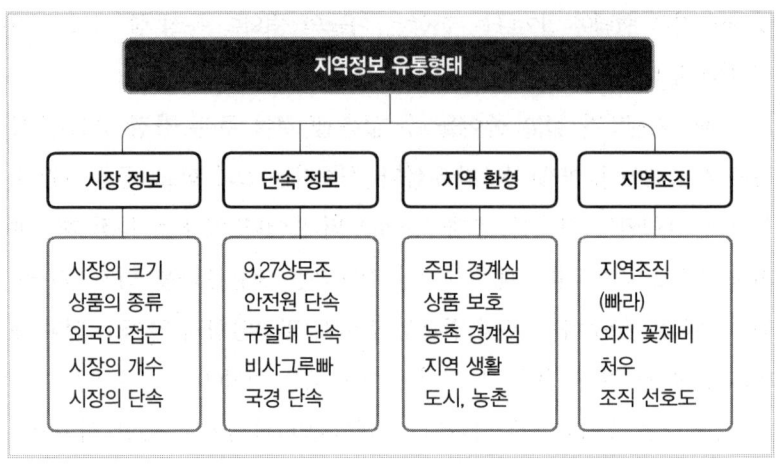

	지역정보 유통형태		
시장 정보	**단속 정보**	**지역 환경**	**지역조직**
시장의 크기 상품의 종류 외국인 접근 시장의 개수 시장의 단속	9.27상무조 안전원 단속 규찰대 단속 비사그루빠 국경 단속	주민 경계심 상품 보호 농촌 경계심 지역 생활 도시, 농촌	지역조직 (빠라) 외지 꽃제비 처우 조직 선호도

출처: 탈북자 A, C 의 증언을 토대로 작성

그림 5. 꽃제비들 사이 유통되는 지역정보

다른 지역의 시장 정보를 공유하는 것은 꽃제비의 이동에 있어 중요한 요인이 된다. 시장의 크기, 상품, 외국인 이용 여부, 시장의 개수, 시장 단속 등의 정보를 현재의 지역과 다른 지역을 비교함으로써 꽃제비 활동이 보다 쉬운 지역으로의 이동을 결심하게 되는 것이다. 시장의 크기는 자신의 노출 정도를 가늠할 수 있는 척도이며, 상품 정보는 현재 지역의 상품 수준과의 비교에 활용되고 외국인에의 접근성은 큰 몫을 잡을 수 있는 기회가 많음을 의미한다. 뿐만 아니라, 시장의 개수가 많을수록 며칠씩 한 시장에 머물다가 큰 건을 치른 후에 다른 시장으로 옮겨 가 몸을 숨기기에도 쉽다. 또한 시장 단속을 얼마나 자주 하는가에 따라 생존 활동의 제약 여부가 결정되기 때문에 이 역시도 중요한 정보가 된다. 이러한 시장 정보는 다른 지역에서 들어온 꽃제비들과의 소통 과정에서 발생하며 그 과정에서 얻은 정보를 바탕으로 타 지역으로의 이동을 결정하는 것이 꽃제비들의 활동방식이다.

해당 지역의 단속 정보는 그 지역에 정착하여 생활하는 과정에서 검거될 가능성을 판단할 수 있는 매우 중요한 정보 중 하나가 된다. 안전원들이 얼마나 자주 단속을 하는지, 9.27상무가 많은지, 규찰대와 비사그루빠가 얼마나 자주 나타나는지를 정보를 통해 공유한다. 비사그루빠는 비사회주의적 현상을 단속하고 통제하는 기구를 말한다. '그루빠'라는 말은 그룹을 가리키는 말로, 북한은 언어에서도 러시아어의 영향을 크게 받았기 때문에 러시아어식으로 발음하는 것들이 매우 많다.

이처럼 단속원들이 얼마나 자주 나타는지 등의 정보를 통해 꽃제비 활동을 하다가 잡히면 지역에 따라 처벌 수위가 서로 어떻게 다른가에 대해 알 수 있다. 특정 지역의 처벌 수위가 얼마나 높은가에 따라 그 지역에서 안정적으로 꽃제비생활을 할 수 있는지의 여부가 달려 있는 것이다.

청진의 경우를 예로 들면, 포항구역 안전부가 라남구역 안전부에 비해 구타 정도가 더 심하다든지, 꽃제비 구호소구제소에서 꽃제비들이 얼마나 버틸 수 있다든지, 잡혔다가 도망칠 수 있는 가능성 등이 주요 정보에 속하는 것들이다.

시장의 정보가 꽃제비의 먹을거리 해결과 관련이 되는 문제라면, 단속 정보는 꽃제비들이 당국의 통제나 구속으로부터 얼마나 자유로울 수 있는가를 결정하는 매우 중요한 정보가 되는 것이다.

지역 환경에서 가장 중요한 것은 주민들의 꽃제비에 대한 경계심과 상인들의 상품보호 능력이다. 꽃제비에 대한 주민들의 경계심이 높을수록 꽃제비의 생존 활동에는 한계가 있을 수밖에 없기 때문이다. 상인이 꽃제비로부터 상품을 철저하게 보호할 수 있는 수단이나 방법을 갖고 있다면 꽃제비들은 그만큼 생존을 위해 이를 극복해야 하는 과제를 떠안게 된다. 예를 들면, 상인들이 상품을 지키기 위해 낮은 매대에서 작은 집으로 된 매대로 들어가 상품을 진열하는 경우가 이에 해당한다. 바깥에 노출된 매대가 아닌 집 형태의 매대 안으로 들어가 상품을 훔쳐야 하는 상황은 꽃제비로서는 매우 부담스러운 일이다. 상품을 훔치기 위해서는 매대 안으로 침입해야 하는데, 이는 보통 꽃제비들에게는 불가능한 일이며 이것은 곧 꽃제비들의 생존을 위협하는 일이 되는 것이다.

또한 지역 환경에서 도시의 경우는 꽃제비들에 대한 상인들의 경계심이 대체로 높지만, 농촌의 경우는 경계심이 낮은 편이어서 이들 꽃제비들이 활동하기 편하다는 이점이 있다. 반대로, 도시는 시장의 규모가 크고 상인이나 오가는 사람들의 수가 많아 눈에 잘 띄지 않아 단속에서 다소 자유로운 점들이 있지만 농촌의 경우는 안전원의 단속이 심하다는 문제점이 있다. 농촌지역의 경우는 도시에 비해 시장의 규모가 작기 때문에 통제하기가 쉬워 단속 또한 심하게 한다.

이런 단속을 피하기 위해 농촌지역 꽃제비들은 '문차기' 행위를 많이 하게 된다. 시장에서도 활동을 하기는 하지만 실제로는 이런 활동을 하기가 쉽지 않기 때문에, 남의 집에 들어가 물건을 훔쳐오는 집 도둑 형태의 적극적인 행위를 벌이는 것이다. 대체로 농촌마을은 자물쇠가 매우 허술한 경우가 많아 문차기를 하기에 용이하다. 특히 겨울에는 가을걷이를 한 곡식이 창고에 보관되어 있기 때문에 농촌지역에서는 겨울에 문차기 행위가 성행한다. 이 외에 마을이 얼마나 부유한가에 대한 정보 역시도 큰 건을 올릴 수 있다는 이점이 있기에 지역 환경에서 아주 중요한 요소로 작용을 한다.

다음으로 무시할 수 없는 부분이 바로 지역의 조직이다. 대부분의 지역에는 꽃제비 조직이 존재하고 있으며 이들이 사실상 그 지역을 장악하고 있다고 할 수 있다. 또한 한두 개의 조직이 아니라 여러 개의 조직이 존재하고 있다. 물론 그중에서도 가장 힘이 센 조직이 존재하기 마련이며, 그러한 조직 밑에서 생활하게 되면 잠자리를 제공받고, 정보공유를 통해 안전원이나 9.27상무 등의 단속을 쉽게 피할 수도 있다. 조직에 들어가면 시장에서 안전하게 활동하는 것도 가능해서 꽃제비들은 어떠한 조직이든 이런 조직에 소속되기를 원한다.

꽃제비 활동을 하다가 잡혔을 때 자신을 보호해 주고 감싸줄 수 있는 조직원이 있다는 것은, 위험부담을 안고 홀로 활동하는 것보다 훨씬 매력적인 요소가 되는 것이다.

3) 꽃제비의 조직화

조직화는 꽃제비의 변화를 보여주는 중요한 특성 중 하나이다. 과거 1990년대 초까지만 하더라도 강한 힘과 능력을 가지고 있는 일반 학생들의 조직에 불과 몇 명의 다른 학생들이 소속되어 그 조직에 돈을 상납하고 대신 보호를 받는 정도에 불과했다.

> 학교마다 일반적으로 1진으로 분류 될 수 있는 운동부 학생들, 불량학생들이 존재하며 이들 여럿이 모여 무슨 파, 무슨 파 등을 형성한다. 이러한 파를 유지하기 위해 필요한 것은 돈이며 그 돈을 해결할 수 있는 방법은 그 조직에 소매치기 등을 잘 하는 꽃제비들을 몇 명 두어 그들이 가져오는 돈으로 파를 유지하는 것이다. 대신 파 구성원들은 꽃제비들을 보호해주는 역할을 수행한다. 조영호의 증언에 따르면 70년대 평양에도 이러한 패거리들이 소지역별로 존재했으며, 자신들에게 돈을 대줄 수 있는 꽃제비들을 놓고 패거리 싸움이 벌어지기도 한다(이철원, 1995: 45-47).

즉 일진 학생이 만든 조직의 보호를 받는 대신 그들에게 물질적 혜택을 제공하는 것이다. 조직원들이 바친 돈은 조직을 운영하는데 사용되며 이런 조직은 조직원인 꽃제비들이 잡히거나 또는 위험에 처했을 때 구해 주는 역할을 한다. 조직에서는 조직원 꽃제비들이 안정적으로 생활할 수 있는 집을 제공해 주기도 한다. 하지만 1990년대 중반을 거치면서 꽃제비들 스스로가 조직을 구성하거나, 한 명의 일반인과 다수의 꽃제비들이 조직을 구성하는 형태로 변화되었다.

(1) 꽃제비 무리의 형성, 제비떼

1990년대 이전까지는 한 조직에 소속되어 보호받던 꽃제비들은 1990년
대 이후부터는 '제비떼'라고 하는 꽃제비 무리를 형성하면서 서로를 보
호하는 관계를 형성하기 시작한다. 제비떼란 다양한 행위자들의 꽃제비
들이 당장의 필요에 의해 모였다가 해체하는 행위를 반복하는 무리를
일컫는 말이다. 예를 들면, 독립적으로 활동하던 꽃제비들이 위험에 처한
상황에서 서로 친분을 맺고 있는 동료 꽃제비들과 서로 도움을 주고받
는 관계를 형성하게 되는 것이다. 이는 본격적인 조직화로 가기 전의 초
기 단계라고 할 수 있다. 평상시 꽃제비들 간 친분 관계는 같은 지역, 같
은 고향, 친척관계 등을 중심으로 이루어진다. 만약 다른 지역으로 이동
했을 때 그 지역에 같은 고향의 꽃제비가 있다면 그곳에서 빠르게 적응
할 수 있다.

> "형이 15살~16살 때였고, 그때가 아빠가 병원에 입원하신 다음부터는 또 꽃제비생활을 한 거죠.
> 그런데 그때는 꽃제비생활을 할 때 만났던 꽃제비 애들을 한번 만났어요. 개랑, 아 제가 같이 꽃
> 제비생활한 애를 만난 게 아니라, 우리 형이랑 같이 하던 그 친구를 만난 거죠. 근데 개가 '자기
> 무리에 들어오면 어느 정도 돈도 모을 수 있고' '어느 정도 행복하게 살 수 있다, 잠자리도 다 있
> 다' 이렇게 해서 간 거였어요. 그게 조직이었어요, 그 꽃제비 조직이라고……."(탈북자 A)

꽃제비들의 지역 간 이동현상에서도 잠깐 설명된 부분이기도 하지만,
같은 고향 출신으로 새로운 지역에 이미 정착한 꽃제비가 있다면 그들
의 도움을 쉽게 받을 수도 있다. 이는 같은 지역 출신끼리 쉽게 공유할
수 있는 고향 정보가 존재하고 같은 지역 출신을 선호하는 지역주의 때
문이다. 이렇게 뭉친 제비떼는 조직화라 하기보다는 사실 그 이전 단계
라고 볼 수 있다. 이들 사이에는 정보공유가 매우 빠르며, 어떠한 행위를

할 때도 함께 뭉치는 경향이 있으며 다른 지역에서 온 꽃제비들을 경계하기도 한다.

한 지역에는 여러 개의 제비떼가 있는데 각 무리당 출신 지역별로 별칭이 붙기도 한다. 예컨대 청진의 경우 봉천파, 청암파, 라남파 등으로 불리는 제비떼가 있으며 이들 간에는 간혹 갈등관계가 형성되기도 한다. 청암구역 장마당에는 대체로 청암파가 활동하는데, 여기에 수남구역 장마당에서 생활하던 꽃제비들이 단속을 피해 이동해 올 경우 갈등이 빚어지기도 하는 것이다. 아래는 좋은벗들에 소개된 2005년 당시의 여러 제비떼들에 관한 내용으로 그들 사이에 어떤 갈등관계가 형성되는지를 잘 보여주고 있다.

> "2005년 황해남도 연안군, 배천군, 청단군 등의 꽃제비들은 주로 연안군 시장에 모여든다. 해주에서 온 꽃제비들도 간혹 눈에 띈다. 다른 고장에서는 규찰대들의 단속이 심한 편인데 그나마 연안군이 나은 편이라 이쪽으로 모여드는 인원이 많다. 여러 고장에서 오다보니 각자 출신지역별로 모인다. 연안파, 봉천파, 배천파, 청단파 이런 식으로 세를 형성한다. 이 때 연안군의 꽃제비들이 다른 지역의 꽃제비들을 견제하거나 해당 구역에서 텃세를 부린다."(좋은벗들, "오늘의 북한소식", 11호, 2006년 9월 25일)

꽃제비 사회에서도 지역별로 텃세가 존재하는데, 평소에는 느슨하게 연계되어 있을지라도 위기가 왔을 때에는 강하게 뭉치는 경우가 많다. 꽃제비가 누군가에게 매를 맞았을 경우 그 꽃제비와 친분이 있는 제비떼들이 집단적으로 움직여 매를 때린 사람에게 무시무시한 폭력을 가한다. 탈북자 A에 따르면, 꽃제비 무리에는 우두머리 역할을 하는 '두령'이 있다고 한다. 이들은 도움이 필요한 상황을 인지하고 주변의 꽃제비들을 소집하여 위기상황에 함께 대처하거나, 꽃제비들 사이에서 무엇인가를 도둑맞는 일이 생기면 모두 긴급 집합하여 범인을 색출하기도 한다. 단속 정보가 있을 경우 꽃제비들이 수시로 주변의 꽃제비들에게 알려줌으로써 단속을 피하게 한다는 것이다. 이때 제비떼가 무서운 이유는 집단폭력도 무섭지만, 그들이 면도날이나 칼 등의 도구를 사용하여 폭력을 행사할 때 아무리 건장한 청년이라도 그들을 감당해 낼 수 없기 때문이다.

평상시에는 느슨한 형태로 각자 활동하면서 흩어져 지내다가도 필요에 따라 위기상황을 극복하기 위해 모이는 숫자는 적게는 30명에서 많게는 50명까지의 큰 무리를 형성하기도 한다.좋은벗들, 2008년 5월 16일 물론 30명이 계속해서 함께 모여 행동하는 것이 아니라 7~8명 정도가 모여 다니다가 위기상황에는 대규모로 조직된다고 보면 된다.

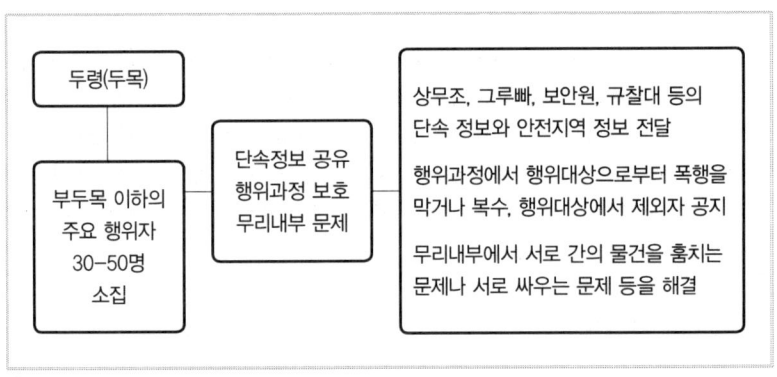

출처: 탈북자 A, C의 증언을 토대로 작성

그림 6. 제비떼(꽃제비 무리)의 소집 원인

또한 일반인이 다수의 꽃제비를 모아 조직을 구성하는 사례들도 있다.

"그다음에……; 아, 그리고 한 가지 그 전에 그 꽃제비를 이끈다는(조직 두목) 그 할아버지, 그 할아버지를 만나려면 그 과정이 있어요. 처음에는 못 만나요. 아무나 못 만나요. 처음에는 형들이 다 관리하기 때문에 아무나 못 만나고 나중에 좀 레벨이 올라서, 꽃제비들 중에서 레벨이 좀 올라가면 그러거든요. 왜냐하면 그 할아버지가 직접 맡아주고 있는 걸 알 수가 있어요. 근데 그 할아버지를 보겠다고 엄청 열심히 하는 꽃제비들이 많아요. 꽃제비들 중에서. 왜냐하면 돈을 많이 주니까 할아버지가."(탈북자 A)

이들은 수완이 좋은 꽃제비들을 모아 그들을 보호해 주는 한편 그들로부터 물질적인 이익을 얻어낸다. 즉 꽃제비와 이들을 보호해 주는 두목 사이에는 이익관계가 얽혀 있는 것이다. 꽃제비들의 경우 아무리 수완이 좋아도 안전하게 거처할 수 있는 공간이 필요하며, 일반인인 두목은 안정적인 수입의 원천이 필요하기 때문에 서로 협력을 하게 되는 것이다. 이 과정에서 서열이 정해지고 그에 따라 상명하달의 조직형태를 갖추기 시작한다.

(2) 두목, 조직을 이끄는 수령

이들 조직의 두목은 일반인인데 주목할 부분은 꽃제비 조직 내에서 이들이 수령과 같은 존재로 일컬어지고 있다는 사실이다. 일반인 두목은 정상적인 사회생활을 하면서도 한편으로 꽃제비 조직을 운영하며 보안원을 매수하여 단속 정보와 잡힌 조직원을 빼내오는 역할을 수행한다. 꽃제비 조직에서 주목할 또 다른 부분은 조직생활을 열심히 해서 수령과 같은 존재를 만나보고 싶어 하는 욕망이 존재하며 그러한 욕망을 성취함으로써 꽃제비들 사이에서 자신의 지위를 인정받으려 한다는 점이다. 그렇게 인정을 받으면 서열이 아래인 꽃제비들을 관리하는 권력을 행사할 수 있고, 그러한 권력을 행사함으로써 돈을 모을 수 있게 된다.

"그래서 저희는 그것도 있었고 할아버지도 보겠다는 것도 있었지만, 돈을 좀 많이 모으고 싶다는 것도 있었어요. 그 할아버지의 말이라면 거의 김정일, 꽃제비 세상에서는 김정일의 명령처럼 들린 거죠."(탈북자 A)

이 외에도 두목이 정해 준 할당량을 완수하지 못할 때는 여러 가지 처벌을 받기도 한다. 처벌의 형태는 밥을 굶어야 한다거나 여러 가지 가사노동을 해야 하는 경우가 있다. 또 매를 맞는 경우도 있으며 심지어는 조직에서 방출되기도 한다. 이러한 처벌이 있음에도 불구하고 대부분의 꽃제비들은 그러한 조직의 보호에 기대감을 가지고 있으며 그 조직에 소속된 꽃제비들을 선망의 대상으로 여긴다.

"꽃제비들은 김일성, 김정일을 잘 생각 못해요. '자기가 먹고 살겠다' 이런 생각 때문에 뭐 정치가 (어떻게) 돌아가고 이런 건 몰라요. 쌀이 오고 안 오고 이런 거 몰라요. 오직 내가 오늘 수행해야 할 것(하루 목표량), 내가 오늘 맡았던 량을 못하면 밥을 못 먹어요. 그리고 또 많이 맞기도 하고, 고문도 받고 그래요."(탈북자 A)

꽃제비 두목은 전문적인 꽃제비생활을 오랫동안 하는 과정에서 안정적인 주거환경을 가지고 있으며 보안원들에게도 두려움의 대상이 되기도 한다. 탈북자 C에 따르면 1990년대 중반 청진역에 청룡파가 있었는데 그들 조직은 그 지역 꽃제비들뿐 아니라 안전원들도 상대하기 싫어했다고 한다. 안전원들이 그들을 상대로 트집을 잡으면 그들은 복수하기 위해 밤에 몰래 그 안전원의 집 앞을 지키다가 달려들어 폭행을 한다는 것이다. 이들은 이처럼 때로 상대방이 목숨의 위협을 느낄 정도로 두려움을 심어주는 대상이 되기도 하는 것이다.

보안원들은 이러한 두목 꽃제비를 강제로 규제하기보다는 어느 정도 용인해 주면서 자신이 필요할 때 활용하는 경우도 있다. 이들 두목 꽃제비는 보안원으로부터 단속 정보를 얻으며 자신의 조직원이 잡혔을 경우 뇌물을 주어 빼내는 능력까지 갖추고 있다.

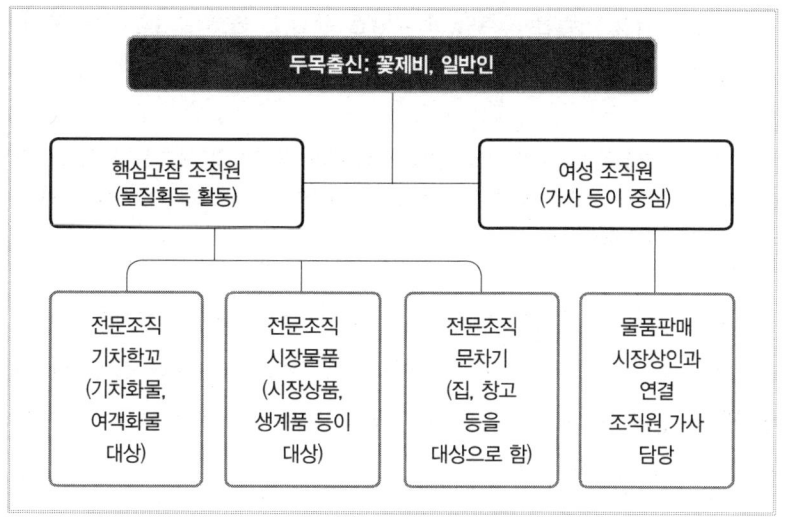

출처: 탈북자 A의 증언을 토대로 작성

그림 7. 꽃제비 조직형태

꽃제비 조직은 두목으로으로부터 신뢰를 얻은 조직원과 그 밑에서 전문적인 역할을 담당하는 전문 조직원들로 구성된다. 전문적인 조직원들은 각각 고유한 명칭이 있으며 이에 따라 활동 공간도 각각 다르다.

"저희는 한 정확한 숫자는 모르겠는데 한 30은 넘었던 것 같아요. 왜냐하면, 저희가 4종류가 있었거든요. 한 조에 7~8명이 있었어요. 4조를 나누었었는데 무슨 말 그대로 날치기조, 덮치기조, 그런 식으로 나눴어요. 그 이름을 붙인 게 아까처럼, 뭐 독수리 만화에 나오는 까마귀, 독수리, 비둘기 이런 식으로 사람들이(꽃제비 조직 내에서) 조 이름을 붙인 거예요. 네, 그래서 들어간 게 그기(그곳 −조직)였었고 저는 뭐 당연히(들어간 거죠). 저희 조 이름은 고슴도치, 고슴도치라고 저희는 날카로운 일들을 많이 한다고 해서 그런 이름을 붙였어요. 네, 저희 조는, 그니까 저희 조는 제일 뭐 군대로 말하자면 제일 신입생들, 그니까 선임들이 시키는 일은 다 해야 하는 그런 조인 거죠. 그때가 저희 조가 7명이었어요."(탈북자 A)

뿐만 아니라 이러한 조직에 소속되면 다양한 활동방식을 가르쳐 주기도 한다.

"7명에서 어떤 날은 시장에 가서 형이 말하던 칼(링 날리가―면도날) 그거보고 뭐라고 하지. 그 면도날 그런 거 가지고 항상 배낭을 찢고 나오는 것을 훔쳐서, 그것도 방법을 다 알아요. 꽃제비들이 다 알려줘요."(탈북자 A)

아래의 사례는 장날 시장에서 한 조가 전문적으로 활동하는 과정을 보여주는 증언 자료이다. 한 개의 조가 장날의 복잡한 틈을 타 한 명이 장사꾼들의 시선을 끌고 다른 꽃제비들이 그 틈에 물건을 훔치는 과정이 잘 묘사되어 있다.

"시장에 가서는 배낭 찢기하고 그냥 그때는 장날 있잖아요. 장날, 장사꾼들이 다 나올 때 짐승들 훔치는 거예요. 짐승들은 좀 훔치기가 쉬워요. 막 그 한 꽃제비가 장날이면 다 나오잖아요(장사꾼들이). 토끼 막 들고 다 나오잖아요. 근데 그때 한 꽃제비가 한 부분에 가서 다른 데 가서 막 소동을 일으키는 거예요. 막 싸우고 어떤 아줌마랑 괜히 시비 막 걸어가지고 욕을 엄청 하면서, 내 욕을 엄청 하면 사람들이 막 몰려든단 말이에요. 그럼 어떤 아줌마들은 정신이 그쪽에 팔려 있단 말이죠. 그때 막 토끼바구니 막 들고, 토끼바구니째로 들고 이동하면, 개가 있으면 개 목을 끌고 가고 이럼 몰라요. 그런 게 있었어요. 그다음엔 돈이 좀 됐었어요. 그걸 들고 가면서 가다가 장사꾼들이 있잖아요. 그 바로 앞에(시장 입구)서 넘겨받아 파는 장사꾼들이 있잖아요(되거리꾼 또는 거간꾼). 그 장사꾼들에게 그냥 넘겨주는 거예요. 넘겨준다고 그러잖아요. 거기서는(북한). 넘겨주고 돈 받는 거예요. 그리고 우리는 할 일이 끝난 거죠. 그래서 돈 받고 또 형들한테 돈 넘겨주고 이런 식으로 하면 형들이 또 점심밥을 같이 이런 식으로 먹고 그런 것을 했었어요. 그때는……"(탈북자 A)

또 다른 예로, 화물차를 습격하는 조일 경우 7명 정도로 구성되는데 한 명이 열차에 올라가 화물을 땅에 떨어뜨리는 역할을 하고 나머지 구성원은 그 화물을 주워 나르는 역할을 수행하는 경우를 들 수 있다. 이 조는 때로 목숨을 걸어야 하는 상황을 맞기도 해서 여러 조 가운데서 가장 위험하다고 할 수 있다. 화물차 위로 올라타다가 잘못해서 아래로 떨어져 열차 밑으로 빨려 들어가게 되면 그대로 목숨을 잃게 되는 것이다. 그래서 새로 들어온 신참이 하는 경우가 많다.

> "그때는 화물차, 그게 원래 이름이 있었거든요. 화물차 습격조 이런 뜻이었는데 갑자기 생각이 안 나네요. 그런 이름이 있었어요. 그 화물차 일하는 게 가장 위험했어요. 저희 팀이 그것을 했었는데 기차가 역전에 서면 차 바퀴 위에 자그마한 통이 있거든요(열차 브레이크패드 박스일 것). 그 안에 들어가 문 닫고 있으면 안 보여요, 사람이. 몇 초 안에 다 내려야 해요. 막 부려요. 몇 초 안에. 그다음에 차가 어느 정도 속도가 빨라지면 바로 내려야 해요. 부릴 때 그 줍는 사람이 있어요. 한 명만 올라가요. 나머지는 다 주워요."(탈북자 A)

이렇게 조직화된 꽃제비 조직은 그 내부에 강력한 약육강식의 규율이 존재한다. 그러한 조직을 유지하기 위해 단속기관과 내통을 하는 일도 있다. 사회적으로나 주민들의 입장에서나 조직화된 꽃제비들은 두려움의 대상으로 인식되기도 한다. 꽃제비의 조직화가 북한 사회에 미치는 영향은, 이들이 반사회적인 활동을 함으로써 체제의 불안정을 더욱 고조시킨다는 점이다. 바로 이러한 점들 때문에 또한 일반 주민들에게도 꽃제비 조직이 두려움의 대상으로 인식되고 있다는 점이다.

이는 꽃제비의 양면성이라고 할 수 있다. 또한 1990년대에 10대였던 꽃제비들이 2000년대 들어 20~30대가 되면서 조직을 만들고 두목이 되기 시작한 이후에는 조직 활동이 더욱 확산되었다. 따라서 2000년대 꽃제비 조직의 확산은 이러한 측면에서 이해할 수 있다.

꽃제비의 조직적인 확산은 피라미드식의 거대한 조직으로 이어질 가능성이 높다. 한 조직에서 머물던 조직원이 독립하여 새로운 조직을 만든다고 해도, 그 본 조직과 유대관계를 형성할 수밖에 없는 구조를 갖고 있다. 그렇게 하지 않는다면, 자신이 몸담았던 원래의 조직과 잦은 마찰을 빚거나 그 지역을 떠나야 하는 상황이 발생하기 때문이다.

4) 꽃제비와 상인 간의 협력과 갈등

상인과 꽃제비 사이에는 생계를 위한 협력 또는 갈등관계가 형성될 수
밖에 없는 구조를 가지고 있다.

꽃제비는 처음에 집을 나와 생존하기 위해 거치는 과정이 있다. 1990
년대 이전까지는 꽃제비들의 활동 공간이나 대상이 시장이나 상인이 아
닌 여행객이었다. 허용된 시장의 숫자나 범위가 매우 제한되어 있었기 때
문에 그 당시 꽃제비들은 옷을 깔끔하게 차려입고 여행객들을 대상으
로 폭력적 행위를 하는 경우가 대부분이었다.

그러나 1990년대 들어 식량위기가 점차 가시화되면서 꽃제비들이 급
격하게 증가하였고, 이들이 처음 시작한 꽃제비생활은 여행객들을 대상
으로 구걸을 하는 것이었다. 그러나 식량위기 과정에서 여행객들조차도
생활이 어려워지면서 꽃제비는 행위를 벌이는 대상을 바꾸게 된다. 위기
에 몰리면서 이들은 점차적으로 대담해져 상인의 물품을 덮치게 된 것
이다.

이러한 과정에서 상인들은 자신들의 상품을 지켜내기 위해 상품을
비닐이나 그물로 덮어 보호하는 조치를 취하게 되었다. 이처럼 상인들의
경계가 커지자 꽃제비들은 다시 대상을 넓히는데, 음식을 구입해 먹는
사람의 뒤를 쫓아가 먹고 있는 음식을 강탈하기에까지 이른 것이다. 피
해 대상은 주로 여성이었다.

자신의 물품을 산 손님이 이러한 피해를 당하자, 판매자의 입장에서
손을 놓고 있을 수만은 없었다. 상인들은 손님이 자신에게서 산 물품을
꽃제비들에게 강탈당하는 것이 자신의 상품 판매에 지장을 가져온다고
판단하였다. 이들은 꽃제비들이 주변을 맴돌면 자신의 손님에게 경계하
라고 알려준다. 예컨대 빵이나 과자와 같은 식품을 방심하면서 한 손으
로 먹으면 쉽게 날치기 당할 수 있기 때문에 두 손으로 꼭 잡고 먹으라

고 일러주는 식으로 도움을 준다. 또한 뒤에서 꽃제비가 다가오면 소리를 쳐서 구매자를 도와준다.

자신의 손님을 지키려는 상인의 이러한 행동으로 꽃제비들은 늘 굶주릴 수밖에 없는 상황에 처했다. 이에 꽃제비는 여러 명과 함께 '파장꾼'을 내세워 상인의 상품그릇을 통째로 낚아채는 형태로 진화되었다. 또 상인에게 보복하기 위해 일부러 파장꾼을 불러 부탁하거나 아예 꽃제비 스스로가 파장행위를 하는 경우도 있다. 이렇게 진화해 가는 꽃제비의 행위에 대처하기 위해, 상인은 시장관리원이나 안전원, 다른 꽃제비 등을 뇌물이나 음식 등으로 매수하여 스스로를 보호하지 않으면 안 되었다.

상인의 경우 자신의 상품을 지키기 위해 여러 가지 조치를 취하게 된다. 먼저 시장관리원을 매수하여 비교적 안전한 좋은 자리를 확보해서 상품을 보호한다. 두 번째는 상품을 검열, 단속하는 시장안전원을 매수하여 자신의 상품을 안전하게 지킨다. 그러나 이러한 조치에도 한계는 있다. 그래서 동원하는 세 번째 방법이 또 다른 꽃제비를 동원해 피해를 주는 꽃제비를 막는 방법이다.

북한 시장의 특성상 외부에 있는 자리보다는 내부 쪽에 있는 자리가 안전하며 꽃제비들의 활동에 영향을 덜 받기 때문에 상인들은 한쪽의 구석진 자리보다는 가운데에 있는 자리를 선호한다. 꽃제비들 역시 시장의 가운데 자리를 차지한 상인의 물건을 훔치기는 어렵기 때문에 구석이나 바깥쪽의 상인들을 공격하는 특성이 있다.

이러한 특성 때문에 상인들은 상품의 판매 정도를 고려하여 관리인에게 뇌물을 주고 좋은 자리를 차지하려 한다. 그러나 이는 임시적인 조치일 뿐이다. 오히려 보안원들이 수시로 상품 문제를 들먹이며 상인의 물건을 빼앗아 가는 경우도 있기 때문에, 상인들은 이들에게도 담배나 여러 가지 뇌물을 바치고 상품을 보호해야 한다. 보안원은 불법적인 상품을 검열한다는 명목으로 언제든지 이를 빼앗아 갈 수 있는 권력이 있기 때문에 상인들은 이들의 비호가 없이는 안전하게 상행위를 할 수가 없다.

그러나 이러한 뇌물 제공으로도 꽃제비로부터 상품을 보호할 수는 없다. 꽃제비는 목숨을 이어가기 위해 상인의 상품을 훔쳐야만 하는 존재이다. 목숨이 걸린 문제이기 때문에 이들은 갖은 방법을 다 동원해서라도 어떤 식으로든 물건을 취할 수밖에 없다. 이에, 상인은 '꽃제비로 꽃제비를 막는' 방법을 쓰기도 하는 것이다. 상인은 힘이 센 꽃제비 한두 명을 고용하여 다른 꽃제비들이 자신의 상품을 훔치지 못하도록 경계를 세우기도 한다. 시장에서 활동하는 대부분의 상인이 여성이기 때문에 난폭한 꽃제비들의 행위는 치명적일 수밖에 없다. 이러한 문제를 해결하기 위해 상인의 남편이 이 여성의 뒤에서 상품을 지키는 진풍경이 그려지기도 한다.

한편, 남편이 지켜주지 못하는 여성들의 경우는 힘이 센 꽃제비들에게 식사를 제공하고 상품을 보호하는 경우가 많다. 해당 시장에서 힘 있는 꽃제비들에게 먹을 것을 주고 다른 꽃제비들이 본인의 상품을 덮치지 못하도록 미리 경고해 달라고 부탁을 하기도 한다. 또 자신의 상품을 목표로 한 꽃제비가 근처에 다가오면 어느 정도의 먹을 것을 주고 돌려보내는 경우도 있다. 이렇게 상인들은 자신의 상품을 보호하기 위해 다양한 수단과 방법을 억지로라도 짜내지 않으면 안 되었다.

이 밖에 꽃제비 조직의 보호를 받는 상인의 경우에는, 조직의 두목에게 보호의 명목으로 물품을 상납하고 자신을 공격하는 다른 꽃제비들을 막아 달라는 부탁을 하기도 한다. 예를 들어, 음식을 파는 상인이라면 국수 한 그릇, 빵 10원어치 등과 같이 보호에 대한 사례를 한다. 상인에게 받은 대가로 조직의 두목은 조직 이외의 다른 꽃제비들에게

"그 상인을 건드리면 우리 손에 죽는다"고 경고를 하는 것이다. 즉 자신의 적을 이용해서 적을 막는 셈이다. 보통은 고급관리들에게 지불할 능력이 없는 하위계층 상인들이 꽃제비들과 연대하는 경우가 많다. 이러한 사실을 잘 알지 못하는 외부에서 들어온 꽃제비들은 조직의 보호를 받는 상인의 물품을 훔치다가 꽃제비 조직으로부터 폭행을 당하거나 그곳에 아예 발을 붙이기도 어렵게 된다. 앞서 말한 정보 유통이 중요한 이유이기도 하다.

2000년대 들어 조직화된 꽃제비들이 시장에서 비조직 꽃제비들을 규제하고 차단함으로써 시장의 질서를 유지하고 상인들로부터 인센티브를 제공받는 등의 협력적 관계를 유지한다는 것은 곧 꽃제비 조직이 시장을 장악해 나가고 있음을 의미하는 것이다.

> "시장에 제일 센 애들이 있단 말이에요. 꽃제비 무리들이 높아서(눈이) 예전처럼 국수 한 그릇이 아니라 돈을 줘야 한단 말입니다. 그게 그러니까 안 주면 다른 꽃제비들이 훔쳐도 그냥 놔둔단 말이에요."(탈북자 G)

꽃제비 조직의 시장 장악은 이들 조직이 더욱 강화되고 비대화되고 있음을 의미한다. 같은 공간인 하나의 시장에서 당국이 통제를 하고 있음에도 불구하고 바로 또 이 공간에서 꽃제비가 시장을 장악하는 현상이 일어나고 있는 것이다. 시장에서 꽃제비와 상인 간의 갈등은 이들 꽃제비 조직과 하위계층 시장 상인 간의 갈등으로 나타나게 된다. 즉 상품을 보호받기 위해 그 대가를 지불할 수 있는 능력이 부족한 상인과 꽃제비 간의 갈등인 것이다.

5) 꽃제비생활의 자율성

꽃제비생활을 다시 시작하게 되는 이유는 단순히 경제적 이유 때문만은 아니다. 학교에 다니는 학생들의 예를 보면, 우선적으로 꽃제비생활을 하다가 복귀한 소위 불량학생인 경우에 다른 사람들의 곱지 않은 시선을 견디어 내기가 쉽지 않다. 또한 이미 자유로움을 맛보고 돌아온 이들 스스로가 조직생활에 대해 심한 염증을 느끼고 있다는 점을 들 수 있다. 조직에서는 보통 개인의 말과 행동을 비롯해 많은 부분을 통제하려든다. 그중에서도 특히 자아비판을 해야 하는 경우에는 심한 회의감이 들어 이런 집단생활에서 벗어났던 때를 그리워하게 된다. 잠시 동안이나마 자유로웠던 방랑생활에 대한 그리움이 영향을 미치는 것이다.

(1) 조직생활의 고통

꽃제비생활을 하다가 복귀한 불량학생은 학교로 돌아가게 되는데 이때부터 시작되는 것이 조직생활총화이다. 학교의 조직통제는 사회주의소년단 조직과 김일성 사회주의 청년동맹조직으로 나뉜다. 소년단은 9~13세까지이며 학교청년동맹원은 14~18세까지이다. 학교를 졸업한 이후는 해당 기업소 기관, 군, 등 사회의 청년동맹원 등으로 소속이 바뀐다.

조직생활 중 견디기 가장 어려운 것은 자아비판인데 이는 조직 앞에서 자신의 방랑생활을 비판하고 반성하는 것으로 시작이 된다. 자아비판의 범위는 크게는 전교생 앞이 되고 작게는 같은 반 학생들 앞이 된다.이철원, 1995: 66 이 외에도 소년단 조직 또는 사로청 조직의 소년단 지도원이나 사로청지도원에게 비판서를 제출하고 검증을 받아야 하는 괴로움을 겪어야 한다. 이들 지도원에게 스스로 찾아가 계속해서 자아비판을 해야 하는 등 강도 높게 자기생활을 반성해야만 하는 것이다. 이뿐만 아니라, 다른 학생들로부터 강도 높은 호상비판을 받아야 하며 교실 청소를 하거나 다른 학생들이 집으로 귀가한 이후에도 혼자 교실에 남아 비판서를 쓰는 등의 조직적인 처벌을 거듭해서 받아야 한다.

이러한 처벌뿐만 아니라 같은 반 친구들의 곱지 않은 시선과 집단 따돌림은 조직생활에 대한 회의감을 더욱 가중시킨다. '저 친구는 불량생, 방랑생, 꽃제비로 저 아이와 같이 놀게 되면 다른 친구들이 나도 같은 놈이라고 놀릴 거야'라는 인식이 자리 잡고 있기 때문에 그 친구를 집단 따돌림을 시키거나 놀리는 경우가 많다. 그리고 일반 학생의 부모들이 자기 자식도 그렇게 될까 염려하여 꽃제비 출신 불량학생과 어울리지 못하도록 단속하기도 한다.

불량학생을 관리하기 위해서 인민반이 동원되기도 한다. 인민반에서는 학교에서 만든 학습반을 모아 함께 공부하도록 하는 한편 불량학생들을 감시하고 이들을 통제하기까지 한다.

"인민반들에서 학생들에 대한 교양사업을 짜고들어 불량학생들이 나오지 않도록 하여야 하겠습니다. 부모들이 다 직장에 다니는 가정들에는 학생들이 학교에 갔다 오면 돌볼 사람이 없으므로 인민반장이 책임지고 그들의 생활을 잘 조직하여 주어야 합니다. 학생들이 집에 돌아오면 큰길가에 나가 놀지 않도록 생활방식을 꾸려주어 몇명씩 모여 공부하도록 하여야 합니다. 그래야 불량학생들이 나오지 않을 수 있습니다."(김정일, "평양시 서성구역 하신동 일군들과 한 담화", 1972년 7월 11일)

인민반 회의에서는 '누구의 자식이 방랑생활을 하고 왔으며 이러한 불량문제를 해결하기 위해 당사자 부모들이 노력해야 하며, 마을 주민들이 함께 아이들을 감시해야 한다'는 등의 생활총화가 진행된다. 방랑생활을 하고 돌아온 학생의 부모 또한 그 책임을 피해 갈 수 없다. 그 부모도 마을 주민들이 모인 인민반 회의에서 자식을 잘못 키운 데 대한 자아비판을 해야 한다. 이러한 강력한 조직적 통제와 처벌은 꽃제비들이 다시 일탈하게 되는 계기가 된다.

"애들을 보면 어머니가 같이 놀지 못하게 했어요. 왜 그런가 하면, 걔네랑 같이 놀면 불량생이 된다고 말렸단 말이에요. 어머니가 와서는(인민반회에 다녀와서) '누구네 집 아들하고 놀지 말라'고

한단 말이에요. '누구네 집 애가 꽃제비 됐다더라' 그런단 말입니다."(탈북자 F)

　북한의 청소년들은 어른들 못지않게 조직생활에 참여하고 있다. 소년단, 사로청 조직은 매주 1~2회의 생활총화를 진행해야 하며, 한 주간의 자기 생활을 조직 앞에서 점검받고 비판받는 등 상당한 수준의 조직적 통제를 받는다. 또한 꼬마계획, 학급별 계획 등을 수행해야 하는데 이는 학생 개인뿐만 아니라 그 학생의 가정에도 상당한 영향을 미친다.

　꼬마계획이란 소년단원이 되기 이전의 소학교 학생들이 자발적으로 파지, 파고철, 파동 등을 수집해서 학급에 제출하는 일이다. 이는 원래 자유롭게 참여하도록 되어 있으나 학급의 계획을 수행하기 위해 강제적으로 할당하는 경우가 많다. 이러한 꼬마계획이나 학급반계획, 소년단계획, 사로청계획은 학생들에게서 이중, 삼중으로 계획에 필요한 물건을 강제적으로 거두어들임으로써 이들의 부담을 가중시켰다. 계획을 제때에 수행하지 못할 시에는 역시 조직생활총화에서 비판 대상이 된다. 학교에서 요구하는 그 계획을 수행하기 위해, 학급별로 시행되는 오후 복습시간에 해당 학생은 복습을 하지 못하고 학교 밖으로 나가 헤매고 돌아다닌다. 강요된 할당량을 채우기 위해 파지나 파고철, 파동 등을 구하러 다녀야 하기 때문이다.

(2) 꽃제비로 되돌아갈 수밖에 없는 이유

집안형편이 좋지 않아서 할당량을 제때 채우지 못해 학교를 기피하거나 일탈 또는 범죄행위로 이어지는 경우가 많다. 이 밖에 학급별로 '휘발유', '장갑', '니스', '도료', '쌀' 등 학생이 수집해 올 수 없는 물품들도 집에서 가져오도록 강요를 해서 가정에 상당한 부담을 주었다. 가정형편이 좋아서 이들 물품을 제출할 수 있는 친구들은 공부를 못하더라도 계획을 잘 수행했다는 이유로 칭찬을 받는다. 하지만 가정형편이 어려워 이를 제출할 수 없는 학생들은 그에 따르는 온갖 괴로움 때문에 학교에 나가지 않는 경우가 많다. 이는 자연스럽게 조직생활로부터 이탈을 선택하도록 만든다.

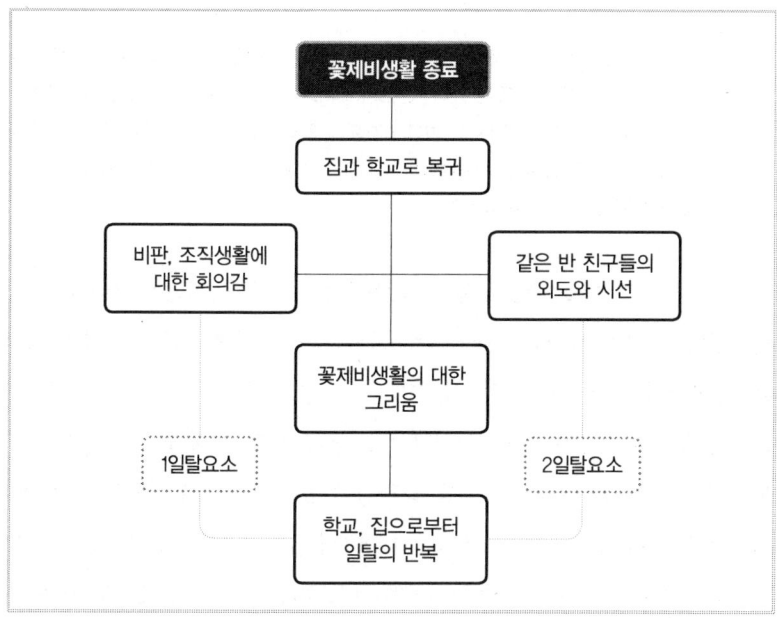

출처: 탈북자 C, E, F의 증언을 토대로 작성

그림 8. 꽃제비생활의 반복과정

"꼬마계획 수행 못 하면 학교에서 맨날 벌서야 한단 말입니다. 복습하다가 끝나서 딴 애들은 집에 가는데 우리는 다시 꼬마계획 하러 가야 한단 말입니다. 그래서 못 하면 아침에 일찍 가서 청소당 번이랑 같이 청소하고, 그게 말이 안 되는 거지요. 맨날 도로 내라, 쌀500g 내라, 니스 내라, 토끼 가죽 내라, 학교 도로공사에 장갑 바쳐라, 학교 석탄 실어오는 데 휘발유 내라, 돈 내라, 뭐 내라, 뭐 내라 그러니까 아예 학교 안 나가고 딴 데서 놀다가 저녁에 가서 못했다고 하고 그럼 또 벌세우고 그러니까 나중에 학교 뚝거 먹는단(안 나간단) 말입니다. 애들이……."(탈북자 E)

앞서 나온 증언과 같이 학교생활에 대한 부담으로 인해 학교를 그만 두고 꽃제비생활을 하고 있는 친구들을 찾아가 자신도 꽃제비생활을 할 수 있도록 도와달라고 하는 경우도 발생한다. 부모들 역시도 자식들을 질책함으로써 어린 학생들의 꽃제비생활을 조장하는 계기를 만들기도 한다.

> "한번은 뽐프집(물을 아파트로 쏘아 올리는 양수기를 담당하는 집) 아들이 잡혔을 때 나한테 와 서 자기랑 같이 꽃제비하면서 3일만 먹여주면 오락 테이프를 준다고 했단 말이에요. 나는 여러 번 (꽃제비 경험) 해봤으니까. 그래서 나도 학교 가기도 싫고 해서 같이 다음 날 학교 안 가고 장마 당이랑 돌면서 훔치고 그랬어요. 그런데 3일 지나 걔가 버려치다가 잡혀서 집에 들어가서 결국 오락 테이프는 못 받았어요."(탈북자 C)

결과적으로, 학교처럼 통제된 공간에서의 생활은 이전에 경험했던 꽃 제비생활을 그리워하게 만들어 학교에서 다시 이탈을 선택하게 한다. 모 든 학생들이 수행해야 하는 할당량을 제때 수행하지 못하거나 공부가 뒤처져 있는 학생들에 대한 생활총화는 방랑생활에 대한 동경심을 더더 욱 불러일으킨다. 특히 꽃제비생활 경험이 있는 학생일수록 조직적인 통 제로부터 벗어나고자 하는 욕망은 더욱 커진다. 이러한 청소년을 공식적 으로는 '불량학생' 또는 '방랑학생'이라고 지칭하며, 사회에서는 1990년 대 초에 이르러서야 '제비', '꽃제비'라는 이름으로 부르기 시작한다.

1992년 매일경제에서 처음으로 소개된 '꽃제비'는 북한 내의 새로운 은어를 소개하는 과정에서 알려졌다. 북한의 어려운 생활 여건으로 범 죄가 증가함에 따라 새로운 은어가 나타나고 있다고 소개하면서 꽃제 비를 언급한다. 매일경제. "體制불만 만연 隱語 급증", 1992년 6월 20일 9면 물론, 앞서 밝힌 것처럼 꽃제비라는 명칭은 사회적으로 널리 통용되지는 않았지만 이미 해방 직후부터 사용된 용어로 보고 있으며 사회에 알려지기 이전에 존재한 것으로 보인다. 이철원이 쓴 『평꼬』는 탈북자 조영호의 꽃제비생활 증언을 토대로 만들어진 실화소설이다. 증언자인 조영호는 1963년 평양에서 태어나 11살 무렵인 1974년부터 꽃제비생활을 시작한 것으로 나타나고 있으며, 그때의 꽃제비는 '방랑생활을 하며 소매치기를 하는 아이'로 행위를 중심으로 설명하고 있다.이철원, 1995: 12. 18

4장 통제 속의 변화

1. 꽃제비에 대한 시각

1) 비사회주의적 행위자

꽃제비에 대한 북한 당국의 인식은 사회적으로 문제가 되는 불량한 사람들 정도였다. 불량한 학생이나 청소년, 낡은 사상의 뿌리가 남아있는 아이들로 바라보며 부모의 연대책임을 강조했다. 북한정권의 입장에서 볼 때 꽃제비는 모든 통제수단으로부터 이탈되어 있다는 점에서 체제를 불안하게 만드는 요소로 생각할 수밖에 없다.

(1) 방랑생, 불량생, 불량자

북한 당국은 이미 불량행위 문제를 심각하게 받아들이고 있었다. 1992년 김정일이 정권기관 일군들에게 보낸 서한을 통해 낡은 사상에 물젖은 비사회주의적 행위자들이 민심을 소란하게 만들 뿐만 아니라 군중에게 나쁜 영향을 준다고 밝히고 있다. 여기서 꽃제비는 비사회주의적인 불량행위를 하는 가장 위험한 존재이며 조직생활에 참여하지 않고 방랑생활을 하며 자유주의 사상에 물들어 법질서를 어지럽히는 존재들로 규정하고 있다. 즉 1990년대 초 북한 사회에서 꽃제비가 점차적으로 확산되기 시작하면서 북한 당국도 이 문제에 심각하게 접근하게 된 것이다. 북한 사회에서 꽃제비라는 용어가 공식적으로 인정하는 용어가 아닌 만큼 방랑생이나 불량생 혹은 불량자라고 공식적으로 일컫는 이들이 그 대상이 된다.

> "인민정권은 낡은 사상에 물젖어 법질서를 어기는 자들에 대한 법적제재를 강화하여 비사회주의적 현상을 철저히 없애야 합니다. 비사회주의적 현상 가운데서 가장 위험한 현상은 불량행위입니다. 불량행위는 민심을 소란시키고 사회질서를 문란하게 만들어 군중에게 나쁜 영향을 줍니다." (김정일, "전국 인민정권기관 일군 강습회 참가자들에게 보낸 서한", 1992년 12월 21일)

이러한 꽃제비의 불량행위가 점차적으로 확산될 경우에는 북한체제에 상당한 위험 요인으로 작용할 수 있다는 것을 북한 당국에서는 이미 알고 있었다. 때문에 이들 꽃제비들을 없애기 위해 법적 처벌을 강화시킬 것을 요구하기도 한다. 법적 처벌을 강화하여 이들이 처음 싹트는 단계에서부터 아예 자라나지 못하도록 단속하기 시작한 이유도 여기에서 비롯된 것이라 볼 수 있다.

> "불량행위가 점차 자라나면 사회주의제도를 위험에 빠뜨릴 수 있습니다. 우리는 불량행위를 하는 자들이 얼마 되지 않는다고 하여 대수롭지 않게 여기지 말고 그것을 맹아적 단계에서 철저히 없애버려야 합니다. 인민정권은 불량행위를 없애기 위한 혁명적 대책을 세워 불량자들이 사회주의 법이 무섭다는 것을 알게 하여야 합니다." (김정일, "전국 인민정권기관 일군 강습회 참가자들에게 보낸 서한", 1992년 12월 21일)

그러면서도 불량행위를 하는 꽃제비를 강력하게 처벌하는 과정에서 주민들에게 공포감을 주어서는 안 된다는 점을 분명히 하고 있다. 꽃제비와 같은 불량자들에게만 이 공포감을 주어야 한다는 것이다.

> "인민들에게는 공포를 주지 말아야 하지만 불량자들에게는 공포를 주어야 합니다. 우리가 자본
> 주의 포위속에서 사회주의를 건설하고 있는 것만큼 불량행위를 없애기 위한 강한 투쟁을 벌이지
> 않으면 사회주의를 옹호고수할 수 없습니다."(김정일, "전국 인민정권기관 일군 강습회 참가자들
> 에게 보낸 서한", 1992년 12월 21일)

(2) 통제공간에서 이탈한 존재

비사회주의적 현상 중 가장 위험한 것은 통제공간으로부터 벗어나는 것
이다. 그런데 이렇게 통제공간 자체에서 벗어나 있는 존재가 바로 꽃제비
들인 것이다. 꽃제비들을 통제할 수 없는 이유가 여기에 있다. 사회주의
건설에 방해가 되는 가장 자본주의적이며 자유주의적인 존재가 바로 이
들 꽃제비이기 때문에 북한 당국의 입장에서는 강력하게 처벌해야 할 대
상이 될 수밖에 없는 것이다.

여기에서 불량자를 꽃제비와 연관시키는 이유는 1990년대 경제위기
바로 이전에는 불량행위가 심각할 정도로 많지는 않았기 때문이다. 특
히, 1992년 비사회주의 현상을 단속하는 기관인 비사그루빠가 만들어진
이유도 대표적인 통제공간으로부터 이탈하는 사람들이 생겨났기 때문이
었다.

꽃제비들을 처벌하기 위해 1992년 이후 비사그루빠가 역전이나 시장
에서 꽃제비들을 잡아들이기 시작했다. 탈북자 C에 의하면 1992년 처음
방랑생활을 할 당시 꽃제비가 이미 역전 구석구석에 있었으며 비사그루
빠와 안전원이 함께 자신들을 찾아다녔다고 한다. 뿐만 아니라 당시만
해도 꽃제비의 수가 1990년대 중반처럼 많지는 않았기 때문에 어린아이
들은 역전 분주소에 구류했다가 부모가 오면 귀가시켰다고 한다. 분주
소는 각 지역별로 기차역을 집중적으로 단속하는 경찰소를 일컫는다. 고

등학생 정도의 꽃제비들은 소년교양소로 보냈고 성인일 경우 해당 공장 기관과 협력하여 안전부로 넘겼다고 한다. 이 정도로 비사그루빠는 꽃제 비들에게 두려움의 대상이었다고 한다.

통제수단에 대해 다시 정리를 해보면 통제에는 경찰통제, 물질통제, 조직통제 이렇게 세 가지가 있다. 물질적 통제의 경우 그동안 배급을 통해 해왔으나 배급 중단이 장기화되면서 인민들에 대한 통제능력을 상실한지 오래되었다. 개인이 스스로 식량을 구해야 했기 때문에 물질 통제는 더 이상 의미가 없어진 것이다.

조직통제는 사람들이 있는 곳이면 그것이 마을 단위의 인민반이든 생산 활동 공간인 공장기업소 등의 직장이든 청소년 생활공간인 학교든 사람들을 수시로 모아놓고 자아비판을 비롯해 사회주의 사상이나 정치를 계속적으로 주입해야 통제가 가능한 것이다. 때문에 조직에서 이탈해 있는 사람들을 상대로는 이런 정신적인 통제 자체를 할 수가 없다. 꽃제비는 이미 이러한 조직적 통제로부터 벗어나 오랜 기간 생활해 오다 보니 정치적, 사상적 측면에서도 이들 사회주의 체제에서 벗어나 있다고 할 수 있다.

경찰통제라는 측면에서도 꽃제비는 마을, 학교, 직장 등으로부터 벗어나 있기 때문에 이들을 통제하는 데에 한계가 있다. 또한 꽃제비들은 숨어 다니는 특성을 지니고 있어 경찰이 단속하는 데에도 한계가 있으며, 이들을 단속한다고 해도 꽃제비 활동을 다시 시작하는 등의 악순환이 반복되어 단속의 실제 효과는 그다지 좋지 않다.

이러한 이유들 때문에 꽃제비에 대한 통제력 약화는 북한정권의 입장에서는 체제에 불안전 요소가 확산되는 것으로 인식할 수밖에 없다.

그동안 북한체제를 유지하는 데 있어 청소년에 대한 사상적이고 정신적인 교육이 중요한 역할을 수행해 왔다. 북한 당국은 여기에 물질적인 통제와 경찰통제를 병행하면서 체제를 관리해 왔다. 이러한 통제장치를 통해 교육을 받은 청소년들은 1970년대와 1980년대를 거쳐 1990년대까지도 사회적 원칙과 규범을 벗어난 비도덕적이거나 비사회주의적인 행위를 하지 않았다. 이러한 정신 교육이 청소년들을 사회주의 체제에 잘 묶어둔 핵심적인 역할을 한 것이다. 그러나 결국 당국에서 먹을 것을 주지 않으면 굶어 죽을 수밖에 없는 상황에서 대량 아사라는 결과를 가져왔다. 1990년대 식량위기를 겪는 과정에서 생계와 맞물려 국가의 통제장치로부터 벗어나는 청소년이 늘어났고 이것이 북한체제의 위기 요인으로 작용할 수 있다는 것을 북한 당국에서도 매우 심각한 문제로 받아들이게 된 것이다.

2) 꽃제비의 양면성

북한의 일반 주민들에게 있어 꽃제비는 동정의 대상이자 동시에 비난의 대상이 되는 양면적인 존재이다. 주민들은 꽃제비가 어떠한 환경에서 발생했는지를 잘 알고 있기 때문에 이들에 대한 동정심을 갖고 있지만, 이들이 자신에게 직접적인 피해를 줄 때에는 비난의 대상으로 생각한다. 예를 들어, 꽃제비가 다른 상인이나 이웃 주민의 물건을 훔치다가 잡혀 매를 맞을 경우에 대부분의 주민들은 폭행을 가하는 가해자를 비난한다. 얼마나 배가 고팠으면 그랬겠느냐는 기본적인 동정심을 갖고 있기 때문이다. 하지만, 정작 자신이 꽃제비에게 피해를 당할 경우에는 그들에게 폭력을 행사하면서 자신이 비난했던 사람들과 똑같은 행동을 한다. 이것은 꽃제비에 대한 일반 주민의 양면적인 면을 잘 보여주는 사례이다.

탈북자 D에 의하면 꽃제비가 주민의 물건을 훔치다 잡혀서 매를 맞게 되면 보통은 매질을 하는 사람을 비난한다고 한다. 그러면서도 정작 본인이 그러한 환경에 놓이게 되면 그들과 마찬가지로 자신도 심한 매질을 하고 있다는 것이다. 한편 탈북자 F는, 장사하는 사람이 대부분 힘이 약한 여성이어서 매질을 할 수 있는 연령을 넘어선 청년꽃제비들에게 함부로 손을 대지 못한다고 전한다. 나아가 청년꽃제비들이 보복할까봐 두려워 그대로 두는 경우도 많다고 증언한다.

꽃제비는 동정과 비난의 대상이면서 동시에 공포의 대상이기도 하다. 꽃제비들은 살아남기 위해 조직화되는 과정에서 점차 폭력적으로 변해갔다. 예컨대 군인들이 밤에 병영을 이탈하여 밤거리를 다니는 주민을 상대로 강도짓을 하거나, 개인집 집짐승을 훔치는 등의 문제들이 나타난 것이다. 탈북자 F에 따르면 문제가 너무 심각해져서 집짐승을 창고에서 키우지 못하고 집안에서 키우는 일까지 나타났으며 그러다보니 집안에 집짐승 냄새가 진동을 한다고 한다. 탈북자 D는 이들 군인들이 집주인을 잡아두고 집안의 물건을 훔치거나 농장 밭으로 들어와 경비원을 가두거나 폭행하고 훔쳐가는 등의 문제가 심각했다고 증언한다. 이러한 문제로 주민들은, 사람을 지켜주어야 할 군인이 오히려 주민의 물건을 훔치는 강도로 돌변했다고 비난을 하게 된 것이다. 이 문제는 비난을 넘어 주민들 사이에서 군인들을 공포의 대상으로 여기게 만들었다. 군인이 주민에게 단순히 폭행을 가하는 정도에 그치지 않고 사망에 이르게 하는 경우도 발생했기 때문이다.

> 지난 6월 2일, 황해북도 황주군 황주읍 협동농장에서 경비원 한 명이 군인 도적에게 구타당해 사망하는 사건이 발생했다. 가해자 4.25훈련소 군인 4명은 훈련소 보위부에 곧 체포됐다. 군인들은 "2작업반 감자밭 경비원에게 처음에는 좋은 말로 감자를 달라고 사정했다. 우리 분대 동료 생일이니 감자를 2배낭만 달라고 했는데 우리 사정을 들어주지 않고, 자꾸 맞서자 홧김에 달려들었다"고 했다. 이들에게 구타당한 경비원은 치료받는 도중 이틀 만에 장 파열로 숨졌다. (좋은벗들, "오늘의 북한소식", 286호, 2009년 7월 7일)

이렇게 군인들이 주민들 사이에서 공포의 대상으로 등장하면서 이러한 행위를 모방하는 경우도 생겨났다. 일반 청년이 군복을 입고 마치 군인인 것처럼 행세하면서 주민들을 상대로 강도행위를 벌이는 경우도 생겨난 것이다. 마찬가지로 군인이라는 공포의 대명사를 이용하는 꽃제비 조직도 있다. 꽃제비 조직 내 청년들 여러 명이 군복을 입고 밤길을 지키고 있다가 지나가는 행인을 상대로 폭력을 휘둘러 물건을 강탈하는 경우가 종종 일어나고 있는 것이다. 탈북자 A에 따르면 길주에서 조직에 속하여 생활할 당시 조직 두목이 시장에서 군복 네 벌을 사서 청년꽃제비들에게 입히고 밤에 강도짓을 하러 내보낸다고 했다. 그들은 행인이 지나가는 길목을 지키고 있다가 행인이 올 때 쇠파이프로 목을 쳐 쓰러뜨리고 자전거나 다른 물건 등을 빼앗아 돌아온다고 한다.

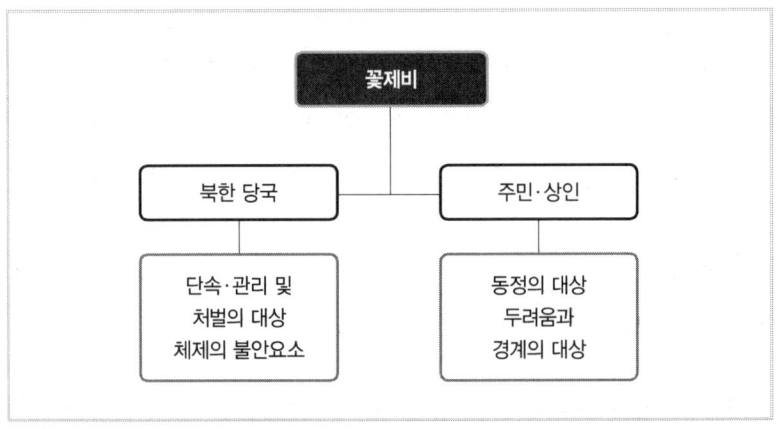

출처: 탈북자 A, D, E, F의 증언을 토대로 작성

그림 9. 꽃제비에 대한 북한 당국과 주민들의 인식

[그림 9]에서 나타난 것처럼 북한 당국은 꽃제비를 단속 및 처벌의 대상이며 체제를 불안하게 만드는 요소로 인식하고 있다. 반면 주민들의 경우에는 이들을 동정과 두려움의 대상으로 보고 있다.

이와 같이 북한체제에서 꽃제비라는 존재는 주민의 입장에서는 동정의 대상인 동시에 경계의 대상이자 때로는 협력적 관계이며 정권의 입장에서는 사회불안 요소이며 통제체제를 뒤흔드는 요인이다. 따라서 당국의 입장에서 일반 주민이 관리하고 억제하는 대상이라면, 꽃제비는 처벌을 통해 제거해야 하는 대상이다. 따라서 북한 당국은 지금껏 단속해 왔던 방식 이 외에 새로운 단속 및 관리 수단들을 동원해 꽃제비들을 제거하고 싶어 한다. 꽃제비가 잡혀서 구호소 등에 보내질 경우에 사망률이 높을 수밖에 없는 이유도 당국이 이러한 입장을 갖고 있기 때문이다. 북한 당국은 이들을 관리하려고 하기보다는 구류해서 이들이 죽도록 방치해 두는 것이다.

2. 통제의 확대 및 한계

1) 전통적 관리

(1) 고아시설, 노인요양소, 성인의 추방

북한의 꽃제비 관리 형태는 고아들의 경우에는 고아시설, 노인들의 경우에는 노인요양소, 성인의 경우는 추방조치의 형태로 이루어진다. 1950~1960년대를 거치면서 대부분의 미성년 꽃제비는 고아원에 수용되었다. 1970년대에 들어 설립한 '계모학원'은 신분문제 때문에 가족환경이 변화하면서 생긴 꽃제비들을 관리하기 위한 것이었다.

북한의 고아 정책이 1960년대까지 일정 정도의 효과를 거뒀던 것을 보고, 1970년대에 발생한 꽃제비 문제를 해결하기 위해서는 과거의 고아 정책을 넘어 새로운 관리 수단이 필요하다고 판단했을 것이다. 당시 꽃제비의 상당수는 계부모를 둔 아이들에게서 발생했는데, 이들을 수용할 고아원을 따로 만든 것이 계모학원이다. 1970년대에 만든 계모학원은 일반고아원과 마찬가지로 각 지역마다 한 개씩 만들어졌다. 함경북도 지역의 경우 온성군 종성계모학원이 설립되었으며 대체로 편부모 가정이나 계모 혹은 계부를 둔 아이들의 경우에 입학할 수 있는 자격이 주어졌다.

아버지나 어머니 한쪽 부모가 없거나 계부 혹은 계모를 가진 학생들이 꽃제비생활을 시작하게 되는 계기는, 계부모에게서 학대나 차별대우를 받은 경우 혹은 주변 학생들의 괴롭힘과 가족 내 불화 등의 문제 때문이다. 이러한 주변 환경으로 인해 계부모를 둔 학생들은 집을 떠나고 싶다는 생각을 하며 계부모에 대한 저항으로 이어져 결국은 집을 떠나게 된다. 꽃제비생활 과정에서 붙잡혀 집으로 다시 돌아오게 된다고 해도 이들은 이 생활을 다시 반복했기 때문에 북한 당국은 이를 관리하기 위해 1970년대부터 계부모학원을 설립한 것이다.

이렇게 1980년대 이전까지 꽃제비의 대부분은 청소년층에서 발생했기 때문에 이들 청소년층을 관리하기 위한 시설로서 계모학원을 둔 것이다. 한편 부양을 받아야 하는 노인들의 경우는 노인휴양소에 보내 관리를 받게 했는데, 이 노인휴양소는 전쟁을 거친 이후부터 계속 존재해 왔다. 식량위기 이전까지 노인이 꽃제비생활을 하는 일은 사실상 나타나지 않았던 것으로 보인다.

성인의 경우에는 별도로 이들을 관리하는 곳을 따로 만들지는 않았다. 대신 이들은 대체로 농장이나 탄광과 같이 어렵고 힘든 단순노동을 하는 현장으로 보냈다. 1970년대 들어 탄광, 광산, 채벌장과 같은 힘든 노동현장에 이들을 강제로 이주시켜 그들을 관리해 왔다.

"제가 채벌장에 있을 때 교화소 갔다 온 사람들이 작업반에 두 명이나 있었는데 다른 직장에 못 가고 어려운 직장에 가야 한단 말이에요. 그래서 거기 작업반장이 열심히 해서 된 거란 말

이에요."(탈북자 C)

이렇게 해임된 사람들을 노동 강도가 센 지역으로 강제로 배치하다 보니 그들이 배치된 지역의 이미지가 나빠지기에 이른다. 사람들 사이에서 농장이나 탄광, 벌목 현장은 어떤 문제가 있는 사람들이 가는 생산 현장이라는 인식이 자리 잡게 된 것이다.

> "일부 당조직들은 과오를 저지르고 해임철직된 사람들과 불량자들을 대부분 탄광, 광산들에 보내고있습니다. 그러다보니 탄광, 광산의 로동계급대렬을 흐리게 하고있으며 좋은 사람들이 탄광, 광산에 가는것을 꺼리게 만들고있습니다."(김정일, 『김정일저작집 5』, 1995: 157)

큰 틀에서 볼 때 꽃제비는 매우 포괄적인 범주의 존재로서 사상, 조직, 물질적 통제로부터 벗어나 있는 사람들이라고 설명할 수 있는 것이다. 따라서 이들은 북한 당국의 기준에서는 불량자로 취급되며 단속과 처벌의 대상이 된다.

북한은 사회의 심각한 불량자 문제에 대해 청소년의 경우는 일반학원과 계모학원을 통해 관리하고 성인의 경우는 탄광이나 벌목현장과 같은 어려운 생산직에 강제 배치하여 관리해 왔다. 이들을 처벌하는 수위는 소년교양소, 성인교양소, 교화소를 거쳐 교화노동형까지 점차 처벌 강도를 높여 나갔다. 1960년대 사회신분의 변동과정을 거치면서 꽃제비들이 다시 등장하기 시작하자 당국이 관리와 처벌 수위를 한층 더 강화한 것이다. 이전의 꽃제비들이 모두 사라진 것이 아니라, 사실상 강제수용에 가까운 조치를 통해 이들을 관리하고 있었던 것이다. 고아는 학원으로 보내고 성인은 탄광이나 광산, 채벌장을 비롯한 규율이 강한 노동의 현장으로 보냈으며 노인은 여러 노인시설에 격리하는 조치를 내렸다.

"지금 일부 사람들은 탄광이나 광산에 가는것을 달가와하지 않으며 심지어 어떤 사람들은 자기 딸을 탄광이나 광산에서 일하는 로동자에게 시집을 잘 보내려고 하지 않습니다. 이것은 다 탄광, 광산의 로동자들을 막벌이군으로 천시하던 낡은 사회의 사상관점에서 흘러나온것입니다." (김정일, 『김정일저작집 5』, 1995: 157)

김정일은 1975년 당 선전일군회의에서 불량자들이 가는 지역에서 나타나는 문제와 관련해 비판을 하고 있다. 그는 불량자들을 탄광으로 보내자 다른 노동계급의 사람들이 탄광으로 가는 것을 달가워하지 않고 딸을 둔 부모는 자신의 딸과 광산노동자가 결혼하는 것을 원하지 않는다는 것이다. 불량자들을 노동 강도가 강한 탄광, 광산, 채벌장 등에 보내는 것이 관례화되어 이로 인해 그곳 노동계급의 이미지가 나빠지고 노동자 스스로 그곳에서 일하는 것을 기피하는 현상이 나타났기 때문이다. 또한 불량청소년과 관련해서는 해당 지역의 책임비서가 연대 책임을 지도록 하는 방식으로 통제가 강화되기도 하였다.

"구역당책임비서들이 생산계획을 수행하지 못하거나 농사를 잘못 지으면 처벌받듯이 학교사업을 잘못 지도하여 락제생이 한 명이라도 나오면 해당 구역당책임비서가 처벌을 받아야 합니다. 앞으로는 불량학생과 락제생이 한 명이라도 나오면 해당 구역당책임비서가 철저히 책임져야 하겠습니다. 당조직들과 학교들에서 교양을 주어도 계속 말썽을 부리는 학생들과 몹쓸짓을 하는 청년들은 엄격히 처벌하여야 하겠습니다." (김일성, 『김일성 저작집 29』, 1985: 217-218)

1974년 김일성이 이러한 문제를 제기하자 불량자들에 대한 대대적인 단속과 처벌이 이어졌다. 고아원을 비롯한 대부분의 시설, 특히 기숙형 시설에서는 규칙이나 질서가 군사조직처럼 철저히 관리되었고 개인적인 공간이 원천적으로 봉쇄되었다. 미성년일 경우 일반 고아원이나 계모학원은 그 안에 기숙사와 공부하는 공간이 함께 있기 때문에 그곳을 이탈하여 개별 행동을 하는 것은 매우 어려운 일이었다. 조직 활동 또한 시간별로 잘 짜놓아 쉽게 자리를 비우기 어렵도록 구성해 놓았다. 따라서 원생이 도망을 치더라도 고아원에서 금세 알아차리고 이들을 잡아들이기 위해 규찰대를 역전이나 시장으로 내보내 이들을 데려 오기도 하였다. 조직생활을 하면서 강력한 규율과 처벌이 싫어 그곳에서 탈출했던 이들은 꽃제비생활을 하면서 만끽했던 자유로움을 쉽게 잊지 못한다. 규찰내에 집혀 다시 고아원이나 계모학원으로 돌아와도 이들은 다시 탈출을 시도하고 고아원에서는 다시 단속하는 등 악순환은 되풀이된다.

> "언제부터 꽃제비가 생겼는지 확실한 공화국의 기록을 찾을 수는 없지만 해방전 품바와 같은 걸인들의 맥락에서 비롯되었다고 볼 수 있다. 또한 6·25 동란 후 수많은 전쟁고아들이 당에서 마련해 준 고아원을 탈출하여 지금의 공화국 꽃제비들을 만들어냈는지도 모른다. 어쨌든 꽃제비문제는 공화국의 가혹한 통제 정책에도 소멸되지 않고 해마다 번성하는 추세를 보이고 있었다."(정성산·조일환, 1999: 169)

(2) 규찰대

이렇게 고아원을 탈출한 꽃제비를 잡아들이기 위해 고아원 차원에서 학생 규찰대를 파견하기도 한다. 고아원에서 보내는 학생 규찰대는 여타의 지역으로 나가 역전이나 장마당 등을 돌며 탈출한 원생을 찾아다니거나 해당 분주소, 안전부 등을 돌며 그곳에 잡혀온 고아원 꽃제비가 있는지를 확인하면서 며칠 동안 머물러 있다가 돌아가게 된다. 이들 학생 규찰대 역시도 원생 신분으로 고아원을 떠나 다른 지역을 돌아다녀야 하므로 소년단, 사로청 지도원, 원장 등의 승인을 거쳐야만 한다. 탈북자 C에 의하면 학생 규찰대로 파견할 학생들은 파견될 지역에 대해 잘 알고 있으며 고아원으로 다시 돌아올 것이 확실한 학생들로 구성을 한다.

표 8. 청소년 및 불량자 단속조직

조직명	조직 성격	단속대상
소년단 규찰대	소년단원 조직	각 학교 불량학생 단속
사로청 규찰대	사로청원 조직	중학교 불량학생 단속
학생 규찰대	소년단, 사로청원 합동	지역 불량학생 단속
청년동맹 규찰대	사회주의청년동맹원	청년동맹원 단속(성인 30세 이하)
보안부 검열대	해당 지역 보안원	사회질서, 시장통제, 꽃제비 단속
비사그루빠	지역별 단체 소속	비사회주의적 요소 단속(꽃제비 포함)
9.27상무조	전문인력으로 구성된 비상설기구로 현안파악 및 집중단속	꽃제비를 주요 대상으로 함

출처: 최대석·박희진(2011: 89~91), 김태훈 외 11인(2010: 379), 탈북자 C의 증언 참조하여 작성

다른 공간에서도 자체의 규찰대를 구성하고 있다. 학생 규찰대, 사로청 규찰대 등이 꽃제비 단속을 담당한다. 학생 규찰대의 경우 해당 학교 학생은 학교로 복귀시키고 다른 학교 학생은 안전원에게 넘겨준다. [표 8]에서와 같이 꽃제비를 잡는 단속그룹은 매우 다양하다. 소년단, 사로청 규찰대는 학교소년단 및 사로청 지도원의 지시에 따라 규찰대를 구성하여 시장, 역전, 공원 등에서 꽃제비생활을 하는 14세 이하의 소년단원을 단속한다. 일반적으로 학교단위의 소년단 규찰대와 사로청 규찰대는 성인이 아니기 때문에 성인들을 단속하기에는 어려움이 있다. 또한 해당학교 학생이라 하더라도 꽃제비들끼리 뭉치는 힘이 강하고 서로 보호하려고 나서기 때문에 학생 규찰대가 합동으로 나가서 단속하는 경우가 많다.

학생 규찰대가 학교를 졸업한 성인을 단속할 수는 없기 때문에 이들을 단속하기 위한 사로청 규찰대가 따로 존재한다. 지역 당위원회 산하에 존재하는 청년동맹부서에서 직접적으로 단속에 나서기 때문에 학생 규찰대가 단속하지 못하는 성인 청년들까지 이들의 단속대상에 포함된다.

표 9. 꽃제비에 대한 처벌수위와 과정

수위	종사 단위	조직	처벌 형태	결정
1차	마을·작업반·학급 단위	소년단, 청년동맹.	자아비판, 생활총화	낮은 단위 교양
2차	공장·기업·학교 단위	청년동맹, 당 조직	전교앞, 전기업소, 당조직	높은 단위 교양 및 처벌 결정
3차	안전부(형사처벌)	수감	교화소, 교양소 처벌노동	노동교양 및 교화형

출처: 탈북자 C의 증언을 참조하여 작성

　[표 9]를 보면 회 차에 따른 처벌 수위가 존재한다. 해당 종사단위와 조직에서 1차적으로 교양사업을 통해 개조사업을 진행한다. 북한의 모든 종사단위에는 조직이 존재하며 이 조직에서 교양개조사업을 진행한다.

　교양개조사업이란, 조직생활에서 불성실한 조직원에게 내리는 처벌로 사상교양사업과 노동교양개조사업으로 나뉜다.

　사상교양개조는 전체 조직 앞에서 자아비판을 하고 호상비판을 받는 것을 말한다. 사상교양사업은 조직생활과 관련된 규칙과 사상학습을 통해 교양개조를 하는 사업이다. 노동교양개조사업이란 노동을 통해 교양하는 개조사업으로 최고 2년 이하의 무보수 노동을 하는 사업을 말한다. 이곳을 교양소라고 일컫는다. 교양소는 성인이 가는 일반 교양소와 청소년이 가는 소년교양소소년원가 있다.

　1차의 개조사업을 통해서도 이탈 행위를 반복한다고 판단할 경우 2차의 상급 단위에서 이를 담당하게 된다. 예컨대 1차의 경우 불량자가 학급단위, 공장기업소 작업반 단위, 마을 인민반회의 정도에서 교양개조사업을 진행하는데 이 경우 생활총화를 통해 자아비판을 하고 불량자에 대한 상호비판을 하게 한다. 그렇게 했음에도 불구하고 전혀 고쳐지지 않는다고 판단될 때는 2차적으로 학교 전교생이 모인 앞에서 자아비판과 상호비판을 해야 하며 소년단원은 소년단지도원실, 사로청원은 사로청지도원 방에서 불량행위에 대한 반성문을 써야 하고 계속되는 검증시간을 거쳐야 한다.

공장단위의 경우도 불량행위에 대한 자아비판을 작업반에서 직장단위로 높여 그 처벌수위를 강화하며, 공장청년동맹조직을 통해 반성하지 않는다고 판단할 경우는 당 조직의 건의에 기초해 안전부에 의뢰를 한다. 안전부는 이러한 의뢰를 받아들여 이들을 수감한 다음 연령대 별로 교양처분[7] 및 교화처분을 내린다. 교화처분은 교양처분 위의 단계로 교양소가 아닌 교화소에 가는 것을 말하며 교화소는 남한에서 말하는 교도소에 수용되는 것과 같다. 따라서 북한 교화소의 공식 명칭은 노동교화소이다.

고아원의 경우도 이와 유사하다. 방랑생활을 하던 원생이 잡혀 오면 학급단위에서도 생활총화를 받지만 소년단, 사로청지도원이 직접적으로 교양개조사업을 진행하게 된다. 1980년대에는 대개 학원생들이 적었던 관계로 소년단지도원, 사로청지도원이 직접적으로 관여할 수 있었던 것이다.

그동안 북한은 해방공간에서부터 시작하여 고아 정책을 추진해 왔으며 다양한 정책들을 내놓았다. 그러나 유일체제를 정비하는 과정에서 출신성분에 따라 분리되어 사회적으로 배제나 매도를 당하는 적대계층 또는 동요계층의 불만을 제대로 관리하지는 못했다. 이는 곧 이 계층의 가정불화로 이어지면서 방랑생활을 하는 소위 '불량청소년'들이 급속도로 확산되는 결과를 가져왔다.

....

7 『평꼬』에서 나오는 '홍꼬'(함흥꼬마: 고아출신)는 33호 소년교양소에 1972년경 잡혀 그곳에서 '청꼬'(재포출신)를 만났다고 한다(이철원, 1995: 28).

2) 관리의 변화

(1) 비사그루빠와 9.27상무조

북한에서 꽃제비 확산을 단속하기 위해 멀게는 1980년대 초, 가깝게는 1980년대 말부터 '비사회주의 그루빠'이하 비사그루빠라 칭함가 만들어졌다는 주장이 있다. 앞서 말한 대로 이를 줄여 비사그루빠라고 하는데, 증언을 바탕으로 만들어진 실화소설 『장백산』에서는 한국전쟁 이후 생겨난 고아들이 고아원을 탈출하면서 꽃제비가 형성된 것 같다면서, 이를 단속하기 위해 1980년대 초부터 특별단속반인 비사그루빠 활동이 전개되었다정성산·조일환, 1999: 106, 169고 보고 있다. 한편 통일부의 연구보고서최대석·박영자·박희진, 2010: 49는 비사그루빠가 1989년부터 시작되었던 것으로 추정하고 있다. 이러한 비사회주의 그루빠의 임무는 1980년대부터 시작된 비사회주의적인 요소를 축출하여 이를 단속하고 처벌하는 역할을 수행하는 것이었다. 이러한 비사회주의적 요소가 사회주의체제의 질서를 어지럽히는 행위라고 판단한 것이다.

비사그루빠가 형성되어 단속을 시작하면서 료해사업을 통해 불량자들을 대대적으로 잡아들이기 시작했다. 료해사업은 실태를 파악하는 절차인데, 북한 사회에서 발생하는 모든 비사회주의적 요소에 대해 이러한 조사에 들어갔다. 이때부터 만들어지기 시작한 것이 성인을 대상으로 하는 '꽃바쿠'이다. 비사그루빠의 단속에 걸린 사람은 안전부1980년대 당시 안전부의 관리 아래 무보수 노동에 동원이 된다. '꽃바쿠'는 현재 노동단련대의 전신으로, 이 용어가 처음 어떻게 사용되었는지 알 수는 없다. 다만, 일반 주민들은 이 용어를 비사회주의적 행위를 하다가 적발된 자들을 대상으로 몇 개월간 무보수 강제 노동에 동원하는 것의 의미로 사용하고 있다. 나중에 '꽃바쿠'는 '노동단련대'라는 명칭으로 불리게 된다. 이렇게 비사그루빠에 의해 적발된 성인들은 무보수 노동에 종사하게 되며 1990년대 들어 성인 꽃제비들 역시도 이들처럼 강제 노동에 투입된다.

앞서 1990년대에 들어서면서 경제위기가 나타남에 따라 꽃제비가 확산되기 시작했다고 기술한 바 있다. 꽃제비 확산에 대한 북한 당국 차원의 단속 사업은 1997년 9월 27일 중앙당에서 직접 파견한 9.27상무조의 활동으로 시작되었다. 9.27상무조는 꽃제비의 발생 원인을 파악하고 대책을 세우는 임무를 띠고 지역별로 파견이 된다. 그러나 이들이 꽃제비 문제를 전문적으로 다루게 된 계기는 대외적인 영향력이 작용한 결과이다. 1997년 북한에 식량위기가 왔을 때, 인권문제가 불거지면서 국제적인 관심이 높아지기 시작한 데 따른 것이다.

1990년대 중반 러시아에서 채벌 노동자가 탈출하는 사건이 발생하고, 탈북자들이 점차 증가함에 따라 1997년 1월 남한에서 처음으로 "북한탈출주민 보호 및 정착지원에 관한 법률"이 제정되었다. 같은 해 8월 21일에는 유엔 인권소위원회에서 '대북인권결의안'을 채택하고 10년 동안 미뤄온 정기보고서 제출을 촉구하였다. 제출하게 되어 있는 보고서에는 북한이 가입하고 있는 여성문제, 아동문제, 이동의 자유 등이 포함되어 있었다. 이러한 문제로 북한 사회의 인권침해에 대한 국제사회의 우려가 있었으며, 이 시기부터 남한에서도 북한의 꽃제비 문제가 공론화되기 시작하였다.[8]

북한은 아동문제를 해결하기 위한 임시방편적 조치로 그해 9월 27일 공식적으로 9.27상무조를 각 지역에 파견함으로써 사회에 만연해 있는 꽃제비에 대한 대대적인 단속을 시작하게 된다. 북한이 '아동권리에 관한 협약'을 미룬 이유도 북한 사회의 체제우월성을 훼손하는 꽃제비들

....

8　한겨레, 경향신문, 동아일보 등에서 97년 5월 이후를 기점으로 꽃제비에 대한 기사들을 대대적으로 실었다(뉴스라이브러리: http://newslibrary.naver.com/search/searchByDate.nhn#, 꽃제비 검색).

을 대거 잡아들이는데 필요한 시간을 얻고자 하는 목적이 있었기 때문이다. 그러나 꽃제비에 대한 대대적인 단속은 일회성으로 끝나지 않고 계속해서 반복될 수밖에 없는 구조적 조건을 갖고 있었으므로, 이를 해결하기 위해 9.27상무조 산하에 구호소를 설치한 것이다.

초기 구호소는 꽃제비들을 잡아 거주 지역으로 돌려보내는 역할을 했다. 1990년대 초까지는 안전부 구류장에서 이들을 임시로 수용하다가 부모가 찾아오면 돌려보냈다. 그러나 1990년대 중반부터 나타난 식량위기로 인해 안전부에 구류되는 시간이 길어지면서 꽃제비를 수용하는 데에 한계가 있었다. 이러한 문제를 해결하기 위해 9.27상무조는 1997년 말부터 임시수용소로서 구호소를 설치하여 꽃제비를 수용하였다. 구호소는 '꽃제비감옥'이라는 말이 가장 어울릴 정도로 일단 잡혀 들어가면 보호자가 올 때까지 갇혀 지내야 한다. 보호자가 오지 않을 경우 영양실조로 사망하는 경우가 나타나기도 한다. 구호소는 청소년 꽃제비뿐만 아니라 성인 꽃제비까지도 함께 강제로 구금하는 곳으로 강제 노동에 동원되기도 한다.김태훈·김현성·송현욱·오경섭·왕미양·이재원·정재훈·정학진·제성호·한명섭·허만호·황태윤, 2010: 376–379 상무조는 자체적으로 꽃제비를 잡아들이기도 하지만 때에 따라서는 지역 규찰대나, 보안원과 협동하여 꽃제비들을 잡아들이기도 한다. 좋은벗들에 따르면 량강도 혜산시가 장사유통이 매우 잘되기 때문에 타 지역인 청진이나, 길주에서 모여든 꽃제비들이 많으며 이들을 잡기 위해 꽃제비구제소와 청년동맹단속그루빠 등이 보안서 순찰대와 합동으로 꽃제비를 단속하고 있다고 한다.좋은벗들, "오늘의 북한소식", 274호, 2009년 4월 14일

꽃제비들은 열악한 환경에서 살아남기 위해 탈출을 시도한다. 특히 꽃제비들의 성향으로 보면 타인의 강압이나 통제를 기본적으로 싫어하기 때문에 구호소에서 벗어나기 위해서는 어떠한 위험도 감수한다. 대체

로 구호소는 특정 층의 합숙소나 여관을 개조하여 만드는데, 꽃제비들의 탈출을 막기 위해서 2~4층을 구호소로 선택해 만든다. 그러나 꽃제비들이 침대보나 이불을 뜯어 밧줄로 만든 뒤 탈출을 시도하자 이를 막기 위해 이불마저도 지급하지 않는 경우가 생겼다. 2층의 경우 쉽게 도망칠 수 없는 어린이 꽃제비들을 수용하고 4층은 나이가 있는 청년층 꽃제비들을 수용함으로써 쉽게 도망치지 못하도록 하였다. 그럼에도 불구하고 꽃제비들은 높은 층에서 뛰어내려 탈출하기도 하는데, 잘못 떨어져 다리가 부러져 불구가 되는 경우가 나타나기도 한다. 탈북자 B에 따르면 꽃제비들이 잡혀 들어오게 되면 나이 어린 아이들은 2층에 구금을 하고 쉽게 도망칠 수 있는 청소년들은 그보다 높은 층에 구금한다는 것이다. 사정이 이렇다보니 도망치다가 다치는 경우도 발생한다고 한다. 구호소의 영양가 없는 적은 양의 밥보다는 자유롭게 다니면서 주워 먹거나 훔쳐 먹는 것이 꽃제비들에게는 생존 확률이 훨씬 높기 때문에 위험을 감수하더라도 탈출을 시도하게 되는 것이다.

계속되는 꽃제비의 탈출과 구호소 수용의 한계를 극복하기 위해 만들어진 대표적인 관리기구가 고아원 정책이다. 고아원 정책은 고아원뿐만 아니라 계부모학원까지 포함하여 전국적으로 확산이 된다. 1990년대 말 이후 급속도로 증가하는 꽃제비를 수용하고 관리하기 위해, 기존에 지역별로 있던 고아원 외에 추가로 고아원을 만들거나 계모학원을 확대해왔다. 예컨대 2000년대 초까지만 해도 함경북도에서 계모학원은 온성군 종성구가 유일했다. 고아원으로 불리기도 하는 이 계모학원은 2000년대 중반을 지나면서 새로 온성에 만들어져 부모가 없거나 거처가 확인이 안 되는 꽃제비들을 대거 수용하기 시작했다.

"지금 도안의 주민들에게는 하루 30그람의 식량도 공급하지 못하지만 〈고아원〉에는 250그람씩 어김없이 보장해 준다. 그런데 배고파서 도망친다? ……아이들은 역시 아이들이다. 그렇다고 예닐

곱 살 난 철부지들을 탓할 수야 없지 않는가? 문건을 보니 제 부모의 생사 여부조차 알지 못하는 아이들이 태반이였다. 이제 〈고난의 행군〉이 끝나고 우리 인민이 잘 살게 될 그날에도 이 아이들은 여전히 고아로 남을 것인가."(리신현, 2002: 42)

즉 어린 꽃제비들의 경우 부모의 생사 여부조차도 확인하지 못하는 경우가 태반인데, 이들 꽃제비들은 고난의 행군이 끝난다 해도 부모를 찾지 못할 경우 여전히 고아로 남을 것이었다. 꽃제비들을 수용한 곳도 공식적인 고아원이 아니라 각 군 지역별로 여관 등을 고아원으로 개조하여 꽃제비들을 수용하는 수준에 불과했다. 식량 또한 부족해서 제대로 공급이 되지 않자 굶주림을 참지 못한 꽃제비들이 이곳을 대거 탈출하게 된 것이다.

'태혁은 수화기를 놓았다가 다시 들고 인풍려관의 〈고아원〉책임자를 자기 사무실로 불렀다.' …… "지금 고아원 아이들이 몇 명이요?" "152명입니다." 얼마전만 해도 200명 가까이 되던 아이들이 어디로 갔는가? …… "도망쳤다구? 그 말이 쉽게 나가오?"(리신현, 2002: 41)

북한 당국은 꽃제비들 대부분이 부모의 생사확인조차 확인할 수 없으며, 사실상 부모가 사망한 경우도 많다고 판단해 이들 고아 꽃제비에 대한 대책으로 기존의 구호소와 별도로 여관 등을 개조하여 고아원을 만들었던 것이다. 구호소의 꽃제비 대부분이 상당기간 교육을 받지 않았던 점을 감안한다면 고아원으로 개조하면서 조직생활과 함께 교육을 시킬 수 있는 공간도 필요했을 것이다. 따라서 새로 만들어진 고아원 역시 인원을 수용하는 데에 한계가 있었을 가능성이 높다. 많은 고아원들이 생겨났지만 지원체계의 한계, 수요능력의 한계를 이미 넘어선 상황에서 꽃제비들을 먹여 살리기 어려운 고아원의 경우에는 심지어 이들을 강제로 내보내는 일도 생겼다.

"평안남도의 한 고아원에서 근무하는 고화자(48세) 씨는 자기네 고아원 역시 하루 한 끼니 죽을 먹이고 있다며 '아이들이 이것 가지고 살겠는가? 죽으라는 소리나 마찬가지'라고 했다. 고씨는 '하도 먹을 것이 없어서 고아원이나 구제소에서 오히려 아이들을 밖으로 내보내는 데가 많다. 안에서 병들어 죽고 굶어 죽고 그러니까 누구도 고아원에 더 안 있으려고 한다. 아이들도 뛰쳐나가고 싶어 하고, 또 고아원은 고아원대로 먹는 입 하나 더 줄이는 게 좋고 하니까'라고 말했다."(좋은벗들 "오늘의 북한소식", 131호, 2008년 5월 27일)

(2) 고아 입양 캠페인

고아원은 우선지원의 대상이다. 적어도 형식상으로는 그렇다. 그러나 꽃제비의 계속되는 탈출과 고아원 운영의 어려움 때문에 당국 차원에서 제대로 된 지원체계가 마련되지 못했다. 바로 이를 해결하기 위한 방편으로 장려한 게 바로 고아 입양꽃제비 입양 캠페인이었다. 고아 입양은 1990년대 중반 이후부터 이어졌지만 본격적으로 시작된 것은 1990년대 말부터이다. 고아 입양은 공식적인 입양절차를 밟아 꽃제비를 데려다 키우는 것이 아니라, 역전이나 시장 등에서 만나는 꽃제비를 데려다 키우는 정도였다. 그러니까 꽃제비 입양은 국가적인 정책에서 활성화된 것이 아니라 사회의 수준에서 주민들이 이를 불쌍히 여겨 시작된 것이다.

"90년대 중반이후 꽃제비들을 데려다 키운 함경북도 온성군 풍서리 고아원 원장 리희순을 모성영웅칭호를 수여하였으며, '리희순을 따라 배우자'는 캠페인까지 벌렸다고 한다. 한 명 두 명씩 데려다 키우기 시작한 것이 2008년에는 무려 170명으로까지 늘었으며, 이 과정에서 고아원이라는 명칭이 붙었으며, 외국방문자들에게 좋은 모범사례로 보여주고 있다."(좋은벗들, "오늘의 북한소식", 379호, 2010년 12월 1일)

입양정책은 해당 지역에서 따라 배워야 할 도덕적 모범사례로 선전이 되었다. 해당 지역 당위원회, 행정경제위원회 등의 지원도 일부 있기는 했지만 정작 필요한 물질적 지원보다는 도덕적 자극에 불과해 사실상 큰 효과를 보지는 못했다. 북한은 꽃제비 입양을 장려하기 위해 '전국어머니대회'를 열어 떠도는 꽃제비들을 데려다 키울 경우에 도덕적 인센티브를 제공하였다. 이 도덕적인 인센티브란 꽃제비를 입양할 경우에 어머니 영웅이라는 명예를 안겨 주는 것을 말한다. 하지만 계속되는 경제위기 속에서 명예는 큰 힘을 발휘하지 못했으며 물질적 압박을 극복하지 못하고 이 꽃제비 입양은 대부분 실패로 끝나게 되었다. 북한은 1960년대부터 이 '전국어머니대회'를 전국적으로 열어 여성들의 역할을 강조하는 도덕적 동원기제로 활용하였다. 이러한 어머니대회는 90년대 경제위기에서 발생하는 꽃제비들을 데려다 키운 여성을 "모성영웅"으로 내세워 도덕성을 강조함으로써 사회적으로 골칫거리인 꽃제비 입양을 독려한 것이다. 한 명의 꽃제비를 데려다 키우는 데 들어가는 식량, 각종 학용품 등의 비용을 감당하기도 어려운데 여러 명을 데려다 키울 경우 그러한 부담은 매우 커질 수밖에 없다. 이에 당국 차원의 이러한 독려가 필요했던 것이다.

> "지난 4월말까지 김씨 집에 있던 아이들 11명 중 7명이 집을 뛰쳐나가 꽃제비생활을 하고 있다. 농장 초급당비서와 관리일꾼들은 김씨에게 '데려온 아이들은 그냥 고아원에 데려다주고, 당신 자식들만 잘 키우라'고 말하기도 했다."(좋은벗들, "오늘의 북한소식", 289호, 2009년 7월 28일)

위의 사례에서처럼, 꽃제비들을 데려다 키우는데 많은 식량이 필요함에도 불구하고, 실제로는 부족한 상황이다 보니 꽃제비들이 반복해서 집을 뛰쳐나갔고 이 문제는 심각한 것이었다. 따라서 꽃제비들을 입양했더라도 이들을 먹일 수 있는 생활 형편이 되지 않기 때문에 아이들을 데려온 가정의 생활은 더 어려워지게 된다. 뿐만 아니라, 입양이 되더라도 많은 아이들이 자유롭게 살던 시절을 잊지 못하고 다시 집을 뛰쳐나가는 문제도 있었다. 이러한 근본적인 문제 역시 제대로 된 입양절차나 관리규정이 존재하지 않기 때문에 생겨난 것이다. 역전에서 단순히 꽃제비를 데려다 키우면서 해당 보안소에 민원 신청을 하는 것이 전부였으니 문제가 생길 만도 했다. 그런데 그중에서도 가장 큰 문제점은 입양아에 대한 책임이 부여되지 않기 때문에 데려온 아이들을 그만큼 쉽게 포기할 수도 있다는 점이다.

> "역전에서 불쌍한 척하면 똑똑해 보이는 아이를 데려간단 말입니다. 그게 뭐냐면 입양하는 거예요. 그렇게 막 데려다 키우면 그게 입양이고……. 절차고 그런 게 거의 없단 말이에요. 우리 고아원에서는 애를 입양하기 위해 서류를 가져와야 입양이 될 수 있단 말이지요. 근데 꽃제비들은 안 그렇단 말이지……."(탈북자 C)

고아 입양을 장려하는 '모성영웅칭호' 캠페인도 큰 효과를 보지 못하면서 북한은 꽃제비들을 집단농장으로 수용하고 격리시키는 조치를 취하였다. 앞서 살펴보았듯이 다양한 통제기제를 동원하여 꽃제비들을 단속하여 고아원, 계모학원 등에 입학시키는 한편 모성영웅캠페인을 통해 꽃제비 입양을 장려하였으나, 결과적으로 큰 효과를 보지는 못했다. 이에 새로운 대안으로 꽃제비들을 건설돌격대로 내보내거나 집단농장 청년분조제를 만들기도 하였다. 평안남도 각 시, 군 구제소에서는 꽃제비 80여 명을 백두산 건설 돌격대에 보냈으나, 탈영한 꽃제비가 60여 명에 달한다. 먹을 것이 부족해 영양실조에 걸린 데다 장 질환에 걸린 꽃제비들이 많았다. 또 날이 추워 감기에 걸리거나 수인성 전염병에 걸린 꽃제비들도 있었다. 그러나 치료를 받을 수 있는 여건이 안 돼 그저 알약 몇 알만 공급받을 뿐이었다. 이런 이유로 더 이상 있다가는 죽을 것 같다며, 대부분의 돌격대원들이 달아나고 말았다. 현재 남아있는 꽃제비 돌격대원은 17명 정도이고, 63명이 탈영해 그중 일부는 자신들이 지내던 구제소로 돌아갔다. 이 일로 량강도 도당 조직부 책임지도원이 평안남도 려단에 내려가 관련 일꾼들을 비판하고 대책 마련을 촉구했다고 한다.
좋은벗들, "오늘의 북한소식", 284호, 2009년 6월 23일

(3) 꽃제비 청년분조제

또한 강원도 평강군 협동농장에는 꽃제비청년 분조를 만들었는데 부모가 일찍 죽거나, 행방불명이 된 꽃제비 출신들 50명으로 구성되어 있다. 오전 6시 30분 기상, 7시 30분부터 농장 일을 시작하여 하루 종일토록 일을 시키며, 꽃제비들이 떠돌아다니면서 생활한 나쁜 습성이 있다고 하여 사실상 수용소에 가까운 통제를 하고 있는 것으로 보인다. 또한 말만 청년 분조 농장원일 뿐 수용소와 같은 생활을 하다 보니 먹을 것도 변변치 않은데다 통제까지 심해 꽃제비생활을 할 때보다 더 어려운 것으로 나타나고 있다고 전했다.좋은벗들 "오늘의 북한소식", 407호, 2011년 6월 15일

북한의 농업은 에너지난으로 인해 기계화되지 못하고 소나, 순수 인력으로 농사를 짓는 형태이다. 따라서 각 공장, 기업소, 학교 등에서 일손이 바쁜 시기인 모내기, 김매기, 가을걷이에 농촌동원이 이루어진다. 이러한 농촌동원은 기본적으로 인력이 부족하기 때문에 이루어지는 것이므로, 꽃제비들을 모아 청년 분조를 구성하여 젊은 노동인력을 보충하는 방편으로 활용하는 것이다. 북한의 협동농장에는 이미 청년 분조, 청년반이 존재한다. 이들은 대개 제대군인 집단배치 또는 그 지역에서 학교를 졸업한 청년들로 구성해 만든 것으로, 남성은 군복무가 있어서 실제로는 여성의 경우가 대부분이었다. 하지만 2000년대 중반부터 꽃제비들을 관리하는 차원, 활용하는 차원에서 청년분조꽃제비들로 구성된, 청년작업반을 만들어 강력한 통제를 실시하게 된다.

꽃제비 청년분조제는 전국지역에서 만들어졌다. 강원도 평강군, 함경북도 회령시 영수리농장, 평안남도 평성시 등이다. 꽃제비 청년 분조의 경우 모든 꽃제비가 해당되는 것이 아니라 노동을 할 수 있는 상태 등을 고려하여 구호소와 여행자 집결소에서 이들을 조직하여 보낸다. 여행자 집결소란 지역과 지역 사이를 오가는 사람들 중 여행증이 없이 다닌다

거나 방랑자 또는 비법월경자로 의심되는 경우, 또는 일반 주민처럼 보이지만 거처지가 확인되지 않는 사람들을 수감하는 곳이다. 즉 열차 또는 차를 통해 이동하는 과정에서 필요한 서류를 구비하지 않았으며, 비법월경이나 거처지가 불확실한 경우 확인될 때까지 가둬 두는 감옥을 말한다. 좋은벗들 "오늘의 북한소식", 273호, 2009년 4월 7일자에 따르면 평안남도 평성시의 경우 꽃제비들을 농장인력으로 활용하기 위해 려행자 집결소와 꽃제비 구호소에서 각각 35명과 29명을 선발하여 청년분조를 구성했다는 것이다. 이들 중에는 고아원에 들어가야 할 대상인 미성년 꽃제비들이 대부분임에도 불구하고 청년분조에 배치된 것으로 미성년강제 노동을 그대로 보여주고 있다.

즉 여행자 집결소뿐만 아니라 구호소 꽃제비들을 강제로 모집하여 노동현장에 배치시키는 것이다. 여행하는 과정에서 신분증이나 본인에 대한 신원조회가 되지 않을 때, 보안서가 일방적으로 이들을 여행자 집결소에 구금을 한다. 확인되고 검증이 되면 다시 본 지역으로 보내지만, 그렇지 않을 경우에는 강제 노동에 종사해야 하는데 이렇게 일을 하다가 사망하는 경우가 많다. 쉽게 말해 여행자 집결소는 성인 구호소인 격이다.

이는 그동안 강력하게 단속을 해왔음에도 불구하고 계속해서 증가한 꽃제비 문제의 근본적인 해결방안을 모색하는 과정에서 나온 것이다. 기존에는 꽃제비들을 귀가 조치하는 방안을 우선적으로 고려했다면 이후에는 꽃제비들의 변화된 가족환경 문제를 인지하고 이를 해결하기 위해 임시 거처를 마련하는 형태로 변화시킨 것이다. 임시적인 거처를 제공하는 방식이 그 한계를 드러내자, 이를 극복하기 위해 만든 것이 집단농장 강제배치였다.

농장은 식량을 생산하는 곳이어서 그곳에 가면 먹는 문제를 조금이나마 해결할 수 있다는 심리적 유인 기능을 갖고 있는 곳이다. 꽃제비들이 고아원이나 구호소를 계속해서 이탈하려는 이유가 굶주림에서 비롯된 것이어서 이 문제를 해결하기 위해 근본적인 대책이 필요했다. 이러한 문제의식에서 나온 것이 바로 꽃제비 청년분조이다. 인력난을 겪는 협동농장에 꽃제비들을 동원해 젊은 노동력을 제공하는 한편 꽃제비들의 굶주림 문제도 어느 정도 해결할 수 있다는 문제의식이 드러난 것이다. 적어도 먹거리 문제라도 해결이 되면 이들 꽃제비들에 대한 강력한 조직통제가 어느 정도 가능하며, 그들이 갖고 있는 자유로운 꽃제비생활에 대한 향수를 어느 정도 통제할 수 있다는 판단에 따른 조치인 셈이다.

3) 관리의 약화와 한계

(1) 통제 수위의 약화

경제위기를 겪으면서 북한 사회의 통제기제는 상당히 약화되었다. 통제의 기본 장치가 완전히 붕괴된 것이 아니라, 집행과정에서의 통제 수위가 약화된 것이다. 당국 차원에서의 통제는 여전히 강하게 하지만, 그 통제가 일반 사회에 적용되는 과정에서 시장을 통해 무기력해지는 것이다. 단속을 담당하는 권력자들의 강도 높은 통제를 약화시키는 것이 바로 시장에서의 비리 문제이다.

무기력해진 통제 문제는 꽃제비와도 일정 정도 연관이 있다. 일반 주민들이 단속을 담당하는 권력자에게 어느 정도의 돈을 건네면 담당자들은 그 대가로 단속에서 일정 정도는 봐주는 식이다. 이렇게 그들 사이에서는 돈과 권력이 교환되면서 통제가 약해지지만, 꽃제비와 통제권력 간에는 서로 특별한 이익이 없으니 교환 관계가 성립하지 않는 것이다. 이런 이유로 이들 꽃제비들은 관리되지 않고 방치되는 것이다.

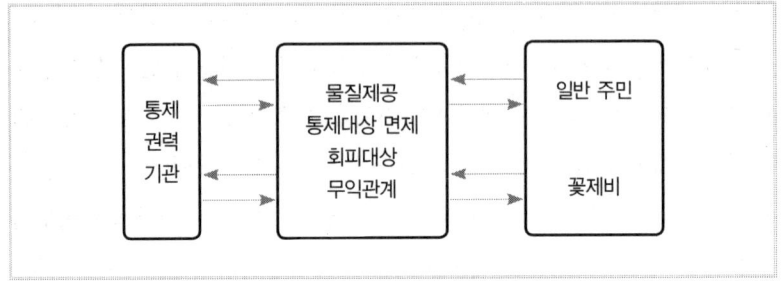

출처: 좋은벗들(2011년 4월 27일), 탈북자 C의 증언을 토대로 작성

그림 10. 통제집행 과정에서의 관리의 약화

당국의 통제가 집행되는 과정에서 통제력이 어떻게 약화되었는가에 대해서는 이익관계라는 측면에서 두 가지 경우로 나누어 볼 수 있다.

첫째는 통제 권력을 집행하는 보안원이 꽃제비를 단속한다고 해도 물질적으로 이익을 얻을 수 있는 유인기제가 없기 때문에 '단속기간'에만 잠깐 단속을 하고 마는 것이다. 그 기간이 끝나면 꽃제비들은 그대로 다시 방치되는 경우가 많다.

좋은벗들에 따르면 "그보안원에게 꽃제비들은 그저 귀찮은 존재였다. 단속해도 성과도 안 나고, 뇌물도 받아먹을 수 없어 전혀 쓸데없는 존재들이라는 것이다. 그런 이유 때문인지, 한 보안원은 지난 1월과 2월, 두 달 동안 혜산시에서 죽은 꽃제비 수가 40명이 넘었다는 소리를 아무렇지도 않게 말했다"고 한다.좋은벗들 "오늘의 북한소식", 400호, 2011년 4월 27일

"그(보안원)에게 꽃제비들은 그저 귀찮은 존재였다. 단속해도 성과도 안 나고, 뇌물도 받아먹을 수 없어 전혀 쓸데없는 존재들이라는 것이다. 그런 이유 때문인지, 한 보안원은 지난 1월과 2월, 두 달 동안 혜산시에서 죽은 꽃제비 수가 40명이 넘었다는 소리를 아무렇지도 않게 말했다."(좋은벗들 "오늘의 북한소식", 400호, 2011년 4월 27일)

둘째는 꽃제비를 직접적으로 단속하는 9.27상무나 보안원들에게 있어 꽃제비를 단속하는 일에 인센티브가 따로 없다는 문제가 있다. 꽃제비들을 아무리 단속한다고 해도 승진이나 표창과는 거리가 멀기 때문에 이들을 적극적으로 단속하려는 의욕이 생기지 않는 것이다. 이들 단속원들은 꽃제비를 관리할 필요성을 느끼지 못하고 이러한 요인은 당국의 통제가 형식적으로 집행되도록 만든다. 이것이 꽃제비들을 방치하는 결과로 이어진다.

(2) 통제의 한계

당국의 통제 약화 요인은 통제의 한계와도 연관성을 갖는다. 즉, 수용능력의 한계, 통제기관의 한계, 관리능력의 한계 등이 그것이다.

먼저 수용능력의 한계부터 보면, 계속되는 경제위기로 인해 꽃제비들을 수용해서 먹일 수 있는 식량이 부족하다는 점이다. 경제위기 이전까지만 해도 꽃제비의 수는 많지 않았으나, 경제위기가 발생하고 가족이 해체되면서 꽃제비의 수는 급격히 증가하였다. 이들 꽃제비가 1990년대 중반 2만여 명 정도에서 1990년대 말에는 무려 10배나 증가하게 된 원인은 바로 식량문제 때문이다. 따라서 북한이 꽃제비를 통제하기 위해 기본적으로 해결해야 할 문제는 바로 식량배급을 제대로 복원시키는 일이다.

식량 공급의 우선순위는 정해져 있다. 북한 당국의 입장에서 체제를 유지하는 핵심 엘리트, 군과 군수산업, 그리고 일반 주민의 순으로 식량 공급의 우선순위가 배열된다. 꽃제비 구제소와 같은 곳은 사실상 배급이 중단된 일반 가정과 별반 다를 게 없을 정도로 위상을 잃었다. 현재 북한은 모든 가정에 식량을 공급할 수 있는 능력이 없다. 자체적으로 생산되는 식량은 체제 유지에 반드시 필요한 군대와 권력기구 등에 우선 할당하기 때문에 일반 주민들에게 배급할 수 있는 절대량이 극히 제한되어 있다. 상황이 이러하다 보니 꽃제비들을 수용하는 데 필요한 식량문제 역시 심각할 수밖에 없다. 뿐만 아니라 꽃제비들을 관리하는 고아원이나 구호소 등에도 지원할 수 있는 식량이 부족한 상황이기 때문에 식량문제로 인한 한계가 여전히 존재하고 있다. 탈북자 C에 따르면 구호소의 먹거리 문제는 구호소가 만들어지기 시작할 때부터 지금껏 여전히 풀리지 않고 있다고 한다. 계속해서 순환적으로 확산되고 있는 꽃제비 증가만큼이나 지원이 수요를 충족시키지 못하는 상태이다. 상대적으로 북한체제를 유지하는 데 필요한 기관들에 우선적으로 지급되고 나면 형식상 우선공급으로 되어있는 고아원이나, 구호소에 지급할 수 있는 양은 훨씬 줄어들기 때문이다. 1990년대 말경 고아원에 있었던 탈북자의 증언에 따르면, 그 지역 내에서도 식량이 우선적으로 공급되는 고아원의 식량을 간부들이 빼돌리고 그 부족분을 대용식량으로 채웠다는 것이다. 아무런 영양가치가 없는 옥수수 속대를 대용식량으로 받아들여 아이들에게 먹였다고 한다.

이러한 상황에서 꽃제비는 계속해서 증가할 수밖에 없다. 특히 시장 활성화에 따른 심각한 빈부 차이 문제와 더불어 배급체계가 흔들리는 상황에서 북한 당국이 기존에 가졌던 강력한 사회통제능력은 계속해서 악화될 수밖에 없다. 이점을 첫 번째 한계로 지적할 수 있다.

둘째는 통제능력의 한계이다. 꽃제비들을 대상으로 하는 단속기관이 생겼다고는 해도 꽃제비의 증가 수준을 따라가지 못할 정도로 그 수가 너무 적다. 꽃제비를 전문적으로 단속하던 9.27상무나, 규찰대, 보안원 등의 단속 기관만으로는 엄청난 수로 증가한 꽃제비를 단속하기에 역부족이다. 뿐만 아니라 꽃제비들이 보안원, 9.27상무, 규찰대 등의 단속을 잘 피해 다니며 활동하기 때문에 실제로 이들을 단속하기가 어렵다. 일반적으로 꽃제비는 역전이나 공원, 시장 등에서 활동하는 것으로 알려져 있지만, 열차를 타고 이동하거나 이 마을 저 마을을 옮겨 다니면서 활동하는 꽃제비들도 상당히 많기 때문에 이들을 잡아내기는 매우 어려운 일이다. 또한 꽃제비들 중에서도 많은 이들이 깨끗한 옷을 입고 다니는 경우도 있으며 부모와 자식처럼 행세하고 다니기도 하고 아예 집단적으로 안정적인 거주지를 확보하고 생활하는 경우도 있기 때문에 이들에 대한 단속에는 한계가 있을 수밖에 없다.

그동안 꽃제비들을 단속하기 위한 장소는 주로 역전과 시장이었다. 이곳에서 상당히 많은 꽃제비들이 단속에 걸리는데, 특히 겨울에 잠자기 위해 모여들었다가 잡혀가는 경우가 많았다. 따라서 꽃제비들은 이러한 상황을 피하기 위해 새로운 장소를 물색하였는데, 공장기업소의 보일러실, 그리고 공장에서 배출된 잿더미, 아파트 지하실 등이 그러한 장소이다. 시장과 역전만으로는 이제 꽃제비들을 단속할 수 없게 된 것이다. 새로운 장소를 물색한 꽃제비들을 단속하기는 더욱 어려워졌다. 행동이 민첩한 꽃제비들을 낮에 단속하기는 어렵기 때문에 주로 밤을 이용하여 단속이 이루어지는데, 당국에서 알지 못하는 새로운 공간으로 숨어 들어간 꽃제비들을 단속하는 데에는 한계가 있을 수밖에 없다.

셋째는 이들을 관리할 수 있는 능력이 부족하다는 점이다. 안정적 관리를 위해서는 기본적으로 고아원, 구제소, 구호소와 같은 관리기관을 대폭 늘려야 한다. 그러나 현재 북한의 실정에서 이러한 관리기관을 더 확장할 수 있는 자원 동원 능력은 절대적으로 부족한 상태이다. 기존의 고아원이나 구제소조차도 여러 가지 문제로 제대로 관리하지 못하는 상황에서 이들 기관을 더욱 확장한다는 것은 쉽지 않은 일이다.

넷째는 통제하려는 기관과 통제대상인 꽃제비들 간 어떠한 이익 교환 관계도 성립하지 않는다는 점이다. 통제력을 행사하는 기관이 일반 주민들을 대상으로 할 경우에는 권력을 통해 그들을 보호해 주고 그

대가로 주민에게서 물질적인 것을 취하는 이익의 교환관계가 성립할 수 있다. 그러나 꽃제비의 경우는 단속을 하더라도 그에 합당한 대가가 주어지지 않기 때문에 형식적으로 단속하게 되는 것이다. 단속기관의 입장에서는 꽃제비 존재가 귀찮은 대상이 돼 버려 통제하려는 의욕을 가질 수가 없다.

이 밖에 꽃제비들이 느끼게 되는 자율성도 통제를 어렵게 만드는 중요한 요인이다. 과거 1990년대 이전까지만 해도 북한에서 조직적 통제는 어느 정도 됐었고 일반 주민들 사이에서도 조직생활은 반드시 지켜야 한다는 인식이 강했다. 그러나 여러 차례의 가출과 조직으로부터의 이탈과정을 반복적으로 경험한 꽃제비들의 경우는 이러한 인식이 없고, 자율적 활동에 매우 익숙해져 있다. 꽃제비생활에 익숙해지고 나면 강력한 제도적 통제를 통해 체제를 유지하려는 북한 사회에 적응하기는 더더욱 어려워진다. 이러한 특성을 가진 꽃제비를 기존의 제도나 조직적 통제를 통해 강제한다는 것은 매우 어려운 일이다.

좋은벗들에 따르면 "량강도 혜산시에도 식량난이 깊어만 가는지, 올해 부쩍 꽃제비들이 늘고 있다. 구제소에 꽃제비들을 더 넣고 싶어도, 자리가 없다. 주기적으로 꽃제비 단속에 나서는 보안원들조차 '잡아다 주면 뭐하나. 자리가 없는데. 하루가 다르게 매일 늘어나는 게 꽃제비인지라 단속하라고 하면 단속하는 시늉만 할 뿐'이라고 말할 정도"라고 한다.좋은벗들 "오늘의 북한소식", 400호, 2011년 4월 27일 혜산시뿐만 아니라 평안남도 강서군 구호소에서도 수용인원이 늘어나 중학교 6학년 아이들을 협동농장 청년 분조에 편입시켜 그 수를 줄였다고 한다.좋은벗들, "오늘의 북한소식", 353호, 2010년 7월 14일 함경북도 은덕군에서는 군내에 돌아다니는 꽃제비가 늘어나면서 구호소를 더 큰 곳으로 이전하여 확장했다.좋은벗들, "오늘의 북한소식", 216호, 2008년 9월 23일이들을 제대로 통제하는 방법이 있다면, 이들 꽃제비들을 교화소 및 수용시설 등에 수감하여 탈출을 원천 차단하는 것이다. 다른 대안은 없다. 그러나 이마저도 쉽지 않다. 량강도 혜산시, 평안남도 강서군, 함경북도 은덕군 등의 경우 꽃제비를 관리할 수 있는 구호소의 수용인원이 초과되어 추가 단속이 되더라도 이들을 놓아주거나, 단속을 아예 포기할 수밖에 없는 상황이다. 현재 북한은 이들을 수용할 능력이 부족하다. 더 이상의 통제 자체가 어려운 상황인 것이다.

표 10. 꽃제비 통제능력의 한계

한계	문제점
수용능력	수용공간 내 생계에 대한 책임이 불가능한 상태
통제기관	꽃제비의 증가에 비해 이를 단속할 수 있는 기관이 열세
관리능력	관리·수용할 수 있는 공간이 꽃제비 증가에 비해 적은 상태

출처: 좋은벗들(2008년 9월 23일, 2010년 7월 14일, 2011년 4월 27일)들 참조하여 작성

그동안 북한은 다양한 방법으로 수많은 단속과 통제를 해왔지만, 결과적으로 상황이 나아지지는 않았고 꽃제비의 수는 더욱 증가했다. 1990년대 이전까지만 하더라도 당국의 강력한 통제가 일정 정도 효과를 거두었으나, 식량위기 발생 이후 꽃제비가 급격하게 증가하고 이러한 현상이 장기화되는 과정에서 통제능력의 효용성은 매우 떨어졌다. 북한 당국의 통제에서 벗어난 수많은 꽃제비들의 존재와 이들이 누리던 자율적인 행위패턴은 장기적인 관점에서 볼 때 북한 사회에 부정적인 영향을 미칠 수밖에 없다.

더욱이, 꽃제비들이 서로 뭉치면서 조직적으로 활동하는 일이 심화되었고 이들이 북한체제의 저항 요인으로 발전할 가능성이 있다. 구호소 및 고아원 등으로부터 탈출하는 정도의 소극적인 저항에 그치지 않고,

관리 및 단속하는 기관에 적극적으로 맞서는 상황도 나타나고 있다.

"강원도 철원군과 평강군 등에서는 2007년에 부모가 죽었거나 행불자(행방불명자)여서 보호자가 없는 꽃제비 중에 사회 진출할 나이가 된 아이들을 모아 농장에 배치했다. 청년 분조에 소속돼 농사일을 하던 아이들은 작년 결산 총화 때 현금 분배를 제대로 받지 못했다. 농장 일군들이 절반 이상 떼먹었기 때문이다. 그래도 아이들은 묵묵히 일만 했다. 그러다 올해 7월 29일, 이 지역에 폭우가 내려 청년 분조가 담당한 옥수수밭이 파괴돼 알곡 수확에 큰 차질이 빚어지자, 농장 일군들은 '왜 사전에 대책을 세우지 않았는가?'라고 큰 소리를 치면서, '올해 결산 총화를 할 때 노력 일수와 공수를 자르겠다'고 했다. 아이들은 그제야 '말이 안 된다. 그러면 그동안 우리에게 주지 않은 현금분배를 다 달라'며 일군들과 싸웠다. 이에 화가 난 농장관리원장이 리청년비서를 내세워 청년 분조원들에게 강한 사상 투쟁 회의를 시켰다. 리청년비서가 청년 분조원들을 선전실에 모이게 하고, 일군들에게 반항한 아이들 4명을 일으켜 세워 인정사정없이 때리자 이에 분개한 다른 아이들이 리청년비서에게 달려들었다. 몰매를 맞은 리청년비서는 급히 병원에 이송됐다. 꽃제비아이들 20명이 그날로 달아나버렸다. 청년 분조원 꽃제비는 모두 27명이었는데, 스무 명이 달아나버렸으니 농장으로선 큰 낭패였다. 결국 이 문제가 군당에 제기됐다. 군당에서는 '일군들이 사업을 졸렬하게 하여, 청년 분조원 아이들을 제대로 안착시키지 못하고 튀쳐나가도록 만들었다'며 일군들을 비판했다. 군당은 이 문제를 일보로 도당에 올리고, 해당 농장의 관리 일군들을 해임할 것을 건의했다."(좋은벗들, "오늘의 북한소식", 296호, 2009년 9월 15일)

꽃제비들로 구성된 청년분조는 강력한 통제와 조직생활을 해야 하며, 감옥에 준하는 삶을 살아야 하기 때문에 이에 대응하는 꽃제비들은 더욱더 적극성을 띠게 된다. 즉 꽃제비들이 조직 내의 갈등문제와 생계문제를 놓고 적극적으로 대응하는 모습은 과거에 비해 상당히 달라진 모습이다.

이렇게 변화해 가는 꽃제비들의 대응은 북한 사회의 이중적인 모습이라 볼 수 있다. 생계문제를 해결하기 위해 나서는 이들의 행동이 다른 피해자들을 만들어 내고 사회 혼란을 가중시키는 문제가 있지만, 다른 한편으로는 북한의 부조리한 정치제체에 대한 불만과 저항의 모습을 보여준다는 점에서는 새롭게 조명해 봐야 할 중요 행위자들이다.

5장 꽃제비 연구를 마치며

북한에서 꽃제비는 식량위기가 오기 이전부터 존재해 왔다. 그들은 사
회주의적 교육체계와 규칙, 규범, 도덕, 제도에서 벗어난 존재로서 국가의
물질적, 사상적, 조직적 측면에서의 통제가 한계를 가질 수밖에 없음을
보여주는 대표적인 사례이다. 여기에서 가장 중요한 논점은 이들 꽃제비
들은 일반 주민과 달리 국가의 통제로부터 벗어나더라도 불안감을 느끼
지 않으면서 자율성을 추구하는 존재라는 사실이다. 일반 주민의 경우
조직이나 체제에서 벗어나려 해도 불안감이 매우 커서 얼마 지나지 않아
되돌아오고 말지만 이들 꽃제비들은 다르다. 이들에게는 일반적으로 북
한주민이 갖고 있는 주민의식이란 것이 존재하지 않는다. 미래를 놓고
봐도 이들의 주민의식이 성장할 가능성은 없다. 이렇게 주민의식에 한계
가 있을 수밖에 없는 요인은 다양하지만 그중에서도 가장 핵심적인 요
소가 바로 통제공간 안에 있는가의 여부이다. 통제공간이라고 하면 바
로 가정생활, 조직생활, 직장생활이 이루어지는 공간을 의미하는데, 이
공간에서 벗어나 있는 이들 꽃제비들은 어떤 통제도 받지 않는 영원히

자유로운 존재일 수밖에 없다.

꽃제비는 해방 이후 공간에서 존재하던 소련 용어 '꼬체비예' 즉 부랑인이라는 의미에서 음을 따왔다는 북한의 주장이 아직까지 유력하지만, 해방 후 소련점령지인 북한뿐 아니라 남한에서도 이러한 용어를 사용했다는 증거가 새롭게 나타나고 있는 실정이어서 꽃제비 용어에 대한 기원은 시기적으로 더욱 앞당겨 질 것으로 보인다. 그럼에도 꽃제비는 부랑인이라는 의미와 달리 그들의 새로운 특성과 행위방식에 의해 재해석되어 새로운 의미를 획득하였다. 이제 꽃제비는 북한 사회에서 새로운 행위를 하는 일정한 집단 행위자들을 통칭하는 순수 북한말로 사용되고 있다.

북한에서 꽃제비는 해방 이후부터 존재해 왔으며 정치사회적 변동에 따라 일시 잠적했다가 다시 수면 위로 부상하는 등의 과정을 반복해 왔다. 다양한 정치적 통제와 탄압에도 불구하고 꾸준히 증가해 온 꽃제비는 1990년대 들어 다시 확산되기 시작하여 2000년대에는 북한체제의 폐쇄성을 위협할 수 있는 수준에까지 이르렀다. 1990년대 이전까지 북한 당국에서 꽃제비들을 단순한 문제아 정도로 인식하고 단속과 통제를 통해 대처하려 했다면, 그 이후에는 급격하게 증가한 꽃제비들이 체제에 위협이 되고 있다는 새로운 인식을 하고 있다.

북한 당국은 꽃제비를 관리하고 통제하기 위해 여러 가지 수단과 방법을 동원해 왔다. 계모학원 신설, 소년교양소, 구호소, 고아원 등의 확대, 고아 입양 장려운동, 꽃제비 청년분조제 도입 등 다양한 조치를 취해 왔다. 그 과정을 보면 기존에는 약간의 도덕적 교양이나 낮은 단계에서의 통제가 이루어졌다면, 구호소나 꽃제비 청년분조제는 사실상 꽃제비를 대상으로 한 감옥이라 할 수 있다. 이러한 흐름은 즉 꽃제비를 통제하는 일이 점차적으로 어려워지고 있으며, 도덕적 교양이나 낮은 단계의 통제가 실패했음을 의미하는 것이다. 따라서 꽃제비 감옥과 같이 더욱 강력한 조치가 필요했던 것이다. 구호소는 꽃제비를 단순히 수용하는 공간인데 반해, 꽃제비 청년분조제는 이들을 상시적으로 감시하고 강제노동을 강요하며, 휴일이 따로 없는 감옥 내지 수용소와 같은 곳이라 할 수 있다.

그러나 북한 당국의 강력한 통제 의지에도 불구하고 꽃제비의 수는 계속 증가하고 있다. 꽃제비는 당국의 통제력에서 벗어나 있으며, 이들을 통제할 수 있는 효율적인 정책이나 방법은 사실상 부재한 상황이다. 장기간의 꽃제비생활을 통해 스스로 살아가는 방법과 자유로운 사고의식을 갖고 있는 이들을 통제할 수 있는 방법이란, 사실상 체제가 변동되거나 군부 등을 동원해서 근원적으로 이들을 제거하는 방법밖에는 없는 것이다. 이러한 방법을 동원하지 않는 이상 꽃제비는 계속해서 확산될 수밖에 없다. 그러나 체제의 변동을 기대하기는 어렵고, 군사적 대응을 통해 꽃제비들을 제거하더라도 그에 따른 사회적 불만과 저항이 더욱 확산될 수 있다는 점에서 이러한 대안은 오히려 비효율적이다.

꽃제비는 북한 사회에서 가장 개방적인 의식을 갖고 행동하는 집단이라는 데 그 존재 의의가 있다. 이러한 특성을 가진 꽃제비는, 그 어느 나라보다 강력한 통제사회이며 폐쇄사회인 북한 당국의 미래를 위협할 잠재적 저항 능력을 가진 존재라고 할 수 있다.

북한은 그동안 체제유지의 기반이 되는 사상과 이념을 주입시키기 위해 물질적 통제를 통해 일반 주민들의 노동, 의식, 자유를 통제해 왔다. 이러한 통제를 통해 그동안 북한주민들의 자유주의적 의식이 확산되는 것을 막고 규제함으로써 체제를 유지해 왔다. 북한주민들은 이러한 통제규율에 익숙해 있었기 때문에 경제위기로 인해 굶주리는 상황에서도 함부로 불법으로 규정된 행위를 하지 못하고 대량 아사에 직면했던 것이다. 반면, 그 과정에서 살아남아 자유주의적 의식을 갖게 된 꽃제비들은 북한 당국의 사상과 이념 통제에 복귀하지 않을 정도로 새로운 삶에 적응해 왔다.

북한이 체제를 유지하는 데 있어 가장 필요로 하는 것은 체제의 정당성을 옹호할 수 있는 집단주의적 의식이다. 따라서 꽃제비가 갖고 있는 자유주의적인 의식 자체가 북한체제 유지의 근간을 흔드는 일이 되는 것이다.

꽃제비는 북한 당국의 여러 가지 통제에도 불구하고 통제가 되지 않는 집단이다. 이들 꽃제비의 자유주의적 의식은 북한 당국의 통제를 거부하며 다양한 통제기제로부터 끊임없이 벗어나려는 행위를 반복해 왔다. 그동안 꽃제비를 없애기 위해 북한 당국은 많은 수단을 동원하여 이들을 탄압하려 했지만, 이에 아랑곳하지 않고 꽃제비는 더욱 진화하며 확산돼 왔다. 특히 이들은 경제위기를 겪으며 축적된 꽃제비생활 경험을 통해, 이제는 누구도 통제할 수 없는 자유를 추구하는 집단이 되었다.

꽃제비는 현재 북한의 비공식 영역에서 가장 조직화된 집단이자 저항적인 집단이다. 북한 사회에서 당국의 통제를 받지 않는 조직은 그 어디에도 존재하지 않는다. 당국의 통제를 벗어나 주민들의 자율적 판단에 의해 구성된 조직이 없다는 말이다. 오직 꽃제비들이 구성한 조직만이 유일하다. 물론 이들 꽃제비 조직이 일사불란한 지휘체계를 갖고 있는 것은 아니다. 전국적인 연계망을 갖춘 것도 아니며 특정한 이념적 목표를 갖춘 것도 아니다. 그러나 모든 조직은 조직 구성원의 공동이익을 위해 움직이기 마련이다. 어떤 특정한 목적의식이 이들 사이에 공유만 된다면, 이들 꽃제비의 존재는 북한의 그 어떤 세력보다 가장 저항적인 집단으로 성장할 가능성이 있다.

현재까지 꽃제비는 전혀 통제되지 않았으며 계속해서 확산되어 오고 있다. 특히 2000년대 이후 더욱 체계화된 꽃제비 조직들이 확대되고 있기 때문에 북한 당국의 폐쇄적 통제에 저항할 수 있는 핵심세력으로 성장할 가능성이 높다. 어느 사회나 조직은 특정한 목적을 갖고 있으며 그것을 실현하기 위해 존재한다고 할 수 있다. 따라서 현재까지 북한 당국에 대한 강력한 저항의 흔적이 나타나지 않는다 하더라도, 꽃제비의 조직화는 앞으로 북한 사회의 변화과정을 가늠하는 데 있어 가장 눈여겨 봐야 할 중요한 연구대상이 되는 것이다.

꽃제비는 북한체제가 약화될수록 더욱 강해질 것이며, 북한체제의 급변사태에서 초기의 사회혼란을 막는 역할을 수행할 가능성도 있다. 과거 1990년대 초에 러시아의 마피아가 경호사업에 뛰어들면서 오히려 사회혼란을 정화시켜 주는 역할을 수행한 바 있다. 안데쉬 오슬룬드는 『러시아의 자본주의 혁명』에서 소연방 붕괴 이후 혼란스러운 러시아의 사회 환경을 정화시킨 것은 부패한 경찰이 아니라 오히려 마피아 범죄집단이었다며, 역설적으로 이들에게 러시아 사업가들이 감사해야 할 지경이라고 밝힌 바 있다.

이를 북한의 꽃제비 현상과 연결시켜 본다면 이미 조직화의 단계를 거치고 있는 상황에서, 이들이 북한 사회를 변화시키고 혼란스러운 상황을 정화시키는 역할을 할 수도 있음을 조심스럽게 진단해 볼 수 있다. 1990년대 이후 꽃제비들이 조직화되기 시작하면서 상인들을 보호한다는 명목으로 인센티브를 요구하고 나선 현상도 이러한 측면과 연결시켜 생각해 볼 수 있다. 비록 마피아가 범죄 집단이라고 하지만, 이들이 사회주의 체제의 최대 피해자들이었다는 점은 북한의 꽃제비 현상에 투영시켜 볼 때 유사점을 찾아볼 수 있다. 따라서 꽃제비들이 북한 당국의 붕괴 과정에서 중요한 역할을 수행할 수 있을 뿐만 아니라, 사회적 혼란을 어느 정도 차단할 수 있는 집단으로 성장할 가능성도 배제하지는 못할 것이다.

북한의 꽃제비에 관한 이 연구는 사례 조사의 한계가 크다는 점과 기존 연구가 부재하다는 점 등을 감안했을 때 학술적 접근방법에 있어 다소 부족한 면이 있는 것이 사실이다. 앞서 언급했지만, 이론적인 접근뿐만 아니라 사례의 측면에서도 한계를 갖고 있기 때문에 소수의 경험적인 자료와 인터뷰 등에 의존한 경향이 크다. 그러나 이러한 한계에도 불구하고 일반에 알려진 꽃제비에 대한 단순한 정보 이외의 부분들을 살펴보았다는 점, 그동안 관심의 대상으로 부각되지 못했던 '북한의 꽃제비 연구'를 처음으로 시도했다는 점에서 이 연구의 의의를 찾을 수 있을 것이다.

본 연구에서는 향후 꽃제비의 변화 가능성에 대해 조심스럽게 전망해 보는 정도였지만 앞으로 꽃제비에 대한 연구는 보다 더 구체적이고 체계적인 차원에서 진행되어야 할 것이다. 이들 꽃제비의 존재가 북한에서 이다음에 어떤 세력으로 성장해 갈 것인가에 대한 본격적인 물음이 이 분야가 남긴 연구 과제이다.

참고문헌

1. 학술논문

김병로·김성철 1998, "북한 사회의 불평등 구조와 정치사회적 함의", 『통일연구원 연구총서』, 제1호. 서울: 통일연구원.

김영수, 2003, "탈북자 문제의 발생 원인과 현주소", 『탈북자문제의 이해』, 학술연구보고서, 서울: 한국 방송학회.

김창배, 2006, "중국 연변 체류 북한 꽃제비에 대한 연구", 중앙대학교 석사 학위 논문.

김창순, 2006, "북한의 「전국어머니대회」에 관한 연구", 북한대학원대학교 박사 학위 논문.

김태훈·김현성·송현욱·오경섭·왕미양·이재원·정재훈·정학진·제성호·한명섭·허만호·황태윤, 2010, 『2010 북한인권백서』, 서울: 대한변호사협회.

북한인권시민연합, 1997, 『생명과 인권』, 1997년 겨울호, 제6호.

서유석, 2011, "범죄도구로 전락한 꽃제비", 『북한』, 북한연구소, 월간 12월 480호, 142–143.

신효숙, 2009, "북한 사회의 특성과 북한청소년의 일탈행동", 『교정담론』, 제3권 제1호, 서울: 아시아 교정포럼.

이금순·김수암·이규창·임순희·최수영, 2009, "북한인권백서 2009", 서울: 통일연구원.

이무철, 2003, "탈북자가 말하는 북한에서의 생활", 『탈북자문제의 이해』, 학술연구보고서, 서울: 한국 방송학회.

이성로, 2006, "북한 社會不平等構造의 성격과 심화과정", 중앙대학교 박사 학위 논문.

이우영, 1999, "전환기의 북한 사회통제체제", 『통일연구원 연구총서』, 제11호, 서울: 통일연구원.

이충실, 2008, "꽃제비의 설음", 『북한』, 북한연구소, 월간 10월 제442호.

정영철, 1997, "북한 사회통제 메카니즘의 변화와 특장: 사상적, 물질적, 제도적 측면에서의 고찰", 『統一問題硏究』, 통권 제28호, 서울: 평화문제연구소.

정영철·고성호·최봉대, 2005, "사회통제와 조직생활의 변화", 『1990년대 이후 북한 사회 변화』, 서울: 한국방송공사.

채경희, 2007, "북한 '인민반'에 관한 연구", 북한대학원대학교 석사 학위 논문.

최대석·박영자·박희진, 2010, "북한 내 '비사회주의적 요소'의 확산 실태 및 주민의식 변화", 『통일부 연구보고서』, 서울: 통일부.

최대석·박희진, 2011, "비사회주의적 행위유형으로 본 북한 사회의 변화", 『통일문제연구』, 통권 제56호, 서울: 통일문제연구소.

최완규·구갑우·구수미·김갑식·김근식·양문수·오유석·이미경·이주철·장세훈·정우곤·최봉대·함택영, 2006, "북한 도시의 위기와 변화: 1990년대 청진, 신의주, 혜산", 경남대학교 극동문제연구소 북한연구 시리즈 23호, 경기도 파주: 한울아카데미.

2. 단행본

김일성, 1979, 『김일성 저작집 2』, 평양: 조선로동당출판사.

_____, 1979, 『김일성 저작집 4』, 평양: 조선로동당출판사.

_____, 1980, 『김일성 저작집 5』, 평양: 조선로동당출판사.

_____, 1980, 『김일성 저작집 6』, 평양: 조선로동당출판사.

_____, 1980, 『김일성 저작집 7』, 평양: 조선로동당출판사.

_____, 1981, 『김일성 저작집 13』, 평양: 조선로동당출판사.

_____, 1981, 『김일성 저작집 14』, 평양: 조선로동당출판사.

_____, 1983, 『김일성 저작집 24』, 평양: 조선로동당출판사.

_____, 1984, 『김일성 저작집 26』, 평양: 조선로동당출판사.

_____, 1984, 『김일성 저작집 27』, 평양: 조선로동당출판사.

_____, 1985, 『김일성 저작집 29』, 평양: 조선로동당출판사.

김정일, 1992, 『김정일 저작집 1』, 평양: 조선노동당출판사.

_____, 1995, 『김정일 저작집 5』, 평양: 조선노동당출판사.

_____, 1992, "동, 인민반 사업을 개선강화하자: 평양시 서성구역 하신동 일군들과 한 담화", 1972년 7월 11일, 『위대한 김정일장군님의 주요노작』, 조선노동당출판사.

_____, "우리 인민정권의 우월성을 더욱 높이 발양시키자: 전국 인민정권기관 일군 강습회 참가자들에게 보낸 서한", 주체81(1992년 12월 21일).

리신현, 2002(주체91), 『강계정신』, 총서(불멸의 향도), 평양: 문화예술출판사.

사회과학원 어학연구소, 2004(주체93), 『조선말사전』, 평양: 과학백과사전출판사.

서동만, 2005, 『북조선 사회주의 체제 성립사』, 서울: 선인출판사.

원석조, 2008, 『사회문제론』, 서울: 양서원.

이성로, 2008, 『북한의 사회불평등 구조』, 서울: 해남출판사.

이철원, 1995, 『평꼬』, 서울: 금문서관.

정기종, 2001(주체90), 『열병광장』, 총서(불멸의 력사), 평양: 문학예술종합출판사.

정성산·조일환, 1999, 『장백산』, 1권, 서울: 토지.

차문석, 2002, 『반노동의 유토피아』, 서울: 박종철출판사.

통일 교육원, 2011, 『북한의 이해』, 서울: 통일교육원.

홍두승·구해근, 2004, 『사회계층·계급론』, 서울: 다산출판사.

기든스 지음, 김용학, 박길성, 김미숙 역, 2011, 『현대 사회학』, 서울: 을유문화사.

안데쉬 오슬룬드 지음, 이웅현·윤영미 옮김, 2010, 『러시아의 자본주의 혁명』, 서울 : 전략과 문화.

3. 기타

KBS1, 2004, "나의 남편은 조정호입니다.", 수요기획, 6월 23일.

＿＿＿＿, 1998, "1998년 지금 북한, 무슨일이 일어나고 있나", 일요스페셜, 12월 20일.

경향신문, 1995, "꽃제비 「평꼬」의 실화소설", 10월 23일 6면(네이버뉴스라이브러리; http://newslibrary.naver.com/search/searchByDate.nhn#, 검색일: 2011. 8.17.).

국민일보, 1999, "북, 주민 2백만명 '강제이주'", 종합뉴스, 4월 3일 2면(네이버뉴스라이브러리; http://newslibrary.naver.com/search/searchByDate.nhn#, 검색일: 2011. 8.17.).

동아일보, 1999, "北 부랑자 20만명…사회동요 확산", 종합뉴스, 4월 3일 5면(네이버뉴스라이브러리; http://newslibrary.naver.com/search/searchByDate.nhn#, 검색일: 2011. 8.17.).

＿＿＿＿＿, 1946, "少年犯罪問題 純愛의 訓育과 施設을 要望", 사설, 4월 2일(네이버뉴스라이브러리; http://newslibrary.naver.com/search/searchByDate.nhn#, 검색일: 2011. 8.17.).

매일경제, 1992, "體制불만 만연 隱語 급증", 6월 20일 9면(네이버뉴스라이브러리; http://newslibrary.naver.com/search/searchByDate.nhn#, 검색일: 2011. 8.17.).

북한보건의료 네트워크, 2003, "북한의 고아보호시설", 2월 8일, http://www.nkhealth.net/(검색일: 2012년 3월9일).

북한자료센터, 1948년 「조선민주주의인민공화국 헌법」, http://unibook.unikorea.go.kr/(검색일 2012년 3월 13일).

＿＿＿＿＿＿, 1972년 「조선민주주의인민공화국 사회주의 헌법」, http://unibook.unikorea.go.kr/(검색일 2012년 3월 13일).

서울경제, 2011, "北 꽃제비 노인들 집단자살", 5월 1일 6면.

서울신문, 2011, "식량난에 허덕이는 北, 노숙아동 '꽃제비' 급증…"군인 50%가 영양실조", 6월 25일 6면.

조선닷컴, 2011, "추위 못 견딘 꽃제비 무더기 사망… '北당국 증오 부추겨'", 12월 17일 http://news.chosun.com/site/data/html_dir/2011/12/17/2011121700735.html(검색일 2012년 3월 7일).

좋은벗들, 2006, "황해남도 연백벌의 텃세부리는 꽃제비들", 11호, http://www.good friends.or.kr/n_korea/n_korea0.html (검색일: 2012. 1. 15).

＿＿＿＿＿, 2008, "방랑자 넘쳐도 당국은 속수무책", 126호, http://www.good friends.or.kr/n_korea/n_korea0.html (검색일: 2012. 1. 15).

＿＿＿＿＿, 2009, "감자 지키려다 군인들에게 맞은 경비원 사망", 286호, http://www.good friends.or.kr/n_korea/n_korea0.html (검색일: 2012. 1. 15).

＿＿＿＿＿, 2009, "혜산시, 타지역 꽃제비들도 중등학원 입학시켜", 274호, http://www.good friends.or.kr/n_korea/n_korea0.html (검색일: 2012. 1. 15).

＿＿＿＿＿, 2008, "너희 스스로 먹고 살라"며 고아원이 애들 내보내, 131호, http://www.good friends.or.kr/n_korea/n_korea0.html (검색일: 2012. 1. 15).

좋은벗들, 2010, "영웅칭호 받은 풍서리 고아원 원장, 아동착취로 악명 높아", 379호, http://www. goodfriends.or.kr/n_korea/n_korea0.html (검색일: 2012. 1. 15).

_____, 2009, "고아 데려다 키우는 사람을 도와주지는 못할망정 비난", 289호, http://www. goodfriends.or.kr/n_korea/n_korea0.html (검색일: 2012. 1. 15).

_____, 2009, "돌격대 나간 꽃제비들 대부분 탈영" 284호, http://www.goodfriends. or.kr/n_korea/ n_korea0.html (검색일: 2012. 1. 15).

_____, 2011, "꽃제비들도 농장일은 싫어", 407호, http://www.goodfriends.or.kr/n _korea/ n_korea0.html (검색일: 2012. 1. 15).

_____, 2009, "평성시에서도 꽃제비 농장 배치" 273호, http://www.goodfriends.or.kr/n _korea/ n_korea0.html (검색일: 2012. 1.15).

_____, 2010, "강서군 구제소, 꽃제비 인원 초과로 청년 분조에 편입", 353호, http://www. goodfriends.or.kr/n_korea/n_korea0.html (검색일: 2012. 1.15).

_____, 2008, "은덕군 꽃제비 증가해 구제소 확장 이전", 216호, http://www.goodfriends.or.kr/ n_korea/n_korea0.html (검색일: 2012. 1.15).

_____, 2009, "일군의 횡포에 맞장 뜬 꽃제비 청년 분조원들", 296호, http://www.good friends. or.kr/n_korea/n_korea0.html (검색일: 2012. 1.15).

중앙일보, 2011, "북 자매 꽃제비, 열차 안에서 이런 장기 자랑을… '헉'", 5월 8일.

통계청, 1993-2010년 북한통계 http://kostat.go.kr/portal/korea/index.action (검색일 2012년 5월 11일).

한겨레신문, 1998, "'굶주리는 북녘' 이보다 더 참혹할 순 없다", 12월 21일, 27면(네이버뉴스라이브러리; http://newslibrary.naver.com/search/searchByDate.nhn#, 검색일: 2011. 12.12.).

_____, 1997, "죽으라는세상…백성은 멍멍이", 5월 28일, 23면(네이버뉴스라이브러리; http:// newslibrary.naver.com/search/searchByDate.nhn#, 검색일: 2011. 12.12.).